손자들에게 들려주는 역사 이야기

삼 팔 선

수연 김 경 식 씀

한 림 당

손자들에게 들려주는 역사 이야기

삼 팔 선

수연 김 경 식 씀

삼 팔 선

초판인쇄 2023년 02월 08일
초판발행 2023년 02월 18일

지 은 이 金 景 植
발 행 인 鄭 明 子
북디자인 박 성 혜
펴 낸 곳 도서출판 한림당
주 소 04559 서울시 중구 마른내로12길 7-4, 1002호
전 화 010 6537 6869
팩 스 031 474 6868
E-mail 938437@naver.com
등 록 514-92-07448
I S B N 979-11-92116-05-1 13900

정 가 28,000원

프롤로그

북한의 김정은 '영토완정'을 다시 선언했다

2022년 9월 8일 북한은 '핵 선제공격 법제화'를 발표하였다. 그 법에서 "핵 무력은 국가의 주권을 지키고 영토완정領土完整(북한에서 북한 중심의 한반도를 통일한다는 의미)을 실현시키는 수단이라고 명기하였다. 이는 김정은의 적화통일의 야욕을 더욱 분명히 천하에 선언한 것이다.

이러한 법제화의 내용을 실현하기 위해 최근 북한은 김정은의 현지 지도 아래 전술핵 운용부대들이 모의 전술 핵탄두를 탑재한 미사일로 남한의 계룡대를 뜻하는 '군사지휘시설'을 비롯한 '비행장', '항구' 등을 타격하는 훈련을 실시하였다고 밝혔다. 그리고 최근 연일 각종 미사일을 발사하는 등 밤낮을 가리지 않고 각종 도발을 계속하고 있다. 뿐만 아니라 "절대로 핵을 포기하지 않겠다."고 선언하고, 탄두의 소형화를 위한 7차 핵실험도 강행할 태세이다.

김정은의 야욕과 군비 강화는 70여 년 전 그의 조부 김일성(1912~1994) 시대의 상황과 닮아 있다. 1948년 9월 9일 소련의 지원 하에 북한 정권을 수립한 김일성은 1949년 신년사에서 "국토완정國土完整(공산화 통일)"이라는 말을 여러 차례 사용하면서 무력남침의 의지를 강하게 드러냈다. 이어 그는 1949년 3월 소련과 6개 보병 사단, 3개 기계화 부대, 비행기 150대의 원조를 내용으로 하는 군사비밀협정을 체결하였다. 또한 중국에 공산당 정권을 수립한 마오쩌둥(1893~1976)과 군사비밀협정을 맺어 약 3만 5천 명의 중국 공산군 소속의 한국 출신 병사들을 북한군에 편입시켜 군사력을 강화하였다.

군사력을 강화시킨 김일성은 1950년 3월 모스크바를 방문하여 스탈린Stalin(1879~1953)으로 부터 남침계획을 허락받고, 1950년 5월 중국의 마오쩌둥과도 합의함으로써 김일성, 스탈린, 모택동 3자 간의 남침계획 모의를 마무리하고 6월 25일 소련제 탱크를 앞세워 남침을 강행하였다.

이와 같이 북한은 김일성으로부터 그 손자 김정은에 이르기까지 한반도 전체의 적화통일의 야욕을 버린 적이 없다.

눈을 돌려 국제정세를 살펴보면, 유럽에서는 푸틴 대통령의 1인

독제체제를 확립한 러시아가 구소련 영토의 복원을 통하여 '위대한 러시아'를 재건한다는 명분으로 같은 뿌리인 우크라이나를 침공하고 핵무력의 사용까지 언급하고 있다. 동북아시아에서는 공산당 일당 독재국가인 중국이 시진핑의 종신집권체제를 마련하고 독립국가인 타이완을 무력으로 통합할 것을 공언하고, 더 나아가 옛 중국의 영광을 되찾겠다며 무력시위를 계속하고 있다.

이러한 상황에서 러시아의 우크라이나 침공에 중국과 북한이 지원하고, 러시아와 중국이 북한의 핵 및 미사일개발에 대한 유엔의 제재를 방해함으로서 이들 전체주의 국가들의 전략적인 단합이 심화되는 양상을 보이고 있다.

이러한 국제상황 역시 70여 년 전과 매우 닮아 있다. 1945년 2차 세계대전이 끝날 무렵 당시 소련은 점령지 동유럽 국가들을 공산화 시키고, 위성국가로 만든 후 주변 국가로 그 세력을 팽창함과 동시에 점령지인 한반도의 삼팔선 이북에 김일성의 공산정권을 탄생시켰다.

중국은 1949년 공산당 정부가 국민당 정부를 몰아내고 중국을 공산화 하였다. 이후 북한·소련·중국 등 공산국가들이 자유 대한민국을 공산화 시키려고 삼팔선을 넘어 침략한 전쟁이 바로 6·25전쟁, 즉 한국전쟁이다.

삼팔선은 역사의 산물이다. 삼팔선을 만들어낸 역사의 강은 크게 보아 세 줄기이다. 그 하나는 조선 왕조가 망하여 일본의 식민지가 된 것이요, 두 번째는 우리의 힘으로 일본과 싸워 해방된 것이 아니라 일본이 제2차 세계대전에서 미국, 소련 등 연합국에 패망했기 때문이며, 세 번째는 마르크스의 공산주의 사상에서 비롯된 러시아의 공산혁명과 혁명사상의 확산, 그리고 소련의 제2차 세계대전 막판 대일본전 참전이다.

따라서 이 글은 '해방과 삼팔선'에서 시작하여 '소군정과 미군정 시대'의 혼란기를 거쳐 '한반도에 두 개의 정부'가 수립되는 과정, '해방과 삼팔선을 초래한 제2차 세계대전과 대전 중 연합국의 한국문제 논의', 그리고 우리 민족이 '항일 독립운동을 전개하였으나 전승국의 지위를 얻지 못한 사유' 등을 정리하였다.

두 개의 정부가 수립된 한반도는 '민주주의와 공산주의의 대결장'이 되어 한국 전쟁(6·25전쟁)이 일어나고, 휴전회담을 거치면서는 분단이 고착화되는 과정을 살펴보았다. 이어서 제2차 세계대전의 원인이 된 '제1차 세계대전'과 대전 중 일어난 '러시아의 공산혁명', 그리고 러시아 혁명이 '한국의 공산주의' 형성 및 활동에 미친 영향을 거슬러 올라가 살펴보았다.

마지막으로, 해방과 삼팔선은 한반도가 일본의 식민지가 된 '조선 왕조의 멸망'에서 비롯되었으므로 그 멸망과정을 정리함으로써, 역사의 강을 오르내리며 삼팔선을 중심으로 한 대한민국의 근·현대사의 골격을 정리하였다.

역사는 되풀이 되는 것인지, 오늘도 삼팔선의 상공에는 전운이 감돌고 있다. 오늘을 살고 미래를 열어야 할 너희들은 엄혹한 국제정세를 냉정히 파악하고 미래에 대비하는 혜안을 가져야 한다. 그러기 위해서는 역사를 알고 역사에서 배워야 한다. 역사는 오늘과 미래를 비추는 거울이기 때문이다.

차례

삼팔선

III. 한반도에 두 개의 정부 수립

IV. 제2차 세계대전의 서막

V. 삼팔선을 만들어낸 제2차 세계대전의 전개

VI. 항일 독립운동의 전개

VII. 민주주의와 공산주의 대결장이 된 한반도

IX. 러시아의 공산혁명

X. 한국의 공산주의

XI. 대한제국(조선)의 멸망 - 일본의 침략과정

삼팔선

I

해방과 함께 탄생한 삼팔선

삼팔선은 우리 민족이 일본 식민지배에서 벗어나는 해방과 함께 탄생했다.

해방은 제2차 세계대전에서 일본이 미국, 소련[1] 등 연합국에게 항복했기 때문이다.

삼팔선은 승전국인 미국과 소련이 일본의 식민지인 한반도에서 일본군의 무장을 해제하고 항복을 받기 위해 북위 38도 선을 기준으로 남과 북에 그들의 군대를 진주시키면서 나타났다

삼팔선의 남과 북에는 민주주의 대한민국과 공산주의 조선인민공화국이 성립하였다.

삼팔선을 경계로 한 민주주의와 공산주의 체제대결은 6·25전쟁을 불러왔다.

전쟁의 결과 남겨진 것은 삼팔선이 이름만 달라진 군사분계선이다.

오늘날도 삼팔선이 변형된 군사분계선을 경계로 남북이 대치하고 있다.

---

1) 소련: 1917년 러시아의 10월 혁명 후 1922년 이웃 사회주의 국가들과 연합하여 성립한 '소비에트 사회주의국가연방의 약칭. 1991년 동구의 민주화운동으로 붕괴, 현 러시아의 전신.

1. 지구상에서 유일하게 파수병이 서 있는 한반도의 38선

한 많은 삼팔선

지금으로부터 70여 년 전에 이런 노래가 있었다.

임진강 나룻가에 소 먹이는 아해야
오늘도 삼팔선에 파수병이 섯더냐
이북도 우리나라요 이남도 내 땅인데
파수란 웬말이냐 꼴을 베는 아해야

삼팔선 가고 오는 눈물겨운 길손의
험한 길 험한 산을 가슴 조여 거닐 때
나룻가 저 마을에 등불이 비치더냐
삼팔선 언덕너머 북두칠성 보이더냐

- <흘겨본 삼팔선>
김건 작사, 박시춘 작곡(1949), 남인수 노래

38선에 파수병이 서 있는 지역은 지구상에서 우리 한반도가 유일하다. 한반도는 적도를 기준으로 북으로 90등분 한 위도상에서 대략 북위 33~43도 사이에 위치한다. 따라서 38선은 한반도의 허리를 지나가는 위도를 나타내는 지도상의 선이다. 이 선은 아시아, 태평양, 북아메리카, 대서양, 유럽, 지중해를 지난다. 38도가 지나는 나라도 중국, 일본, 미국 등 여러 나라가 있다.

그러나 이 선은 지도상의 선이기 때문에 이 선을 의식하며 사는 사람은 우리나라 사람을 제외하고는 없다. 지도 위에만 있는 38도선이 삼팔선이라는 실체로 나타나 우리 민족과 나라의 운명을 지배하는 괴물이 되었다.

'아닌 밤중에 홍두깨'라고 어느 날 갑자기 코가 크고 눈이 파란 사람들이 총 들고 나타나 여기가 삼팔선이라며 선을 긋고, 집 마당을 가르고 한 마을을 갈라 치고 나라를 분단시켰다. 이 얼마나 황당하고 원통한 일이냐. 그러면 이 황당한 선, 삼팔선은 언제부터, 누가, 무엇 때문에 만들어 우리의 역사와 삶을 바꾸어 놓았는지가 궁금하지 않을 수 없다.

삼팔선은 1945년 8월 15일 우리나라가 36년간의 일본 제국주의의 식민지배에서 해방되면서 생겨났다. 해방의 기쁨과 동시에 분단과 이산의 고통이 함께 왔다. 해방은 우리 민족이 일제와 싸워 승리하고 쟁취한 것이 아니라 제2차 세계대전에서 미국, 소련, 영국, 중국, 프랑스 등 연합국이 일본을 패망시킴으로써, 다시 말하면 일본이 전쟁에서 항복하여 우리나라에 대한 지배권을 잃음으로써, 일본의 억압과 지배에서 벗어난 것이다. 전쟁에서 이긴 미군과 소련군이 한반도에 주둔하고 있는 일본군의 무장을 해제하고 항복을 받기 위해 남과 북에 진주하면서 태어난 삼팔선은 한반도에 공산국가와 민주국가의 두 개의 국가를 만들어 놓았다. 그 결과 삼천리 금수강산을 피로 물들이고 민족의 가슴에 깊은 상처를 남기는 6·25전쟁을 치르고, 오늘도 같은 민족 간에 서로 총을 겨누며 경계하는 한 많은 역사의 현장이 되고 있다.

휴전선 - 군사분계선

해방 후 남과 북을 가른 38선은 지금은 군사분계선 또는 휴전선이란 이름으로 바뀌어 남한과 북한이 대치하고 있다.

1950년 6월 25일 소련 공산당 서기장 스탈린과 중국 공산당 주석 마오쩌둥의 지원을 업은 북한의 김일성 공산정권이 민족해방이라는 미명하에 삼팔선을 넘어 불법 남침하면서 삼팔선은 외견상 지워졌다. 그 후 3여 년간 동족상잔의 비극이 진행되었다. 민주주의 대한민국을 지키려는 미국을 비롯한 16개국으로 구성된 유엔군 참전과 공산주의 북한을 지원하는 소련과 중국이 참전하면서 전쟁은 국제전으로 확대되어 수많은 인적·물적 손실이 있었다. 삼팔선이 불러온 비극이었다.

1953년 7월 27일 휴전협정이 체결되어 총성은 멎었다. 그 때까지 서로 피 흘리며 싸우던 전선을 그대로 휴전선으로 정하였다. 휴전협정 체결 당시 쌍방이 맞서 싸우던 전선인 임진강에서

동해안까지 1,293개의 말뚝을 박고, 이 말뚝을 연결하는 선 248km의 선을 휴전선 즉, 군사분계선 Military Demarcation Line, MDL으로 설정하였다. 이에 따라 휴전선은 삼팔선에 비해 서부 전선은 남쪽으로 내려와 옹진반도와 개성이 북한이 되었고, 동부 전선은 북쪽으로 올라가 고성, 화천 등이 남한에 속하게 되었다.

군사분계선을 기준으로 하여 남북으로 각각 2km에는 군사충돌을 방지하기 위해 완충지대인 비무장지대 Demilitarized Zone, DMZ가 설정되어 있다. 군사분계선에서 북쪽으로 2km 떨어진 비무장지대의 경계선을 '북방한계선 NLL'이라 하고, 남쪽으로 2km 떨어진 비무장지대의 한계선을 '남방한계선 SLL'이라 하고 있다. 요즈음에도 북한은 북방한계선을 넘어 군사적 도발을 계속하고 있다.

2. 일본의 항복

대동아 공영권

1910년 대한제국을 식민지로 병합한 일본은 1914년 제1차 세계대전이 일어나자 영일동맹을 근거로 독일에 선전포고를 하고 전쟁에 참여하였다. 그리고는 중국과 남태평양에 있는 독일의 지배지역을 점령하고 중국에 대한 경제적 침략을 강화하였다. 전쟁이 끝난 후에는 승전국으로써 세계 5대 강국의 하나가 되었다. 아시아의 강국으로 떠오른 일본은 1931년 만주를 침략하고, 1937년 중국으로 쳐들어가 중일전쟁을 일으켰다.

독일 및 이탈리아와 3국 동맹을 맺은 일본은 1940년 7월, "동아시아 국가들이 일본을 중심으로 서양 열강의 식민지를 몰아내고 번영과 영광을 누리자"는 허울 좋은 '대동아공영권 大東亞共榮圈'을 주장하며 동남아시아를 침공하였다.

그러나 대동아공영권은 점령지를 통해 전략 물자 등 자원을 원활하게 조달하면서 전쟁을 수행하기 위한 책략이었다. 즉 일본을 중심으로 하여 아시아 일대에 자급 자족적인 경제권을 만들어 자신들이 지배하려는 구호였다.

이런 구호 아래 일제는 자기들의 백성을 전쟁터로 몰아넣고, 한국인을 비롯한 식민지와 점령지 백성들을 전쟁에 동원하며 전쟁을 확대해 나갔다.

'절대 국방권國防圈'이 무너지다

일본은 1941년 12월 7일(현지 시간) 미국의 군사 기지인 하와이의 진주만을 기습 공격하면서 태평양 전쟁을 일으켰다. 이후 영국, 미국, 네덜란드의 식민지역인 동남아와 남태평양의 여러 섬들을 점령하여 한반도, 만주, 몽골, 중국 동부, 타이완, 동남아 일대, 남태평양의 여러 섬들을 지배하는 해양대국이 되었다.

이처럼 승승장구하던 일본은 1942년 6월 태평양 한 가운데 있는 미국의 군사기지인 미드웨이Midway 해전에서 패배하면서 제공권과 제해권을 상실하여 군사적 주도권이 약화되기 시작하였다. 이어서 8월 남태평양 솔로몬제도의 과달카날 전투를 시작으로 연전연패하여 남태평양의 섬들을 빼앗겼다. 패배가 계속되어 지배 영역이 줄어들자 일제는 1943년 일본 본토를 지키기 위하여 '인도네시아-뉴기니-필립핀-마리아나 제도를 잇는 지역'을 '절대 국방권'이라며 사수를 다짐했다. 그러나 전초기지였던 마샬제도가 미군에 점령되면서 절대 국방권마저 무너졌다.

일본의 절대국방 라인을 무너뜨린 미국은 이어 마리아나 제도의 괌, 사이판 섬을 점령하여 일본 본토에 대한 공중 공격기지를 확보함으로써 일본 본토가 미국의 직접 공격대상이 되었다.

1억 국민 전원 옥쇄 작전

미국의 일본 본토에 대한 공격을 막으려고 일본은 '가미카제' 특공대의 공격을 본격화하였다. 폭탄이 장착된 비행기나 소형 선박을 몰고 자살공격 작전을 펴겠다는 것이었다. 일본어로 '가미'는 신神 즉, 귀신이며 '카제'는 바람風 이다. 가미카제는 귀신이 일으키는 바람이라는 뜻이다. 가미카제라는 말은 먼 옛날 고려시대 몽골 즉, 원元 나라가 고려를 침략하여 속국으로 만들고 다시 고려군까지 강제 동원하여 여·몽 연합군을 만들어 일본을 두 차례나 침략하였다. 그러나 두 번 모두 여름철 태풍이 불어와 일본 침략에 실패하였다. 일본에서는 세계제국을 건설한 최강의 몽골군을 물리친 것은 귀신이 바람을 일으켜준 덕분이라고 하여 이를 '가미카제'라 하였다.

가미카제 전술은 1인용 소형 비행기에 폭탄을 싣고 미국함정으로 폭탄처럼 떨어지는 전략이다. 자살 특공대가 된 사람들은 모두 꽃다운 젊은이들이었다. 이것이 이른바 옥쇄玉碎 작전이다. 옥쇄는 단어 자체의 의미로는 옥처럼 아름답게 부서진다는 뜻으로, 대의大義 나 충절忠節 을 위한 깨끗한 죽음을 말하지만, 당시 일본 제국이 전 국민을 제국주의적 침략전쟁에 총동원하기 위해 사용하던 일억옥쇄 一億玉碎 또는 일억특공 一億特攻 이라는 말은 당시 일본과 식민지인 조선과 타이완 인구를 총동원하여 죽기까지 싸우겠다는 구호였다.

이렇게 시작된 자살 출격이 3백여 차례나 계속되는 동안 3,800여 명의 20대 청년이 죽어갔다(그들 중에는 10여 명 이상의 한국 학도병도 있었다). 꽃다운 젊은 목숨의 대가로 미군 함정 30척이 침몰했고 350척이 피해를 입었다. 그러나 미군이 대책을 강구하면서 가미카제의 효력은 급감하기 시작했다.

1944년 필리핀 탈환 이후 미군의 공격은 곧장 일본 본토를 향했다. 본토 공습도 한층 가열되고 있었다. 그러나 일본 군부는 패배란 결코 없다고 부르짖었다. 그들의 입에서 "1억 국민 전원 옥쇄"라는 구호가 나오기 시작한 것은 이즈음이었다. 실제로 전 일본인의 5분의 1 정도는 죽을 것을 각오하고 있었다.

이오지마硫黃島 전투

이오지마 전투는 미국의 클린트 이스트우드가 감독한 영화 '이오지마에서 온 편지'로 잘 알려진 전투이다. 일본은 미국이 서태평양의 사이판 섬을 점령하여 일본 본토로의 공격태세를 갖추자, 도쿄에서 정남쪽으로 약 1,200km 거리에 위치한 화산섬인 이오지마에 비행장과 레이더 기지를 건설하였다.

이 기지는 지리적으로 일본 본토의 바로 앞의 전진 기지인데다, 본토 폭격을 목적으로 인근을 지나가는 B29 폭격기를 요격하거나 본토에 경보를 해 줄 수 있는 요지였다.

한편, 미국은 미국대로 도쿄 폭격을 마치고 귀환하는 B29 폭격기들을 위한 비상활주로가 필요한 상황이었다. 미군은 이러한 전략적인 위치에 있는 이오지마를 확보하기 위해 1945년 2월 19일 공격을 개시하였다. 일본은 1억 옥쇄玉碎를 외치며 끝까지 저항함으로써 1주일이면 끝난다는 전투는 1개월 이상이나 계속된 끝에 끝났다. 3월 26일, 일본 제국 대본영은 이오지마 섬에 있던 일본군이 '옥쇄玉碎'했다고 발표했다.

이 전투에서 일본 육·해군은 21,000명 가운데 216명만 남고 거의 궤멸하였으며, 미군도 전사자 6,800여 명, 부상자 19,000여 명 실종자 500여 명이 발생하여 일본군보다 미국이 인명 피해가 더 컸던 전투였다. 그러나 일본 본토에 대한 위협은 더 가중되었다.

도쿄 대공습

1945년 3월 9일 밤~10일 새벽에 걸쳐 사이판과 티니안 섬에서 출격한 344기의 B29가 6시간 동안 도쿄 상공에 소이탄 2,400여 톤을 투하하였다. 순식간에 불꽃이 밤하늘 30m 높이까지 치솟으며 치명적인 화재가 동시다발적으로 발생했다. 여기에 애초부터 불어오던 시속 27~45km의 지상풍이 만나자 화염은 순식간에 사방으로 뻗어 나갔다. 도쿄가 불바다로 변했다. 피해자는 사망자가 8만여 명, 중상자 4만여 명, 이재민 100만 명 이상이었으며, 우리 한국인도 1만여 명이 사망한 것으로 알려졌다.

☆ 이 때에 추사秋史 김정희金正喜의 자료들이 대거 소실되었다. 당시 후지츠카 치카시藤塚隣란 사람이 추사의 그림과 글 등을 많이 소장하고 있었다. 우리나라의 서예가인 손재형孫在馨은 후치츠카를 찾아가서 세한도歲寒圖(국보 180호)를 돌려달라고 간청했으나 주지 않았다. 그러나 오랫동안 설득한 끝에 세한도를 돌려받을 수 있었다. 그런데 이후 도쿄 대공습으로 후치츠카의 서재도 불타서 김정희의 자료도 모두 소실되었다. 손재형의 노력이 없었다면 세한도도 한 줌의 재로 사라질뻔 하였다. '세한도'는 추사 김정희가 제주도에 유배를 가서 있을 때 제자 이상적李尙迪이 중국에서 새로 나온 책들을 구입하여 전해 준 고마움에 대한 표시로 그려준 그림이다.

오키나와 전투

도쿄가 불바다가 되고 수많은 사람이 죽었는데도 일본의 항전 의지는 계속되었다. 이에 미국은 일본 본토를 향한 발걸음을 재촉하여 1945년 4월 1일 오키나와에 대한 공격을 시작하였다. 일본 제국주의자들은 오키나와를 불침 항공모함이라고 선전하며 본토 방어를 위한 최후 저지선으로 삼았다. 오키나와 방어에 나선 일본군은 일본 영토에서 벌어진 최초의 전투였기 때문에 사활을 걸고 덤벼들었다. 일본은 민간인 부대도 참여시켰다. 3만 9천 명의 오키나와인 부대와 1,500명의 학생 의용대도 투입했다. 어린 남학생들의 부대에 철혈근황대鐵血勤皇隊라는 무시무시한 명칭을 부여했다.

일본은 본격적으로 가미카제神風 특공대를 운용하여 1,500기의 자살 특공대를 동원했다. 가미카제 작전에 수많은 일본의 젊은이들이 희생됐지만, 일본은 미국의 오키나와 점령을 막지 못했다. 오키나와 주민들이 겪은 참화는 상상을 초월했다. 주민들은 전투에 투입되고 노동에 혹사당했다. 가장 큰 범죄는 주민들에게 내려진 집단 자살령이었다. 수많은 주민들이 군의 명령에 의해 자살을 했고, 집단자살을 하지 않은 주민에게 군대가 수류탄을 던져 학살했다.

6월 20일 일본군 사령관은 막다른 골목에서 자살하며 "마지막 한 사람까지 싸우라"고 명령했다. 오키나와 전투에서 전사한 일본군은 7만 7천여 명이었고, 민간인 희생자는 14만 5천여 명이었다. 미군도 1만 4천여 명이 전사하고, 영국군도 82명이 전사했다. 한국인도 징병, 징용, 종군위안부 등으로 끌려가 1만여 명이 희생되었다.

오키나와 전투를 계기로 일본은 전의를 상실했지만, 일본 군부 내에서는 끝까지 싸우자는 의견이 우세했다. 미국은 일본 본토 상륙에 얼마나 더 많은 희생을 치러야 할지를 고민하게 되었다. 이 조그만 섬에서 1만 5천 명에 가까운 전사자가 발생했는데 본토에서 옥쇄투쟁을 벌일 경우 수십만 내지 수백만의 미국인이 피를 흘려야 한다는 공포가 엄습했다. 더 큰 희생을 막기 위한 방책을 모색할 수밖에 없었다.

원자폭탄 투하와 일본의 항복

If I had foreseen Hiroshima and Nagasaki, I would have torn up my formula in 1905.

내가 만약 히로시마와 나가사키의 일을 예견했었다면, 1905년에 쓴 공식을 찢어버렸을 것이다.

- 알베르트 아인슈타인.
맨해튼 계획(원자탄 제조)을 실시하도록 편지를 보낸 것에 후회하며.

1945년 5월 7일, 유럽 전선에서 독일이 연합군에 항복했다. 7월 26일 연합국인 미국, 영국, 소련 3국의 수뇌가 포츠담 선언을 통해, 동맹국의 하나인 나치 독일이 항복한 이후에도 전쟁 수행 의지를 꺾지 않는 일본에게 무조건 항복을 촉구하였다. 그러나 일본은 이를 거절하고 일억 옥쇄를 부르짖었다.

미국은 일본의 본토를 공격하기 위한 '몰락작전'을 계획하였다. 이 작전으로 미국이 일본 본토를 점령하려면 100만 이상의 희생이 있을 것으로 예상하였다. 그런데 1945년 7월 16일 사상 최초의 핵폭발 실험이 성공하였다. 실험 이후 두 종류의 핵폭탄이 만들어졌다. 포신형 핵폭탄에는 '리틀 보이 Little Boy'라는 이름을 붙였으며, 내폭형 핵폭탄은 '팻 맨 Fat Man'이라 하였다. 미국은 희생을 최소화하기 위해 원자탄 사용을 결심하였다. 마침내 8월 6일 히로시마에 '리틀보이'라고 명명된 원자탄을 투하하였다. 인류사상 최초의 원자탄이 투하되자 순식간에 6만여 명이 즉사하였다.

대일본전에 참전을 주저하던 소련이 원자탄 투하소식을 듣고 부랴부랴 8월 8일 대일 선전포고를 하였다. 소련은 얄타회담(1945년 2월, 미국·영국·소련)에서 대일전 참가의 조건으로 러일전쟁 패배(1905) 후 상실한 사할린 및 부속도서의 반환 등 러시아 제국의 극동지역에서 누렸던 이권들을 재확보한다는 점을 미국으로부터 약속받은 바 있었다. 그 이권을 확보하기 위해 얄타회담에서 약속한 독일 패망 후 3개월 후인 8월 8일날 일본에 선전포고를 한 것이다. 그리고 다음날 만주와 한반도로 진격을 시작하였다. 미국은 8월 9일 다시 나가사키에 '팻트맨'을 투하함으로써 4만여 명이 즉사하는 참극이 발생하였다.

일본은 더 이상 버틸 힘을 잃었다. 드디어 1945년 8월 15일 일본 천황은 항복을 선언하였다. 제2차 세계대전, 태평양 전쟁이 막을 내리고 한민족은 일제의 36년간의 식민통치에서 벗어나 해방이 되었다. 해방은 이렇게 갑자기 찾아왔다. 일본이 연합국에 항복하였기 때문이다.

3. 어느 날 도둑처럼 찾아온 해방

그날은 왔는데

그날이 오면 그날이 오면은
삼각산三角山이 일어나 더덩실 춤이라도 추고
한강물이 뒤집혀 용솟음칠 그날이,
이 목숨 끊기기 전에 와주기만 하량이면,

나는 밤하늘에 나는 까마귀같이
종로鐘路의 인정을 머리로 들이받아 울리오리다
두개골은 깨어져 산산조각이 나도
기뻐서 죽사오매 오히려 무슨 한恨이 남으오리까

그날이 와서 오오 그날이 와서
육조六曹 앞 넓은 길을 울며 뛰며 뒹굴어도
그래도 넘치는 기쁨에 가슴이 미어질 듯 하거든
드는 칼로 이 몸의 가죽이라도 벗겨서
커다란 북을 만들어 들쳐 메고는
여러분의 행렬에 앞장을 서 오리다
우렁찬 그 소리를 한 번이라도 듣기만 하면
그 자리에 꼬꾸라져 눈을 감겠소이다.

이 시는 심훈沈熏의 시 「그날이 오면」이다. 그처럼 기다리던 해방의 날이 왔으나 대한민국임시정부 김구金九 주석에게는 희소식이 아니었다. 김구는 해방 당시 상황을 이렇게 술회하였다.

“나는 이 소식을 들을 때 희소식이라기보다는 하늘이 무너지고 땅이 갈라지는 느낌이었다. 몇 년을 애써서 참전을 준비했다. 산동반도에 미국의 잠수함을 배치하여 서안훈련소와 부양훈련소에서 훈련받은 청년들을 조직적 계획적으로 각종 비밀무기와 무전기를 휴대시켜 본국으로 침투케 할 계획이었다. 국내 요소에서 각종 공작을 개시하여 인심을 선동하며, 무전으로 통지하여 비행기로 무기를 운반해서 사용하기로 미국 육군성과 긴밀한 합작을 이루었는데, 한 번도 사용하지 못하고 왜적이 항복한 것이다. 이제껏 해온 노력이 아깝고 앞일이 걱정이었다.”

김구 주석의 술회 속에는 해방이 우리 민족이 일제와 싸워서 승리한 대가가 아니므로 앞으로 전개될 일이 걱정이라는 것이었다.

김구의 말처럼 중국의 중칭에 있던 대한민국 임시정부는 미국 전략사무국 OSS(현 CIA의 전신)와 공동작전을 계획하였다. OSS 부대는 미군의 한반도 진입을 앞두고 한반도 내에 거점을 확보하기 위해 한인 청년을 잠수함이나 비행기로 국내에 투입시키고자 준비하였다(1945.8). 이에 따라 대한민국 임시정부 주석 김구와 미국의 OSS 중국지구사령관 도노반 William B. Donovan의 합의하에 광복군 지대에서(산시성 시안 부근, 지대장 이범석) 침투 훈련을 실시하였다. 그러나 국내 침투 직전 일본이 항복함에 따라 그 작전은 물거품이 되고 말았던 것이다.

일반명령 제1호

1945년 8월 8일 대일본전 참전을 결정한 소련은 8월 9일 함경도의 웅기, 나진을 점령하고 계속하여 남진하여 13일에는 청진까지 진출하였다. 그러나 미국은 당시 한반도에서 약 1,000km 떨어진 오키나와에 있었다. 미국은 소련이 한반도 전체를 점령하는 것을 막기 위해 8월 11일 각 지역에 있는 일본군으로부터의 항복과 무장해제를 담당할 기준선을 정하여 소련, 영국, 중국 등 연합국의 동의를 받고, 8월 13일 태평양 방면 연합군 최고 사령관 맥아더 장군에게 '일반명령 제1호'로 지시하였다.

'일반명령 제1호'의 한반도 관련 내용에 따르면, 미국은 한반도의 서울과 인천을 포함하는 38선 이남에 있는 일본군으로부터 항복을 받고 무장을 해제하며, 소련은 38선 이북에서 일본군의 항복과 무장 해제를 맡도록 하는 내용이었다.

소련군과 미군의 한반도 진주

북한의 해방을 직접 담당한 부대는 소련 제2극동전선군 제25군으로서 치스차코프 대장이 지휘하였다. 제25군은 소련 태평양 함대와 연합작전을 펼쳐 8월 11일에서 20일까지 함경북도 웅기·나진·청주·나남을 점령하였다. 8월 21일 상륙부대는 원산항을 점령하였으며, 8월 24일과 25일 소련 공수부대들은 평양과 함흥에 투하되어 일본군 수비대의 항복을 받아냈다.

제25군 일부는 일본 헌병대·경찰의 무장을 해제시키면서 계속 남으로 진격하여, 8월 말에는 미국이 제안한 38도선 분할 점령 안에 해당하는 전 지역을 점령하였다. 북한지역을 점령한 소련군은 경의선과 경원선을 차단하고 사람과 물자의 이동을 통제하기 시작하였다.

한편, 미국은 오키나와 전투에 참전한 제24군이 9월 8일 인천에 상륙하여 9월 9일 일본 총독으로부터 항복을 받았다. 미군은 9월 12일 서울에 입성하고, 16일에는 부산에, 23일에 개성에 진주하였으며, 27일에는 전주에, 그리고 10월 5일에는 광주에 진주하였다. 이에 따라 38선의 곳곳에는 '38선'이라는 푯말이 세워지고 도로 차단벽이 설치되어 무장 병력을 배치하고 경계하기 시작하였다.

이렇게 시작된 분단은 미국과 소련이 각각의 정치이념에 따라 남쪽은 미국식 자유민주주의, 북쪽은 소련식 공산주의로 서로 다른 정치체제를 만들어내기 위한 세력 경쟁이 전개되면서 38선은 국경 아닌 국경선이 되고 자유로운 왕래가 통제되어 해방과 동시에 한반도는 두 동강이 나고 말았다.

Ⅱ 소군정과 미군정 시대

1945년부터 1948년까지 한반도의 삼팔선을 경계로 미국과 소련이 남한과 북한을 통치하였다.

북한을 점령한 소련은 김일성을 앞세워 토지개혁 등 사회주의 정책을 추진하면서 일찍부터 북한을 공산주의 국가로 만들어 나갔다.

미국이 점령한 남한은 수많은 정당 사회조직이 우후죽순처럼 난립하여 혼돈이 계속되었다.

1. 38선 이북의 소련 군정

다와이, 다와이[2]

다와이라는 말이 유행하면서 시장이 다와이를 당했다.
밭의 채소도 다와이를 당했다.
여자들까지 다와이를 당했다고 난리였다.

박완서의 소설「그 많던 싱아는 누가 다 먹었을까」에 나오는 소련군 점령 초기의 북한의 상황을 묘사한 글의 일부이다.

'다와이'란 러시아에서 온 말로 '강탈에 가깝게 빼앗겼을 때 주로 쓰는 말'이었다. 소련군은 북한 땅을 점령하고 다와이를 하였다. 각종 공장의 기계를 뽑아 소련으로 옮기고, 만나는 사람이 팔뚝을 걷게 하여 손목시계가 있으면 그것을 빼서 차고, 손가락에 반지가 있으면 그것을 강제로 뺏어 자기 손가락에 끼워 여러 개의 시계와 반지로 감싼 팔을 드러내 보이며 자랑하고 다녔다.

북한을 점령한 소련군은 각 지역에 경무사령부를 설치하였다.

2) 다와이: 소련말로 내놔, 달라의 뜻.

8월 26일 평양에 총사령부를 설치한데 이어서 6개도, 28개군, 7개시(평양·진남포·청진·함흥·신의주·해주·원산)에 경무사령부를 각각 설치하였다. 이들은 일본군에게 항복을 받고 무기를 접수하였으며, 행정기관·경찰서·법원은 물론 일본인 소유 대기업·철도·통신수단·은행 등을 접수하였다.

점령군 사령관 치스차코프(1900~1979)는 8월 24일 함흥에서 첫 포고문을 발표하였다. 이는 함흥이 소련군이 가장 먼저 해방시킨 함경도 지역의 중심도시였을 뿐 아니라 일제 강점기 후반에 육성된 대표적인 공업도시여서 일본열도를 제외하고 동아시아에서 가장 산업화율이 높은 도시였기 때문이었다. 치스차코프는

> 조선 인민들이여! 기억하라!
> 행복은 당신들의 수중에 있다
> 당신들은 자유와 독립을 찾았다.
> 이제는 모든 것이 죄다 당신들에게 달렸다.

자신들을 해방군으로 자처했다. 하지만 각종 기록에 따르면 그는 북한에서 소련군이 한 약탈과 관련해 봉기가 일어난다면 "조선 사람 절반을 교수형에 처하겠다"는 극언을 서슴치 않을 정도로 위압적이었다. 또한 제258 소총 사단장은 "조선 사람은 35년간 노예로 있었다. 좀 더 노예로 있게 하자"는 말도 하였다고 기록은 전하고 있다.

실제로 1945년 12월 29일 소련군 중좌 페드로프가 1945년 8월 이후 5개월간 소련군이 북한에서 저질은 행태에 대한 기록에는 "우리 군이 비도덕적인 작태는 실로 끔찍한 수준이다. 사병 장교 할 것 없이 매일 곳곳에서 약탈과 폭력을 일삼고 비행을 자행하는 것은 별다른 처벌을 받지 않기 때문이다, 우리 부대가 배치된 시·군 어디에서나 밤에 총소리가 끊이지 않고 있다. 특히 술에 취해 행패를 부리고 부녀자를 겁탈하는 범죄도 만연해 있다"고 지적했다.

김일성의 등장

북한에 진주한 소련군에는 한국인들이 포함되어 있었다. 이들은 대부분 동북항일연군교도려東北抗日聯軍教導旅(일명 88저격여단) 소속이었다. 88여단은 1936년 만주지역에서 중국 공산당 산하의 동북항일혁명군을 통합하여 조직한 동북항일연군이 1940년에 일본군에 궤멸되고, 그 잔당이 소련 영내로 피신하여 연해주 일대에서 활동하다 1942년 소련 극동군에 의해 통합된 조직이었다.

대일전쟁 종결 시점인 1945년 8월 25일 기준 동북항일연군교도려의 부대 전체의 인원은 1,300여 명이었으며, 그 중 한국인은 103명이었다. 전쟁이 종결되자 한韓·중中 대원들은 만주와 북한의 연고 지역으로 투입되어 소련군의 점령정책을 지원하는 역할을 담당하였다. 이들은 소련군 경무사령부 활동 지역에서 질서를 유지하고 주민 사이에서 영향력을 확대하기 위해 도·시 경무사령부 부사령관 및 고문, 지역 방위담당 등으로 활동 하였다. 이들 중에는 북한 정권의 핵심요원이 된 김일성·김책·김일·최현·최용건 등이 있다.

9월 19일 소련 군함을 타고 원산항을 통해 입국한 김일성은 평양 주둔 경무사령부 부사령관의 직책을 받았다. 김일성 등은 동북항일연군교도려에서 중국인들과 별도로 '조선공작단위원회'를 조직(1945.7)하였는데 김일성은 이 위원회에서 정치 군사부문의 책임자였다.

소련군 사령부는 북한에서 민정업무를 관장하기 위하여 소련군 사령관 예하에 민정담당 부사령관 직제를 도입하였다. 민정담당 부사령관에는 로마넨코 소장이 임명되었다. 로마넨코 밑에는 정치행정부·산업부·재정부·상업조달부·농림부·보건부·사법경찰부·경찰통제지도부가 조직 되었다. 이들이 북한을 실질적으로 통치하였다.

스탈린의 북한 디자인

스탈린은 1917년 10월 혁명으로 세계 역사상 처음으로 공산주의 정권을 수립한 레닌(1870~1924)이 죽은 후(1924년) 권력투쟁에서 승리하고 소련의 권력자로 등장하였다. 그는 국가주도의 경제개발, 집단농장 등 공산주의 체제를 강화하고 정적을 무자비하게 숙청하는 등 악명 높은 독재자였다.

스탈린은 1945년 9월 20일 북한 점령 소련군 사령관에게 비밀 전보를 보내 “북한에 민주정권을 창설하라”고 지시하였다. 이 지령은 소비에트 정권 수립에 앞서 광범한 조직의 연합을 통한 민주주의 부르주아 정권을 수립한 다음, 친소 공산주의 정권 수립으로 이행하려는데 목적이 있었다. 동유럽의 위성국가에서도 그러한 과정을 거쳐 공산정권을 수립하였다. 스탈린의 지령은 점령 초기부터 남북 분단을 염두에 두었음을 의미한다. 즉, 모스크바 삼상회의(1945.12)에서 신탁통치 및 미소공동위원회를 통한 한반도 통일 임시정부 수립이 논의되기 이전에 스탈린이 북한에 정권 수립을 지시했기 때문이다.

스탈린의 지령에 따라 소련군 점령당국은 해방 직후 구성된 인민위원회를 인정하고 사회주의자들의 활발한 활동을 지원하였다. 소련은 10월 14일 평양에서 ‘소련 해방군 환영 평양시민대회’를 열게 하고 이 대회에 김일성을 정치의 전면에 내세웠다. 소련은 1945년 8월 말에 소련의 뜻대로 북한을 지배할 인물을 찾는 과정에서 소련 제2극동군 사령부가 김일성을 면접하여 88여단에 대한 평가를 검토하여 스탈린에게 보고하자, 스탈린은 1945년 9월 초순 귀국하기 전의 김일성을 4시간 정도 면담한 뒤 소련군에게 김일성에 대한 지원을 지시한 것으로 알려지고 있다.

소련군정 당국의 지원 속에 그는 11월 조선공산당 북조선분국의 책임비서가 되고, 46년 2월에는 최고 정치기관이라 할 수 있는 임시인민위원회 위원장에 선출되었다. 이때부터 임시인민위원회는 무상몰수·무상분배의 토지개혁, 중요 산업의 국유화, 남녀 평등법령, 노동법 등을 발표하고 사회주의 정책을 추진하여 남한과는 다른 길로 들어섰다.

조만식 등 반대세력은 몰아내다

"북녘과 내고향 동포들이 김일성과 공산당의 통치하에 억압받고 고통받고 있는데 나 혼자 좋게 살려고 남쪽으로 내려갈 수는 없다. 나는 이곳에 남아 동포들과 같이 하겠다."

- 조만식

소련은 김일성체제를 확고히 구축하기 위해 소군정에 반대하거나 비협조적인자들에게는 가차 없이 탄압하였다. 그 대표적인 인물이 조만식曺晩植(1883~1950)이다. 조만식은 일제 치하에서 3·1만세 운동을 주도하고 물산장려운동 등 항일운동을 전개한 민족주의 지도자로서 해방 직후 기독교 계열 민족주의자 주도의 건국준비위원회(건준) 평남위원회 위원장이 되어 질서유지에 힘썼다. 이는 일제의 탄압 속에서도 변절하지 않은 조만식에 대한 북한주민들의 신망이 두터웠기에 가능한 일이었다.

8월 하순에 북한을 장악한 소련은 건국준비위원회를 인정하여 민족주의자와 공산주의자가 합작하는 방식으로 인민위원회를 발족시키는 등 협조관계를 유지하였다. 그러나 철저한 민족주의자로서 통일을 지향했던 조만식과 소련군의 지원이라는 유리한 환경 속에서 북한지역에 사회주의적 개혁을 실시해 공산당 및 자신의 기반을 확보하고자 했던 김일성과 노선의 갈등을 보이기 시작하였다. 점점 고조되던 갈등은 신탁통치 문제를 두고 폭발하였다. 1946년 1월 초 조만식을 제외한 북한의 주요 정치 세력은 모스크바 삼상회의에서 결정한 신탁통치안의 지지를 선언하였다.

소련군정과 김일성은 조만식을 설득하기 위해 애썼지만 조만식은 신탁통치를 반대하였다. 이에 김일성 등은 조만식을 반민주주의자, 반소·반공분자, 친일파로 매도하고 평양의 고려호텔에 연금시키고 정치생명을 끊었다. 그는 지인 및 제자들이 월남을 권유하였으나 "북녘과 내고향 동포들이 김일성과 공산당의 통치하에 억압받고 고통받고 있는데 나 혼자 좋게 살려고 남쪽으로 내려갈 수는 없다. 나는 이곳에 남아 동포들과 같이 하겠다"고 하며 북을 떠나지 않았다.

신의주 학생 반공의거

1945년 11월 16일, 평안북도 용천군 용암포읍에서 열린 기독교 사회민주당의 지방대회에서 평북 자치대 용암포 대표가 기념사를 통해 소 군정에 의해 폐교 조치된 수산기술학교의 복구를 요청하고 공산당의 불법을 규탄하였다. 모임에 참석한 학생들이 공산당의 만행을 규탄하는 연설에 지지를 보내고 만세를 부르며 학원의 자유를 부르짖었다. 이것이 신의주 학생 반공의거의 발단이 되었다. 이에 대해 소련 군정이 소련군 등을 동원, 시위대를 기습하여 평안교회 장로를 현장에서 죽이고 학생과 시민들에게 중상을 입혔다. 격분한 신의주의 6개 중학교의 학생들과 부근의 5천여 명의 학생이 들고 일어나 이날 시위를 벌였다.

학생들은 반소·반공을 외치며 시가지를 행진하며 공산당 본부, 인민위원회 본부, 보안서 등을 습격하였다. 당시 그들이 외친 구호는 "공산당 몰아내자!", "소련군 물러가라!" 등이었다. 이에 시위대를 향한 보안대와 소련군의 무차별 사격으로 23명의 학생이 피살됐고 700여 명이 중경상을 입었으며 2,000여 명의 학생과 시민들이 투옥되었다. 주모자들은 시베리아로 끌려갔다.

탄압을 피한 월남 행렬

공산주의 체제가 강화되고 체제 불만자에 대한 탄압이 자행됨에 따라 삼팔선을 넘어 월남하는 사람들이 늘어났다. 월남자들은 크게 체제불만형과 생계형으로 나눌 수 있었다. 체제 불만으로 월남한 주민들은 대체로 공산주의 체제를 반대하는 사람, 친일파, 지주 등과 유산계급, 기독교 신자 등이었다.

친일파는 해방 이후 소련의 군정과 공산당에 의해 공민권을 박탈당하거나 대중들의 보복행위를 당하기도 하였다. 지주의 경우 1946년 3월에 시행된 토지개혁 시에 '불로지주'로 몰려 토지와 가옥을 몰수당하고 북한 당국의 탄압이 심해지자 남으로 탈출하였다. 기독교인 역시 '종교를 아편'이라 하며 탄압하자 북한의 박해를 피해 월남하였다.

생계형 월남은 북한의 식량난을 피해 남한으로 넘어오는 경우로써 북한지역의 흉작으로 인해 대규모 월남이 발생하였다. 민간인뿐 아니라 박봉과 임금체불에 시달리던 군인, 교사들이 단체로 월남하는 경우도 있었다.

북한주민들이 대량 월남이 이어지자 삼팔선 부근에는 이들을 안내하는 일종의 '브로커'가 생겨났다. 삼팔선 부근에 설치된 경비초소의 위치 등 지리를 잘 아는 사람들이 월남 안내인이 되어 사람들을 인도하거나 짐을 운반해 주어 대가를 받았다. 1947년 말까지 월남한 사람들은 80만이 넘었다. 오늘날도 압록강, 두만강을 목숨을 걸고 건너는 탈북민이 많다.

아아 산이 막혀 못 오시나요
아아 물이 막혀 못 오시나요
다 같은 고향 땅을 가고 오건만
남북이 가로막혀 원한 천리길
꿈마다 너를 찾아 꿈마다 너를 찾아
삼팔선을 탄한다

아아 꽃필 때나 오시려느냐

아아 눈 올 때나 오시려느냐
보따리 등에 메고 넘던 고개길
산새도 나와 함께 울고 넘었지
자유여 너를 위해 자유여 너를 위해
이 목숨을 바친다.

아아 어느 때나 터지려느냐
아아 어느 때나 없어지려느냐
삼팔선 세 글자를 누가 지어서
이다지 고개마다 눈물이던가
손모아 비나이다 손모아 비나이다
삼팔선아 가거라.

- <가거라 삼팔선>
: 작사 이부풍, 작곡 박시춘(1948), 노래 남인수

공산당 체제에 반발하는 우익 인사들이 월남하여 피신함에 따라 북한 내에서는 소련 및 공산당을 지지하는 세력의 입지가 강화됨으로써 김일성의 권력장악은 더욱 가속화하게 되었다. 그리하여 1946년 4월 조선공산당 북조선분국을 북조선공산당으로 개편하여 남한의 조선공산당에서 독립하고, 8월에는 조선신민당과 통합 북조선로동당으로 세력을 확대하였다. 1947년 2월 북조선인민위원회(최고 통치기구)가 세워지고 단독정부 수립 작업을 진행시켜 나갔다.

2. 38선 이남의 미군정

일장기가 내려지고 성조기가 올랐다

어둡고 괴로워라 밤이 길더니
삼천리 이 강산에 먼동이 튼다
동포여, 자리차고 일어나거라
산 넘고 바다 건너 태평양까지
아아~ 자유의
자유의 종이 울린다

해방된 조국의 하늘에 「독립행진곡(해방가, 박태원)」이 울려 퍼졌다. 그러나 일장기가 내려진 자리에 태극기가 아닌 성조기가 올라갔다.

1945년 9월 2일 일본 도쿄만의 미주리호에서 연합군과 일본군 간에 항복문서 조인식이 있었다. 그리고 서울에서는 9월 9일 38선 이남 지역에 대한 공식적인 항복문서 조인식이 열렸다.

1945년 9월 8일 인천에 상륙한 미군은 다음날 서울역에 내려 조선총독부로 향했다. 미 24군단 하지(1893~1963, 미군정청 최고

사령관) 장군과 미국 7함대 사령관인 토머스 킨케이드 해군 중장이 미군 대표단을 이끌었다. 대표단은 항복식을 위해 차를 탄 채 서울의 주요거리를 지났고, 미군은 열을 맞춰 행진했다. 수천 명의 시민들이 열광적으로 환호하며 미군을 반겼다. 질서유지에 동원된 일본의 기마경찰은 열광적인 군중을 진정시키며 간신히 미군과의 거리를 유지시키느라 바빴다.

항복식은 오후 4시 8분에 시작되었다. 일본 대표단은 아베 노부유키(1875~1953) 총독, 제17방면군의 사령관이며 조선 내 최고 군 지휘권자인 고시키 유시오와 야마구치 기사부로 해군 중장이었다. 항복문서 두 장은 영어로, 하나는 일어로 되어 있었다. 석 장의 문서에 양측 대표가 서명하는 데는 10분이 걸렸다. 조인식이 끝난 뒤, 미군은 일본기를 내리고 성조기를 올리는 의식을 조선총독부 건물 앞에서 거행했다. 일본군의 패퇴와 미군의 승리를 만천하에 보여주는 숭고한 의식이었다. 성조기가 올라가자 미군 군악대가 미국 국가를 연주했다. 의식이 끝난 뒤 미군은 총독부 건물을 출발하여 대로를 따라 행진했다. 〈주한미군사〉에는 "많은 한국인들은 성조기가 올라가는 동안 담 위에서 바라보고 있었고, 열광으로 거의 어찌할 바를 몰랐다"고 쓰여 있다. 이리하여 남한에 대한 지배 권력은 일본에서 미국으로 넘어갔다.

희망에 찬 해방 직후의 서울

1945년 8월 15일 정오에 히로히토裕仁(1926~1989, 일본 제124대 천황) 일본 천황의 항복 선언이 라디오로 방송되었다. 그날 중대 발표가 있으니 조선인들은 경청하라는 벽보가 나붙었으나 라디오를 가진 조선인들은 많지 않았다. 더욱이 히로히토의 항복 발표 방송은 잡음이 심한데다 어려운 한자가 섞여 있었으며, 결정적으로 방송되는 말이 당시 일상적으로 쓰던 일본어도 아니고 일본 황족어(천황가에서 쓰는 말)로 나왔기 때문에 알아들을 수 있는 사람은 소수였다. 따라서 8월 15일에 일본의 항복 선언을 아는 한국인은 극히 소수였다.

다음날이 되자, 형무소에 있던 정치범과 경제범이 석방되기 시작했다. 그 때야 경성 시민들은 어제 방송이 히로히토의 항복 방송인줄 알게 되었고, 해방을 환호하기 시작했다. 그러나 그 날도 함경북도 청진시에서는 소련군과 일본군의 전투가 계속되고 있었다.

8월 17일이 되자, 서울 시민들이 태극기를 손에 들고 거리로 나오기 시작하였다. 이때의 태극기는 제대로 만든 태극기가 아니라 집에 있던 일장기를 변조하여 붓으로 태극을 만들고 주변에 궤를 그려 넣은 것이었다. 기쁨에 벅찬 시민들은 만세를 부르며 어떤 사람은 달리고, 어떤 사람은 전차나 트럭 등에 올라타 태극기를 흔들었다. 또 어떤 사람들은 일본신사神祀를 망치로 때려 부수고, 일제의 공공기관에 돌을 던져 유리창을 파손하였다.

건국준비위원회

총독부 정무총감 엔도 류사쿠(1886~1963)는 8월 15일 새벽 여운형呂運亨과 안재홍安在鴻을 만나 행정권과 치안권을 양도하겠으니 한반도에서 철수하는 일본인의 안전을 보장해 달라고 요청하였다. 이에 여운형은 다음과 같은 조건을 제시하였다.

1. 전국을 통하여 정치범 경제범을 즉각 석방할 것.
2. 8월, 9월, 10월 3개월간의 식량을 확보할 것.
3. 치안유지와 건국운동을 위한 정치활동에 대하여 절대로 간섭하지 말 것.
4. 학생과 청년을 훈련 조직하는데 대하여 절대로 간섭하지 말 것.
5. 노동자와 농민을 건국사업에 조직 동원하는데 절대로 간섭하지 말 것.

총독부 정무총감은 이 조건을 수락하였다. 그날 밤 여운형은 1년 전 자신이 결성했던 지하 비밀 독립운동 단체인 건국동맹을 모체로 해서 건국준비위원회(건준)를 발족시켰다. 건준 준비위원장은 여운형(독립운동가, 중도 좌익), 부위원장은 안재홍安在鴻(독립운동가, 중도 우익)이 맡았다. 총독부로부터 권한을 이양받은 건준은 8월 16일 서대문 형무소와 경성형무소에서 정치범과 경제범을 석방시켰다.

건준의 주요 강령은 일제타도와 민주주의 국가 건설이었다.

온건우파와 온건좌파 세력들이 결집하여 결성된 건준은 해방 이후 뒤숭숭한 분위기 속에서 매우 혼란스러운 치안상태와 식량문제, 행정실무 등을 해결하고자 하였다. 건준은 산하조직으로 건국치안대와 식량대책위원회를 설치하고, 지방에는 8월 말까지 145개의 지부를 설치하였다. 건준의 조직사업은 북한지역에서도 진행되었다. 북한지역에서 주도한 지도자는 고당古堂 조만식曺晩植이었다. 한반도 이남과 이북에서 동시에 건국사업에 착수했다. 건준의 지방 단체는 공산주의자나 민족주의자 어느 쪽이 주도하는가에 의해 지역에 따라 명칭을 달리하거나 구성에서 다소 차이가 났으나 목표는 새로운 국가 건설을 위한 기초를 마련한다는 점과 일제 강점기 독립운동을 벌려왔던 민족주의자나 사회주의자가 중심이 되어 만들어진 '민중의 자치조직'이라는 점에서 큰 의미가 있었다.

그러나 김성수金性洙, 송진우宋鎭禹 같은 국내의 우익세력들은 '중경 임시정부'를 지지하여 건준에 불참하였고, 9월 4일 부위원장이었던 안재홍이 건준의 좌경화를 우려하며 사퇴하자 좌파 변호사 허헌許憲을 부위원장으로 세우는 등 집행부를 개편하였다. 이런 과정에서 박헌영朴憲永 등 공산당 계열이 주도권을 장악함에 따라 건준의 본질적인 중립적 정치노선이 변질되어 갔다.

조선인민공화국 수립 선포

건준은 9월 6일 밤 경기여고 강당에서 약 1천 명이 참석한 가운데 '조선인민공화국임시조직법'을 통과시키고, 조선인민공화국人共의 수립을 공포했다. 이에 따라 건국준비위원회는 '발전적 해소'라는 미명 하에 없어지고, 지방의 건준 지부는 인민위원회로 개편되었다. 이후 인공은 박헌영을 주축으로 한 공산당 계열에서 실권을 장악하였다.

여운형이 인공을 수립한 것은 미군정이 실시되기 전에 과도정부를 자처함으로써 협상 상대로 인정받으려는 의도였다. 9월 14일 중앙인민위원회는 조선인민공화국을 설립하고 중앙정부의 내각 명단을 발표하였다. 주석에 이승만, 부주석에 여운형, 국무총리에 허헌, 내무부장 김구, 외무부장 김규식, 재무부장 조만식 등 우익인사들이 고위직을 차지한 것처럼 보이나 주요 실무요직은 조선공산당원이나 좌익세력이 차지하였다. 이승만李承晩이나 김구金九 등은 해외에서 귀국하기도 전이며, 그들은 귀국 후 인공 참여를 거부하였다.

미군정 선포

9월 8일 존 리드 하지John R. Hodge (1893~1963) 중장 휘하의 미군 제24군단은 배편으로 인천에 상륙하였다. 조선인민공화국은 대표단을 파견하여 교섭을 시도하였지만 하지는 이를 거절하고 포고령을 통해 조선인민공화국을 승인하지 않았으며, 심지어 대한민국 임시정부 조차 승인하지 않았다. 그 이유는 독립운동단체나 자칭 정부들은 보통선거 등 민주적 절차를 통해 수립되지 않았으므로 민주적 정당성이 없다는 것이었다. 미군은 9월 9일 서울로 진주하여 조선총독으로부터 항복문서에 조인을 받고 행정권을 이양 받았다.

하지는 포고령 제1호로 "38도선 이남의 한국과 한국인에 대하여 미국이 군정을 펼 것"이라고 포고하고 9월 12일 아놀드 Archibold V. Arnold (초대 군정장관) 육군 소장을 미군정장관에 임명하여 군정을 선포하였다. 1945년 10월 10일 아놀드 소장은 기자회견을 통해 "북위 38도 이남의 한국에는 오직 하나의 정부가 있을 뿐이다. 이 정부는 맥아더 원수의 포고와 하지 중장의 정령과 아놀드 소장의 행정령에 의하여 정당히 수립된 것이다"라며 주권을 주장하는 단체들에게 엄중히 경고함으로써 한국인에 의한 독립정부 수립의 꿈은 일단 접어야 했다.

3. 신탁통치를 둘러싼 좌·우익의 대립

정치참여의 폭발

중국 갔다 와서 장군 못된 놈,
조선에 있으면서 당수 한번 못한 놈은 병신이다.

이런 말이 유행할 정도로 해방직후 남한은 정치에 대한 기대와 참여의 폭발로 혼란의 시기였다. 해방 후 두 달도 되지 않아 미군정에 등록된 정당의 수가 54개에 이르렀고, 그 후 1년 이내에 정당 수가 300여 개로 증가하였다. 정당들은 좌우 양 진영으로 나뉘어 서로 대립되는 이념적 성향과 계급적 기반을 바탕으로 매우 치열한 정치투쟁을 시작하였다.

해방공간에서 좌파세력은 가장 빠르게 조직적 대응을 보였다. 국내외의 여러 상황은 공산주의자들에게 우호적인 분위기였다. 국내에서는 특히 학생과 지식인들 사이에서 급속히 좌경화 바람이 불고, 구질서는 와해되고 구시대적 사고방식도 크게 동요하였다. 더욱이 저명한 국내 인사들 가운데 대부분은 과거의 친일 경력 때문에 전적으로 혹은 부분적으로 불신을 받았다. 일본 통치 질서의 돌연한 붕괴가 국내의 민족주의적 노력의 결과가 아니라 전적으로 외부적 힘의 산물이었음에도 좌익이 만들어낸 정치적 상징들이 큰 영향을 발휘하는 해방의 열띤 분위기가 조성되었다. 식민지 시대를 '특권·착취·억압'의 시대와 동일시하고 해방으로 이런 해악을 일소할 수 있기를 기대하였다. 이러한 분위기에서 박헌영 중심의 조선 공산당의 재건되었다(1945.9.11).

좌파세력의 대두에 자극을 받은 보수 우파진영은 1945년 9월 16일에 그 대항조직으로 한국민주당을 결성하였다. 이는 임시정부 환국준비위원회의 송진우·김성수 그룹, 조선민족당의 김병로·조병옥 그룹, 한국국민당의 백남훈·김도연·윤보선·허정 그룹 등이 대거 참여한 이른바 우파 민족진영의 결합체였다. 그러나 한민당이 인공人共에 대항하는 세력이면 가리지 않고 받아들였기 때문에 친일적 세력도 대거 참여하였다. 한민당의 사회적 기반은 호남 등의 대지주 및 자산가 계급으로서 현상유지라는 계급적 이해를 가진 국내파 세력이었다. 그 외에도 중도 우파의 김규식·안재홍의 국민당, 김구金九 중심의 한국독립당, 김원봉金元鳳 중심의 조선민족혁명당, 이승만 중심의 대한독립촉성회 등이 있었다.

한편 좌파세력은 볼셰비키Bolsheviks적 전투적 전위정당으로 자처하는 박헌영 일파의 공산당과 비공산주의적 사회주의 세력을 주도하는 여운형의 조선인민당으로 나뉘어 있었다. 양자는 강령, 정책, 조직원칙, 투쟁방식, 전략전술 등에서 차이가 있었다. 그러나 여운형은 주요 정책노선에서 공산당에 동조 제휴하거나 그에 이용당하는 경우가 많았다. 박헌영의 조선공산당이 군소 좌파세력을 흡수하여 남로당을 결성(1946.11.23)하자, 여운형은 사회주의 온건파 중심으로 근로인민당을 결성(1947.5.24)하였다. 그러나 여운형이 창당 2개월 후에 암살되면서 당은 급속히 약화되었다. 이렇듯 해방 직후 38선 이남에서는 수많은 정당들이 명멸하는 정치판이 전개되는 혼란 속에서 중대한 돌발사건이 일어났다. 모스크바 삼상회담(1945.12.28, 미·영·소 외무장관) 결과가 발표된 것이다.

신탁통치안과 좌·우익의 극한 대립

"만일 조선에 대한 신탁통치가 사실이라고 한다면 여기에 절대 반대한다. 5년은 커녕 다섯 달이라도 반대한다."

- 조선공산당 박헌영

제2차 대전 중인 1943년 11월 미국·영국·중국의 수뇌들은 카이로회담을 갖고 전후 처리문제를 논의하고 카이로 선언을 발표하였다. 그 회담에서 한국에 대한 논의도 있었는데 그 내용은 '일본이 패망 후 적절한 절차를 거쳐 한국을 독립시킨다'는 조항이 있었다. 전쟁이 끝난 후 1945년 12월 16일부터 26일까지 모스크바에서 미국·소련·영국의 외무장관이 모여 회의를 하고 전후처리 문제들과 관련한 합의사항을 발표하였다. 그 합의 내용 7가지 중 한국에 관한 것은 세 번째 항에 있었는데 거기에 신탁통치안을 담고 있었다.

그 요점은 ① 한국을 독립국가로 만들기 위하여, 한반도에 민주주의 임시정부를 수립한다. ② 민주주의 임시정부의 수립을 돕기 위하여, 미·소군정의 대표자들이 모여 미소공동위원회를 개최한다. ③ 미·소공동위는 임시정부의 구성 원조 및 적절한 방책의 초안 구체화를 위하여 한국의 민주적인 제 정당 사회단체와 협의한다. ④ 한국은 미국, 영국, 소련, 중국의 관리 하에 최대 5년간 신탁통치를 한다.

이러한 신탁통치 방안이 12월 28일 국내에 알려지자, 좌·우익 등 모든 정치단체는 즉각 독립정부 수립을 주장하며 반대하였다. 공산당의 박헌영은 "만일 조선에 대한 신탁통치가 사실이라고 한다면 여기에 절대 반대한다. 5년은 커녕 다섯 달이라도 반대한다"고 주장하였다. 그리고 12월 30일 김구의 임시정부가 주도한 「신탁통치반대 국민총동원위원회」에 박헌영이 참여하여 중앙위원이 되었고, 이튿날인 31일에는 상무위원이 되었다.

공산당은 다음해 1월 3일로 예정된 민족통일자주독립촉성 시민대회의 조직에 앞장섰다. 대회는 서울시 인민위원회와 외곽단체인 반파쇼공동투쟁위원회가 주도했다. 그러나 1946년 1월 1일과 3일 사이의 어느 시점에 공산당 지도부는 근본적으로 입장을 바꾸도록 지시를 받았다. 박헌영이 1월 2일 평양에 갔다 돌아와 공산당 중앙위원회에서 모스크바 결정 지지를 결의하였고, 가능한 한 모든 수단을 동원해 모스크바협정을 지지하라는 조선공산당 북조선분국 책임비서 명의로 된 지시문이 산하의 모든 지부에 하달되었다. 이에 따라 1946년 1월 3일의 시민대회는 모스크바 삼상회의 반대데모가 아니라 지지데모로 완전히 뒤바뀌었다.

그럼으로써 공산당은 한국인의 민족주의적 열망을 거역했다. 이 사건을 분수령으로 해서 남한의 공산당이 해방 후 몇 달간 축적한 대중적지지 수준을 다시 회복할 수 없을 정도로 추락하게 되었다.

신탁통치는 한국에서 일반적으로 제1차 대전 후 국제연맹의 위임통치체제와 동일시되었으며, 한국인을 '남양군도의 미개한 원주민'과 같이 취급한다는 비난을 받았다. 결국 자부심과 민족감정이 신탁통치 문제와 뒤엉켜 격렬한 반대감정이 분출되면서 공산당은 이제까지 장악해온 중앙무대로부터 축출당할 위기에 처하게 되었다. 이러한 상황에서 정치 분위기는 우익인 한민당 지도자인 송진우가 배후가 밝혀지지 않은 집단에 의해 암살된(1945.12.30) 후 급속히 증오로 가득차고, 정치문화는 너무 쉽게 폭력에 적응되어 테러와 암살이 모든 집단의 중요한 정치무기로 등장했다.

결국 신탁통치 문제는 우익에는 유리한 여건을 가져다 주었고, 좌익에는 심각한 손실을 안겨주게 되었다. 1946년 2월 1일 임정 지도자들은 온건파와 보수적 집단 모두가 참석한 비상국민회의를 소집했다. 이 대회로부터 2월 8일 대한독립촉성국민회가 탄생되었고, 이승만은 이 운동의 확고한 지도자로 부상했다.

김구·이승만 등 우익이 반탁운동을 전개함에 따라 신탁통치 문제를 둘러싸고 좌우익 간에 격렬한 정치투쟁이 전개되었다.

4. 미·소공동위원회와 혼돈의 남한 정국

제1차 미소공동위원회 결렬

모스크바 삼국 외상회의 결정에 따라 1946년 1월 16일 미소 공동위원회 예비회담으로 알려진 미소 공동회담이 미국의 아놀드 소장과 소련의 스티코프 중장이 각각 대표를 맡아 덕수궁 석조전에서 열렸다. 이 회담은 분단으로 인한 경제, 제정상의 문제를 집중 논의하였으나 양측의 입장 차이로 난항을 겪다가 2월 5일 1개월 이내 미소공동위원회를 설치할 것이라는 공동성명을 발표하고 폐회하였다.

제1차 미소공동위원회는 1946년 3월 20일 서울 덕수궁 석조전에서 개최되었다. 회담개시와 더불어 소련 측은 임시정부 수립을 위한 한국 내 협의대상자의 선정 기준으로 ① 삼상회의의 결정을 지지할 것, ② 진실로 민주적이어야 할 것, ③ 소련을 반대하는 집단이나 인물이 아닐 것 등 세 가지를 제시하였다.

이에 대하여 미국 측은 한국인들은 대부분 이 모스크바 협정에 원칙적으로 반대하며, 따라서 신탁통치에 반대한다고 해서 협의대상에서 제외하는 것은 부당하다고 맞섰다. 이와 같은 의견대립으로 서로간의 입장차를 좁히지 못한 체 5월 6일 무기휴회를 선언함으로써 협상이 결렬되고 말았다. 그 원인은 미국은 한국의 통일정부가 친미적으로 이루어지기를 기대했고, 반면에 소련은 친소적인 정부를 원했기 때문이다.

제1차 미소공위가 무기휴회에 들어가면서 미소관계는 매우 빠르게 악화되었다. 미군정 당국은 좌우합작운동과 같은 새로운 길을 찾기 시작했으며, 이에 대응하여 한국인 사이에서는 다양한 정치·사회운동이 전개되었다.

이승만의 남한 단독정부 수립운동

"북한에서는 소련 점령군이 독재적인 방법으로 모든 반대파를 숙청하고 그들의 앞잡이 김일성을 내세워 북한을 소비에트 국가로 만들고 있으며, 이 소비에트 국가를 발판으로 곧 남한마저 공산화 하려고 하고 있으므로 이를 막으려면 남한에서 지금이라도 단독정부를 수립해야 한다."

- 이승만

이승만이 남한 단정 수립론을 공개적으로 말한 것은 1946년 6월 3일 전국 순회강연 중 정읍에 들렀을 때이다. 그는 "남쪽만이라도 임시정부 또는 위원회 같은 것을 조직하자"고 제의했다. 이승만은 이러한 목적을 관철하기 위해 6월 29일 '민족통일총본부'를 세우고 그 총재가 되었다. 이 기구에는 김구를 비롯한 임정계 인사들도 참여하였는데, 그것은 이승만의 단정노선을 지지해서가 아니라 우익의 두 기둥인 이승만과 김구가 손을 잡아 좌우합작운동을 견제하려는 것이었다.

그러나 이승만의 단독정부 수립운동은 미군정의 지원 하에 추진된 좌우합작위원회가 '좌우합작 7원칙'을 발표하고, 이에 근거하여 미군정이 10월 12일 '과도입법기관 설치령'을 공포하자 설자리를 잃은 듯하였다. 그래서 이승만은 미국으로 가서 미국정부와 국제연합을 상대로 자신의 노선을 설득시키는 활동을 전개하였다.

좌·우 합작운동

제1차 미소공위가 결렬된 상태에서도 미국은 모스크바협정이 실현될 수 있다는 기대를 완전히 저버리지 않았다. 그리하여 남한에서 온건한 좌파와 온건한 우파로 하여금 좌우합작운동을 통해 좌우합작 정부를 만들게 한 다음 모스크바협정을 지지하도록 유도하고자 하였다. 좌우연합 정부를 중심으로 토지개혁을 포함한 진보적인 정책들을 추구해 나가면 주민들이 이 정부를 지지해 줄 것이며, 그렇게 되면 극우세력과 극좌세력의 영향력이 줄어들어 이 정부가 모스크바협정을 지지함에 어려움이 없을 것이라 내다 본 것이다.

이러한 미군정의 구상과 지원에 따라 중도좌파의 여운형呂運亨(1886~1947)과 중도우파의 김규식金奎植(1881~1950)을 중심으로 한 좌우합작위원회左右合作委員會가 설치되고 1946년 5월 25일 예비회담을 시작으로 활동을 시작하였으나 합작원칙을 둘러싸고 대립이 지속되었다. 게다가 이승만·김구 등 우익진영과 박헌영 등 좌익진영이 합작위원회에 참여를 거부하고, 대구에서 10·1폭동이 일어나는 혼란한 정세 하에서 좌우합작운동이 제대로 진행되기 어려웠다.

그런 가운데서도 10월 7일 '좌우합작 7원칙'을 발표하였다. 이 7원칙에는 남한에 과도입법의원을 두어 여기서 친일파 문제를 다루고, 토지개혁에 관해서는 몰수 또는 조건부 몰수에 의해 얻은 토지를 농민에게 무상분배하며, 미소공위를 다시 열어 모스크바협정에 따른 한국인의 임시정부를 세운다는 큰 원칙을 밝혔다. 그러나 이러한 좌우합작 원칙에 대해 극좌와 극우로부터 맹렬한 공격을 받았다.

좌우합작운동의 기반이 그만큼 취약했음에도 불구하고 미군정은 원래의 구상대로 남조선과도입법의원南朝鮮過渡立法議院을 구성하였다. 과도입법의원은 각 도에서 간접선거로 당선된 민선의원 45명과 관선의원 45명으로 구성되어 12월 12일에 개원하였다. 그러나 과도입법의원에는 우파 인사가 다수를 차지하여 여운형 등 온건좌파들이 관선의원 등록을 거부하고, 좌익 단체인 민전에서는 단독정부 수립 음모라고 비난하였다. 뿐만 아니라 우파인 한민당에서도 토지개혁의 무상몰수·무상분배의 문제점을 지적하며 좌우합작위원회의 해체를 주장하였다.

1946년 말에서 1947년 초에 이르자 좌우합작위원회는 사면초가에 빠지고 7월 여운형이 암살되면서 좌우합작운동도 막을 내렸다.

김구의 반탁독립투쟁위원회 결성

김구의 임정세력은 처음에는 이승만이 주도하는 '민족통일총본부'에 참여하고 이승만의 도미 활동을 후원하는 등 이승만과 유대를 유지하였다. 또한 단정 수립운동에 반대하는 김규식과 여운형의 좌우합작운동에 대해서도 성원을 보내고, 미소공위가 조속히 재개해야 한다는 운동에도 찬성하는 입장을 취했다.

임정세력이 태도가 바뀐 것은 1946년 12월과 1947년 1월 사이였다. 이 무렵 미군정은 미소공동위를 열어 새로운 국면을 조성할 생각을 갖고 소련과 교섭을 진행하였다. 그 결과 "미소공위에 참가하는 정당 및 사회단체는 모스크바 결정을 반대할 수 없으며, 반대하는 경우 임시정부 수립을 위한 공동위원회의 협의대상에서 제외한다"고 합의하였다. 이 합의는 우익의 반탁운동을 막으려는 의도에서 나온 것이었다.

여기서 임정세력은 다시 한번 반탁의 깃발을 높이 들고 미군정에 맞서게 되었다. 임정세력인 한국독립당韓國獨立黨(약칭: 한독당, 1930.1.25~1970.1.25)은 우선 좌우합작위원회의 해체를 요구하는 한편, 한국민주당韓國民主黨(약칭: 한민당, 1945.9.16.~1949.2.10)

과 손을 잡고 1947년 1월 24일 김구를 위원장으로 하고 미국에서 활동하고 있는 이승만을 고문으로 하는 반탁독립투쟁위원회를 설립했다. 반탁독립투쟁위는 반탁투쟁에 관한 지령을 전국에 내려보냈다.

반탁운동은 날로 거세어져 3월에 들어서는 임정이 아예 정부를 자처하며 미 군정에 맞섰다. 이에 따라 김구와 이승만 사이에는 미묘한 경쟁관계가 다시 드러나기 시작했다. 4월에 귀국한 이승만은 임정의 법통을 내세우는 것은 삼가야 한다고 말하면서 김구를 견제하였다.

5. 조선정판사 위폐사건과 공산당의 투쟁 강화

조선정판사 위폐사건

미 군정이 좌우합작운동을 추진한 데에는 이 운동을 통하여 극좌세력을 약화시킨다는 계획을 갖고 있었다. 이와 병행하여 미군정은 조선공산당을 비롯한 극좌세력에 대해 압력을 가했다. 그 계기는 '조선정판사 朝鮮精版社 위조지폐 사건[3)]'이었다.

1946년 5월 6일 미군 수사대는 조선공산당 본부 뿐 아니라 공산계 신문을 발행하는 조선정판사가 자리 잡고 있는 건물을 수사하다 조선정판사에서 종이와 잉크, 위조지폐 원판, 그리고 약 1,200만 원(당시 환율로 약 12만 달러)에 달하는 위폐를 비롯한 설비 일체가 발견되었다. 두 명의 공산당 간부를 포함한 다수의 공산당원이 연루되었는데, 군정 당국은 개인자격의 범행으로 처리하였다.

그러나 재판도중 피의자들은 일어나 '적기가赤旗歌 The Red Flag'를 부르기도 하고, 피의자들의 석방을 요구하는 시위를 벌여 한

3) 조선정판사 위조지폐 사건: 1945.10.20일부터 6회에 걸쳐 조선정판사 사장 朴洛鍾 등 조선공산당원 7명이 위조지폐를 발행한 사건.

명이 사망하고 50여 명이 체포되는 불상사가 일어났다. 피고인들은 전원 유죄판결을 받았고, 언론의 대대적인 보도로 조선공산당이 위조지폐 사건과 관련되었다는 사실이 전국에 널리 알려지게 되었다.

조선정판사 사건을 수사하면서 남한의 공산당과 소련 당국 사이의 연결을 나타내는 많은 문서들이 수사당국에 의해서 폭로되었다. 5월 18일 미 방첩대는 조공 서울본부에서 비밀문서를 입수했고, 강원도 원주지부에서 또 다른 문서를 확보했다. 모두 지역 내 미군 동향에 대한 정보를 수집 보고하라는 명령을 받았음이 입증되는 문서들이었다. 이들 문서들은 북한 첩자들이 한국군 부대 내에 상당히 깊게 침투해 있음을 폭로했다.

제보자와 첩자, 공산주의에 환멸을 느낀 전향자들을 통해 미군정 당국이 남한에 대한 공산당의 소위 '장기 계획서'라는 문서에 대해 알게 된 것도 바로 이때이다. 계획의 윤곽은 다음과 같았다.

"남한에서의 조선공산당의 당면 임무는 가능한 한 빠른 시일 내에 당원수를 증가시키는 한편 모든 외곽단체를 강화시키는 것이다. 이들 조직이 충분히 강해졌을 때, 그 대부분 혹은 전부가 공개적으로 조선공산당과의 단교를 선언한다. 그러면 당은 우익과 화해하려는 의사를 넌지시 표명한다.

이러한 방법으로 그들은 실제로 좌파로 경도된 통일전선 정부 수립을 위한 기반을 조성하는 한편, 겉으로는 공산당이 상대적으로 세력이 약한 것처럼 보이게 한다. 그러면 통일전선 정부 내의 공산분자들은 극소수로 보일 것이므로 정부가 수립되기만 하면 미군은 곧 철수할 것이다. 정부 수립 후 여러 가지 큰 사건과 소요가 전국에서 일어날 것이며 이는 공산당이 선동한다. 이때가 오면 공산당은 정부 내의 유력한 공산분자 뿐만 아니라 경찰과 군 내에 깊숙이 침투해 있는 공산주의자들과 함께 질서를 회복하기 위한 활동을 개시하며, 이러한 방식으로 권력을 장악한다"는 것이 공산당의 계획이었다.

조선정판사 위폐사건은 당시 세력을 확장하던 조선공산당의 발목을 잡은 결정적인 사건이었다. 박헌영의 지시로 시작된 위조지폐 사건은 시장경제를 혼란시키고 공산당의 활동비를 조달하려는 것이었다. 1946년 9월 6일 박헌영을 비롯한 공산당 간부에게 체포령이 발부되고, 조선공산당 기관지 〈해방일보〉가 정간되고 그 외 좌익신문인 조선인민보 등 3개 신문을 폐간시켰다.

조선공산당의 신 전술

이러한 국면에서 조선공산당은 자신의 전술을 바꾸지 않을 수 없었다. 미군정 초기에 조선공산당은 '국제민주주의 노선'에 입각하여 미국을 민주주의국가, 미군을 해방군으로 규정한 다음 '미군정에 협력하면서 부르주아Bourgeois(유산계급) 민주주의 혁명을 수행한다'는 노선을 취해왔다.

그러나 더 이상 이 노선에 매달릴 수 없었으므로, 잠시 몸을 피해 월북했다가 돌아온 박헌영은 7월 26일 '신新 전술'을 지시하였다. 신전술에 따르면 미국의 정책을 '제국주의적 반동정책'이라고 비판하고 반미운동을 펼칠 것을 주장하였다.

또한, 남한 정권이 미 군정과 친일파 및 민족반역자의 손에 있다고 비난하면서, 정권을 인민위원회로 넘기게 하는 대중운동을 전개하고 북한에서와 같은 개혁조치들이 이루어져야 한다고 주장하였다.

박헌영은 자신의 새 전술을 관철시키기 위해 여운형의 조선인민당, 백남운의 남조선신민당, 조선공산당의 합당을 추진하였다. 미군정의 체포를 피해 다시 월북한 박헌영은 해주에 머물면서 공산당 안에 조직된 남조선파업공동투쟁위원회가 주도하는 '9월의 총파업'과 '10월 폭동'을 지휘하여 나갔다.

9월 총파업과 10월 폭동

새로운 전술의 일환으로 조선공산당과 조선노동조합전국평의회(전평)는 미군정의 철도 노동자의 감원과 임금지급방식의 변경 등을 계기로 총파업을 단행하기로 결정하였다. 1946년 9월 부산의 철도노조 파업을 시작으로, 파업은 전분야로 확산되었다. 전국에서 총파업이 진행되는 가운데 10월 1일 대구역 앞에서 경찰이 전평全評(노동조합전국평의회, 1945.11.5. 설립) 계열 노동자들의 시위를 진압하는 과정에서 발포하여 노동자가 사망하는 일이 일어났다.

이즈음에는 미소공동위원회가 아무런 결실 없이 결렬되어 통일국가 수립에 대한 가능성이 점점 사라짐에 따라 좌절감을 느낀 민중들은 미 군정에 대해 실망하고 비판하는 여론이 높아졌다. 이러한 비판은 식량문제로 폭발하였다. 미 군정의 식량정책 실패로 쌀값이 폭등하고 시장에서 쌀이 사라져 굶어 죽는 사람이 늘어났다. 더욱이 1946년 전국에서 발생한 콜레라의 확산을 막기 위해 교통을 차단하고, 홍수로 대체 농작물마저 부족하여 식량문제는 더욱 악화하였다. 미 군정은 식량문제를 완화하기 위해 보리 수집에 나섰다. 이 과정에서 경찰이 강제적으로 식량을 공출하여 농민들과 충돌하는 등 사건이 일어나 농민들의 불만이 커졌다. 도시에서는 시민들이 식량 배급을 요구하며 시위를 벌였다.

이러한 상황에서 발생한 대구역 앞 발포사건은 대구 전역으로 확산되어 시민들이 경찰과 우파 인물들을 공격하여 사망자와 부상자가 대거 발생하였다. 미 군정은 계엄령을 선포하고 진압에 나서면서 질서를 회복하였다. 대구와 같은 시민들의 시위는 전국으로 확산되었다.

10월 3일 이후 12월 중순까지 남한의 거의 전 지역에서 시위가 일어났다. 시위에 참여한 시민과 농민의 요구는 다양하였다. 도시에서는 식량배급 요구가 가장 많았으며, 농촌에서는 식량공출 반대, 소작료 3·7제 요구, 일부 지역에서는 토지의 무상몰수와 무상분배를 요구하였다. 도시와 농촌지역에서 공통적으로 친일파의 배격과 처단, 정권을 인민위원회로 이양하라는 요구가 나왔다.

미군정에 항의하는 시위가 확산되자, 미 군정은 각 지역의 농민조합과 인민위원회를 비롯한 대중운동단체의 지도자들을 체포하거나, 이들이 피신함으로써 이들 조직을 비롯한 좌파세력의 역량은 약화되었다. 반대로 우파세력은 이런 사태를 계기로 조직을 강화하여 역량을 강화하는 결과가 되었다.

미군정이 시작된 후 가장 어려웠던 시기인 10월 폭동이 가라앉은 후인 11월 23일 서울에서 남조선노동당 南朝鮮勞動黨 (약칭: 남로당, 1946.11.23~1949.6, 설립자: 朴憲永)은 정식 출범하였다. 남로당은 출범과 더불어 "10월 인민항쟁으로 조선인민의 투쟁역량을 역사적으로 증명했다"고 선언했다.

그러나 그것이 끝났을 때, 남한의 대다수 주민들은 남로당의 주도하에 펼쳐졌던 파업과 폭동 및 암살에 지쳤으며, 그리하여 남로당은 일반 주민들로부터 점차 멀어지게 되었다.

6. 미·소군정의 체제 변화

북로당과 북조선인민위원회

남한에서 정치·사회적 혼란이 계속되는 동안, 북한에서는 김일성을 중심으로 한 단독정권의 기반을 굳혀가고 있었다. 제1차 미소공위가 결렬된 후인 1946년 7월 22일에는 북조선민주주의민족통일전선이 결성되었다. 이어 이를 기반으로 8월에는 김일성의 북조선공산당과 김두봉의 조선신민당朝鮮新民黨(김두봉·백남운 등, 1946.2.16~1946.8.29)이 합당하여 북조선로동당北朝鮮勞動黨(약칭: 북로당, 1946.8.29~)을 결성하였다.

북한의 공산주의 세력이 이제 북로당 하나로 통합된 시점에서 남한의 공산주의 및 좌파세력 전반에 대한 북한의 영향력은 크게 늘어났다. 해방 직후 한반도 전체의 공산주의 운동의 중심이 서울의 박헌영이었는데, 이 시점에 와서는 북로당이 남로당으로 통합된 남한 공산주의자들은 물론 사노당으로 통합된 남한의 비공산좌파 세력을 이끌어 가고 있었던 것이다.

이 무렵인 1946년 11월에는 북한에서는 도·시·군 인민위원회와, 면·리 인민위원회 선거가 실시되고, 이를 토대로 1947년

2월 1일에는 북조선인민회의가 소집되었다. 북조선인민회의는 1946년 2월에 구성된 북조선임시인민위원회에서 '임시'라는 용어를 없앤 북조선인민위원회(위원장, 김일성) 즉, 북한의 최고통치기구를 성립시켜 단독정부 체제를 강화하였다.

남조선 과도정부의 성립과 한국인의 군정 참여

1946년 3월, 미군정은「군정법령」제64호로써 군정청 기구의 국局을 부部로 개칭하면서 군정청 기구가 대체로 확립되었다. 이를 전후하여 각 부처장에는 한국인이 채용되어 한미 양兩부처장제를 실시하였다. 그 해 9월 미군정 당국은 군정장관 러치 Lerche, A. L.의 특별발표를 통해, 군정하의 행정권을 한국인에게 이양하겠다는 의사를 표시하였다. 이 발표에서 미국인은 고문으로 남아 부결권否決權만 행사하며, 종래 한미 양국어로 사용하던 문서는 한국어만을 사용하도록 하는 조처가 단행되었다.

이 원칙에 따라 1947년 2월 한국인 부처장을 통괄하는 민정장관에 안재홍安在鴻(1891~1965)을 임명하였다. 1946년 12월 12일에는 좌우합작위원회의 건의에 따라 김규식金奎植을 의장으로 하는 관선 45명, 민선 45명의 의원으로 구성된 남조선과도입법의원을 창설하여, 당면한 제반 법령을 한국인들의 손으로 제정하도록 한 바가 있었다. 이로써 사법부 대법원장에 김용무金用茂(1891~미상)와 아울러 이른바 입법·사법·행정의 삼권분립을 갖춘 한국인에 의한 통치기관이 성립된 셈이었다.

1947년 5월 「군정법령」 제141호에 의한 38선 이남 지역의 입법·행정·사법 각 부문의 재조선 미군정청 한국인기관在朝鮮美軍政廳 韓國人機關을 남조선과도정부南朝鮮過渡政府라고 부르기로 함으로써 형식적으로는 미군정이 점차로 이양되는 절차를 밟아 나갔다. 그러나 실권은 거부권을 가진 미국인 고문에게 여전히 남아 있었다.

한편, 7월에는 당시 미국에 있던 개화운동의 선구자인 서재필徐載弼(1864~1951)을 한미인 최고의정관韓美人 最高議政官으로 맞이하여 군정의 고문을 담당하게 함으로써, 이른바 군정의 한국인화에 더욱 진전을 보게 되었다. 과도정부는 1948년 8월 대한민국 정부가 건국됨과 동시에 자동 소멸되었다.

III

한반도에 두 개의 정부 수립

모스크바 삼상회의의 결의에 따라 한반도에 통일 임시정부 수립을 논의기 위해 설립된 미소공동위원회가 미·소간의 의견차이로 결렬되자, 한국문제는 미국의 제의로 유엔에 이관되었다.

유엔은 인구비례에 의한 총선거를 유엔 감시 하에 실시하도록 결의하였으나, 소련의 반대로 가능한 지역인 남한지역에서만 총선거를 시행하도록 재결의하였다.

이에 따라 1948년 남한지역에서는 5·10 선거가 시행되고, 선출된 제헌의원들이 제정한 헌법에 따라 1948년 8월 15일 대한민국이 건국되었다.

북한에서도 9월 9일 조선민주주의인민공화국을 수립하였다.

이로써 해방된 지 3년 만에 한반도에는 두 개의 정부가 수립됨으로써 삼팔선은 국경선으로 변하고, 통일 민족국가를 건설하려던 민족적 염원은 좌절되었다.

1. 남한 - 대한민국 건국

제2차 미소공동위원회 결렬과 한국문제 유엔 이관

1947년에 들어서 독립국가 수립 등 한국문제 처리가 지연되는 데 따른 내외적 압력이 높아지면서 미국과 소련은 미소공동위원회의 재개를 위한 일련의 노력을 전개하였다. 남한주둔 미군사령관 하지 Hodge,J.R. 중장과 북한주둔 소련군사령관 치스차코프 Chistiakov,I. 대장 사이의 서신이 교환되는 한편, 미국 국무장관 마샬 Marshall,G.C.(1880~1959)과 소련 외상 몰로토프 Molotov,V.M.(1890~1986) 사이의 서신을 통한 장기간의 교섭으로 1947년 5월 21일 제2차 미소공동위원회가 재개되었다.

공동위원회가 속개되자 국내 각 정치세력도 활발한 움직임을 보였다. 좌익계와 중간파는 당연히 공동위원회에 적극 참여하였고, 한민당韓民黨 등 일부 우익 진영에서도 "통일정부 수립을 위하여 공동위원회 참가는 불가피하게 되었으며, 신탁통치문제는 임정수립 뒤 민족총의로 반대해야 한다"는 입장에서 공위참가를 결정하였다. 반탁운동을 주도하던 김구의 한독당韓獨黨에서도 일부가 이탈하여 공동위원회 참가를 표명하였다.

이에 따라 이승만과 김구의 추종세력을 제외한 거의 모든 정당·사회단체가 미소공위 참가 청원서를 제출하기에 이르렀다. 그리하여 6월 25일까지 공동위원회에 청원서를 제출한 남한의 정당·사회단체 수는 425개, 북한의 정당·사회단체 수는 36개였다.

예정대로 공동위원회의 미소대표들은 6월 25일 남한의 정당 및 사회단체와 합동회의를 서울에서 가진 후 평양에 가서 6월 30일부터 며칠간 본회의를 개최하고, 7월 1일 북한의 정당 및 사회단체와 합동회의를 가졌다. 이처럼 진전을 보이는 것 같았던 제2차 미소공동위원회는 협의대상 정당·사회단체 문제를 둘러싸고 또다시 교착상태에 빠지게 되었다.

8월에 들어서자, 제2차 미소공동위원회는 소련 측의 '삼국 외상회의 결정고수'와 미국 측의 '의사표시의 자유'라는 제1차 공동위원회의 대립점으로 되돌아갔다. 공동위원회의 협의대상 문제로 인하여 답보상태를 면하지 못하던 제2차 미소공동위원회는 8월 중순 미군정이 불법 파괴활동을 자행한다는 이유로 남로당 및 좌익계 인사들을 대대적으로 검거하면서 더욱 악화된 상황을 맞이하게 되었다.

소련 측 대표 스티코프는 "모스크바 3상회의 결정과 미소공위 업무를 지지해 온 남한의 좌익진영에 대한 탄압은 공동위원회사업을 방해하는 처사"라고 강경하게 항의하였다. 이에 대하여 미국 측 대표 브라운Brown, W.G.은 "남한 내정에 간섭하는 것"이라고 반박하며 오히려 북한에 감금되어 있는 중요인사를 석방하라고 요구함으로써 양측의 대립은 점점 심각해졌다. 결국 1947년 여름 제2차 미소공동위원회는 실질적 결렬상태에 이르게 되었다.

제2차 미소공동위원회가 진전을 이룰 가능성이 없게 되자 미국은 한국에 대한 신탁통치안을 포기하고, 한국문제를 국제연합 United Nations (제2차 대전 종전 후인 1945년 전쟁방지와 국제평화 유지를 위해 설립한 기구) 로 이관시켰다.

1947년 9월 17일 미 국무장관 마샬은 2년 동안의 미소공동위원회의 노력이 성과가 없었음을 전제하고, "한국문제가 국제연합 총회에 상정됨에 따라 신탁통치를 거치지 않고 한국을 독립시키는 수단이 강구되기를 바란다"라는 성명을 발표하였다.

이에 대하여 국제연합 총회 소련 수석대표 비신스키Vyshinskii,A.Y.는 "한국문제의 국제연합 상정은 미소간의 협정을 직접 위반하는 것"이라고 반대하였다. 그러나 마샬의 제안은 9월 21일 국제연합 총회 운영위원회에서 가결되었다. 이에 따라 10월 18일 개최된 미소공동위원회 제62차 본회의에서 미국측 수석대표 브라운 소장은 국제연합에서 한국문제 토론이 끝날 때까지 공동위원회 업무를 중단하자고 제의하였다. 이에 대하여 소련 측 수석대표 스티코프는 소련 대표단의 서울 철수를 발표하였고, 10월 21일 50여 명의 소련 대표단 일행이 평양으로 출발함으로써 제2차 미소공동위원회는 5개월 간의 우여곡절 끝에 막을 내리게 되었다.

유엔 감시하의 남한만의 단독선거 결정

1947년 11월 14일 유엔총회 본회의에서 미국측이 제안한 독립정부 수립 안을 43 : 0 (기권 6) 이라는 압도적 다수결로 채택함으로써 모스크바 삼상회의가 규정한 5개년 신탁통치안이 국제무대에서 묵살되고, 한국문제의 새로운 방향이 설정되었다. 국제연합 결의에 따라 한국의 총선거를 감시하기 위하여 국제연합임시위원단이 오스트레일리아, 캐나다, 중화민국, 엘살바도르, 프랑스, 인도, 필리핀, 시리아 등 8개국으로 구성되었다.

이 위원단은 1948년 1월 12일 서울에서 회합을 갖고 임무에 착수하였다. 그러나 1월 24일 소련 군정당국이 이 위원단의 북한지역 입경을 거절함에 따라 북한지역에서의 기능 수행이 불가능하게 되었다. 유엔 소총회는 이와 같은 상황을 보고 받고 그 해 2월 26일 한국 내의 활동이 가능한 지역에서 선거를 실시하게 하는 결의안을 채택하였다. 이에 따라 유엔 임시위원단은 북한 내에서의 선거를 유보하고 남한지역만이 선거를 5월 10일 실시하도록 하였다.

북한과 남로당의 단선·단정單選·單政 반대투쟁

미국에 의한 한국문제의 유엔 상정 및 총선거안은 국내 정계에 많은 갈등을 불러일으켰다. 이승만이 이끄는 대한독립촉성국민회의는 이에 찬동하였으나, 김구는 단독정부를 반대하였다. 이미 미군정에 의하여 불법화된 남조선노동당을 비롯한 공산주의자들은 '선 외국군 철수, 후 통일정부 수립'이라는 김일성의 인민위원회 주장을 내세우며 적극적으로 반대하였다.

특히, 남로당은 1948년 2월 7일, 소위 '2·7 구국투쟁선언'을 발표하고 조선노동조합전국평의회(전평)와 민주주의민족전선(민전) 등 좌익단체를 동원하여 남한만의 단독 선거와 단독정부를 반대하며 전기·통신·철도 운영중지, 동맹휴학, 가두시위, 폭행·살인 등의 폭력활동을 전국적으로 전개하였다.

유엔 감시 하에 시행된 5·10선거

남로당 등의 반대 속에서 3월 17일 미군정 법령으로 「국회의원 선거법」이 공포되고 3월 20일부터 4월 9일까지 유권자를 등록하게 하여 총유권자 813만여 명 중 96%가 선거인 명부에 등재되었다. 선거제도는 보통·평등·비밀·직접의 4대 원칙을 수용한 민주주의 제도로써 한국인으로서는 사상 처음으로 대표자를 국민의 손으로 뽑게 된 것이다.

유엔 한국임시위원단은 남북한을 통한 인구비례에 의한 선거로 300석의 국회의원을 선출할 방침이었으나, 북한지역이 선거 불가능으로 북한지역 의석수 100석을 유보하고 남한지역에서의 의석수를 200석으로 할당하여 남한만의 총선거를 5월 10일 시행하였다. 선거 결과 정당·사회단체별 당선자는 무소속 85인,

이승만 중심의 대한독립촉성국민회의 55인, 한국민주당 28인, 대동청년단 12인 등 198명이었다 (2명은 제주 4·3사건으로 선거를 치르지 못함).

대한민국 건국

1948년 5월 31일 선거위원회의 소집에 의하여 한국헌정사상 최초로 제헌의회가 개원되어 국회의장에 이승만, 부의장에 신익희申翼熙 (독립운동가, 1894~1956) 를 선출하였다. 국회는 대한민국 헌법을 제정하여 7월 17일 공포하고, 이 헌법에 의하여 국회는 초대 대통령에 이승만, 부통령에 이시영 李始榮 (독립운동가, 1869~1953)을 선출하였다. 이승만 대통령은 행정부를 구성하고, 해방된 지 3년 만인 1948년 8월 15일에 대한민국의 건국을 국내외에 선포하였다. 유엔은 대한민국을 한반도에서 유일한 합법정부임을 인정하였다.

대한민국은 역사상 우리 국토에 우리 민족의 손으로 세운 최초의 민주공화국이다. 일제에 나라를 잃은 지 38년 만에 우리 민족이 그토록 염원하던 대한민국이 건국된 것이다. 이로써 미군이 점령한 남한에는 민주주의 국가가 탄생하였다.

2. 북한 - 조선민주주의인민공화국 수립

북조선인민위원회 설치

1945년 8월 광복과 더불어 북한 지역에서는 소련군의 점령 아래 공산혁명 기지 건설작업이 일관되게 추진되었다. 그 첫 작업은 소련군이 북한 지역을 통치하기 전에 구성된 각 도의 건국준비위원회를 해체하고 노동자·농민이 중심이 된 진보적인 인민위원회를 조직하는 작업이었다. 이 과정에서 민족주의 진영에서는 처음에 이를 거부하였으나 소련 군정의 압력에 의하여 결국 인민위원회 활동에 참여하게 되었다.

소련 군정은 1945년 10월 8일 '북조선 5도 인민위원회'를 구성하고 20일 뒤에는 이를 '북조선 5도행정국'으로 개편하여 북한에서의 중앙정부 수립을 향한 첫 걸음을 내디뎠다. 소련 군정은 10월 10일 북한 지역의 공산기지화를 추진할 지도핵심체로서 '조선공산당북조선분국'(1946년 4월부터 북조선공산당으로 개칭)을 발족시켰다.

1946년 2월 8일에는 김일성을 책임자로 하는 정부기관인'북조선임시인민위원회'가 발족되어 민주개혁이라는 명목으로 토지개혁, 중요산업의 국유화 등 일련의 체제개혁 작업을 서둘렀는데, 이는 봉건 및 일제 식민지 잔재의 청산과도 관련이 있었다.

8월 30일에는 북조선공산당과 조선신민당이 합당하여 대중정당을 표방하는 북조선노동당을 창립하였다. 1946년 말에는 도·시·군 인민회의 대의원선거를 실시하여 각급 인민회의와 중앙의 북조선인민회의를 구성하고, 1947년 2월에 김일성을 위원장으로 하는 최고 통치기구인 '북조선인민위원회'를 발족시켰다. 이로써 북한은 남한보다 앞서 독자정부를 구성하였던 것이다.

남한의 단독선거 반대 투쟁

유엔 소총회가 1948년 2월 26일 남한 만의 단독 선거를 결정하자, 북한 또한 단독 정부 수립을 서두르면서, 다른 한편으로는 '남한단독선거 반대투쟁'을 전개하였다. 이는 유엔 결의에 의한 총선거안을 받아들이지 않은 북한으로서는 모순된 행위였다.

1948년 3월 9일에 열린 북조선민주주의민족통일전선 중앙위원회 제25차 회의에서 김일성은 '외국 군대가 철수하는 조건 아래 전조선적으로 최고입법기관을 선거하여 민주주의적 인민정부를 수립하자는 통일정부 수립방안'을 제안하였다. 그리고 3월 25일에는 남북한 정당·사회단체의 연석회의를 평양에서 개최하자고 제안하였다.

남한의 좌익계열인 민주주의민족전선 소속단체들은 이에 호응하였고, 남북 지도자들 간의 정치협상을 주장하였던 김구와 김규식 등 우익 및 중도계 민족주의자들도 북행을 결정하였다. 1948년 4월 19일, 남·북조선 제정당·사회단체 대표자 연석회의가 남북한의 46개 조직 대표 545명이 참석한 가운데 평양에서 열렸다. 남한의 우익 민족주의자들이 대체로 불참한 가운데 회의에서는 단정·단선 반대, 소·미 양국 군대의 철수, 외세의 간섭 없는 민주주의 자주독립국가의 수립 등이 논의되었고, 단선을 파탄시키기 위한 남조선 단독선거반대 투쟁전국위원회 결성이 결정되었다.

4월 26일과 30일에 북의 김일성·김두봉과 남의 김구·김규식 4인의 이른바 4자 회담이 열렸으며, 이와 별도로 남북 지도자 15인으로 구성된 남북 제정당사회단체지도자 연석협의회가 결성되었다. 그러나 통일정부수립을 위한 아무런 방책을 마련하지 못하였다.

조선민주주의인민공화국 수립

7월 10일 북조선인민회의 제5차 회의는 조선민주주의인민공화국 헌법제정과 조선최고인민회의 의원 선거 실시를 결정하였다. 정부 수립에 앞서 남·북조선노동당은 총선거 및 정부 수립을 효율적으로 준비하기 위해 8월 2일 연합중앙위원회를 구성하였다. 북한지역에서의 선거는 북조선민주주의민족통일전선이 추천한 후보자를 흑백투표로 직접 선출하는 방식을 취하였다.

8월 25일 실시한 선거에서 유권자의 99.7%가 참가하고 98.4%

가 찬성함으로써 212명의 대의원이 선출되었다.

한편, 남한지역 대표선거는 지하 선거를 통한 간접선거 방식이 채택되어 8월 20일까지 비밀리에 인민대표를 선출하였다. 이들 인민대표 1,080명이 월북하여 8월 21~25일 사이에 황해도 해주에서 남조선인민대표자대회를 개최하고 최고인민회의에 보낼 대의원 360명을 선출하였다.

남북한에서 선출된 대의원 572명으로 구성된 최고인민회의는 9월 8일 조선민주주의인민공화국헌법을 채택하고, 9월 9일에는 김일성을 수상, 박헌영·홍명희·김책을 부수상으로 하는 내각을 구성하였다. 내각에는 남북의 인사들이 약 반씩 차지한 가운데 남·북 노동당이 전체의 70%를 점하였고 나머지도 친사회주의 정당이 참여하여 노동당 우위의 공산주의 정부가 수립되었다. 같은 날 조선민주주의공화국 창건이 선포되었다.

이로써 1948년 8월 15일 남한에서 대한민국이, 9월 9일에는 북한에서 조선민주주의인민공화국이 수립되었다. 이에 따라 1945년 해방 이후 분단을 극복하고 통일 민족국가 건설이라는 민족적 염원은 좌절되었다. 일제강점 하에서 자본주의적 국가 건설과 사회주의적 국가 건설로 양분되었던 한국 사회는 해방 후에 그 갈등을 치유하고 하나의 민족통일국가를 수립할 기회를 가지지 못하였다. 이념을 달리하는 미국, 소련 두 강대국의 점령 정책 속에서 이념적 대립은 더욱 격화되어 결국 삼팔선을 경계로 두 개의 분단 정부가 수립되고 말았다.

3. 대한민국 건국을 반대하여 일어난 제주 4·3사건

1948년 4월 3일 새벽 2시 남로당 중심의 무장세력들이 중산간中山間 지역에 산재해 있는 오름에 봉화를 밝히고 총성을 울리면서 제주 지역 12개 경찰지서를 습격하여 경찰관을 살해하고 우익인사들을 공격하는 폭동을 일으켰다.

해방 직후의 제주도의 상황과 남로당의 활동

제주도 인구는 해방 전해인 1944년 21만 9천여 명에서 1946년 27만 6천여 명으로 2년 사이 5만 7천 명 이상 늘어났다. 인구 증가요인은 일제 강점기 일본이나 중국으로 징병 또는 징용으로 끌려갔던 사람과 기타 생활난으로 고향을 떠나 살던 사람들이 해방 후 귀국·귀향한 것이 주요 요인이었다. 귀국자 중에는 중국과 일본에서 공산주의 사상에 접하고 활동하던 사람들도 있었다. 인구의 급증은 전국적인 대흉년과 맞물려 사회경제적으로 제주 사회를 압박하는 요인이 되었다.

1946년 제주도민의 주곡인 보리 수확량은 해방 이전인 1943년과 1944년에 견줘 각각 41%, 31%에 그쳤다. 제조업체의 가동 중단과 높은 실업률, 미곡 정책의 실패 등으로 제주 경제는 빈사 상태에 빠졌다. 게다가 기근이 심했던 1946년 여름 제주도를 휩쓴 콜레라는 2개월여 동안 최소 369명의 사망자를 냈다. 이러한 상황은 남로당의 활동에 좋은 환경을 제공하였다.

미군 제6사단 브라운 대령이 1948년 5월 22일부터 6월 30일까지 제주도민 5천 명을 대상으로 조사한 결과에 따르면, "공산 진영의 남로당은 1946년부터 제주도에서 공작을 시작했다. 남로당은 5·10 총선거 실시가 확실해지자 활동을 강화하고 특수 공작원을 본토에서 제주도로 파견했다. 남로당을 조직하기 위해 본토에서 보낸 훈련받은 선동가 및 조직가는 6명에 불과했으나, 곧바로 500~700명의 동조자가 합류했다. 제주 4·3 사건 발생 당시 제주도민 6만~7만 명이 남로당에 가입한 것으로 추산된다. 그들 대부분은 당시 전쟁과 전후 생활고에 시달리고 있었기 때문에, 남로당의 반미사상에 동조했었다"고 한다.

제주 3·1절 발포사건

1947년 제주북국민(초등)학교에서 열린 3·1절 기념식은 좌익 진영이 주도로 진행되었다. 기념식을 마친 3만여 군중은 가두시위에 들어갔는데, 이때에 기마경관이 탄 말에 어린이가 차이는 소란이 발생하였다. 기마경관이 어린이가 차인 사실을 무시 하자 주변에 있던 군중들이 몰려들어 기마경관에게 돌을 던지고 야유를 보내며 경찰서까지 쫓아갔다. 그런데 경찰이 이를 경찰서 습격으로 판단하여 시위대에게 발포해 6명이 사망하고 8명이 중상을 입었다. 사상자 가운데는 시위대와 직접 관련이 없는 일반 구경꾼도 여러 명이 포함돼 있어서 민심을 자극하였다. 남로당은 이런 민심의 흐름을 놓치지 않고 경찰을 비난하는 활동을 조직적으로 전개했다.

1947년 3월 9일부터 제주도청을 시작으로 민관 총파업이 발생하여, 제주도의 경찰 및 사법기관을 제외한 행정기관 대부분인 23개 기관, 105개의 학교, 우체국, 전기회사 등 제주 직장인 95%에 달하는 4만여 명이 참여하였고, 심지어 제주 경찰의 20%도 파업에 참여하였다.

3월 14일 제주도에 내려온 미 군정청 경무부장 조병옥趙炳玉(1894~1960)은 3·1사건은 일종의 폭동이며 타지방의 경찰을 대거 투입하여 제주의 질서를 바로 잡겠다는 뜻을 담은 포고문을 발표하였다. 3월 15일에는 파업 주모자들을 검거하라는 명령을 하달하였다. 이후 4·3사건 발발까지 2천 5백여 명이 구금되었으며 주민과 경찰의 충돌이 여러 곳에서 발생하였다

1947년 3월 19일 미 군정 정보 보고서에서는 미 군정은 제주도 주민 70%가 좌익 또는 그 동조자로 인식했다. 박헌영의 비서 박갑동은 어느 정도 지지한 것은 사실이라고 말했다.

제주도인민유격대 결성

1948년 미군정에 의해 불법화된 남로당과 민주주의민족전선은 남한 단독 총선거 일정이 발표되자 단선·단정을 반대하며 전국적인 대규모 파업을 일으켰다. 이것이 2·7사건이다. 이 파업 중 일부가 과격화되어 경찰과 물리적 충돌을 일으켰다. 이 사건은 제주 4·3사건과 여수·순천 사건의 전초전이 되었다. 2·7사건은 자연발생적이며 우발적인 요소가 많았던 대구 10·1사건과 달리 남로당이 사전에 계획하고 준비하였다는 점이 특징적이다.

이러한 특성 때문에 각 지역에서 동시다발적으로 일시에 사건에 돌입할 수 있었다. '단선·단정 반대!'라는 이해와 공감이 쉬운 구호와 함께 투쟁의 목표 또한 분명히 통일되어 있었다. 2·7사건을 계기로 미국에 반대하는 세력은 지구전 태세에 들어가게 되었고, 이는 각 지역 산악 지대를 중심으로 조선인민유격대의 초보적 형태를 구성하면서 제주 4·3사건으로 이어졌다.

남로당 제주도위원회는 5·10 총선거가 시작되기 전에 섬 전체에 걸쳐 모든 마을과 읍면에 공산주의 세포를 조직하였다. 각 세포조직은 한 명의 지도자와 선전원, 보급책 등으로 구성되었다. 규모가 큰 읍면에는 현 정부(미 군정)가 무너지면 정부 역할을 수행하게 될 인원까지 있었다. 세포조직을 심는 것 외에도 조직을 군사부 중심으로 개편하고 조선인민유격대 예하 '제주도인민유격대'를 조직하였다.

총사령관에 일본 중앙대학 전문부 법과 출신의 김달삼金達三(1926~1950), 특별경비대장에는 학병으로 입대한 일본군 장교 출신의 이덕구李德九를 임명하였다. 제주도인민유격대 본부는 한라산에 설치되었고 애월면에 훈련장을 설치하여 군사훈련을 실시하였다. 인사장교가 임명되었고, 인원 모집이 활발하게 이루어졌다. 폭동이 절정이었을 때, 제주도인민유격대 규모는 대략 4천 명의 장교와 사병을 갖춘 것으로 추산되었다. 무장병력은 소총과 일본도, 지역에서 만든 창(쇠창, 죽창)으로 무장했다. 제주에는 일본군이 철수하면서 남긴 총포와 탄약이 많았다.

4·3사건의 발발과 초기 상황

1948년 4월 3일 새벽 2시, 남로당 김달삼 등 350여 명이 무장을 하고 제주도 내 24개 경찰지서 가운데 12개 지서를 일제히 급습하면서 '제주 4·3사건'이 시작되었다. 경찰과 서북청년회(해방 후 북한이 공산화 되면서 월남한 청년들의 조직한 반공단체), 대한독립촉성국민회, 대동청년단 등 우익단체 요인의 집을 지목해 습격하였다. 무장대는 단선·단정 반대와 조국의 통일독립, 반미구국투쟁, 경찰의 탄압 규탄을 무장봉기의 기치로 내세웠다.

무장봉기가 발발하자 미 군정은 이를 치안 상황으로 간주하고 경찰과 서북청년단의 증파를 통해 사태를 막고자 했다. 그러나 사태가 수습되지 않자 4월 17일 미 군정은 국방경비대 제9연대에 진압 출동 명령을 내렸다. 당시 국방경비대 제9연대장 김익렬 중령은 경찰·서북청년회와 도민의 갈등으로 발생한 사건에 군이 개입하는 것은 적절치 않다며 귀순작전을 추진하였다. 김익렬은 약 일주일 동안에 걸쳐 수차 산록 일대에 비행기로 삐라를 산포하여 "사건 계속은 이 이상 유해무익함으로 향토평화회복을 위하여 하루 바삐 손을 잡자"는 뜻을 피력하고 그들의 민족적 양심에 호소하였다. 그러나 이에 대하여 산중으로부터 만족할만한 회답이 없었다. 이에 국방경비대 특별부대는 1948년 4월 27일 오전 10시경부터 행동을 개시하였다.

1948년 4월 28일 김익렬은 무장대 측 책임자 김달삼과 '평화협상'을 벌였다(구체적 내용은 '귀순공작'이었다). 이날 평화협상이 체결되어 '① 72시간 내에 전투를 완전히 중지하되 산발적으로 충돌이 있으면 연락 미달로 간주하고, 5일 이후의 전투는 배신행위로 본다, ② 무장해제는 점차적으로 하되 약속을 위반하면 즉각 전투를 재개한다 ③ 무장해제와 하산이 원만히 이뤄지면 주모자들의 신병을 보장한다'고 합의하였다.

그런데 1948년 4월 29일 오라리 마을의 대동청년단 부단장과 단원이 납치된 후 행방불명되었다. 4월 30일에는 동서간인 대동청년단 단원의 부인 2명이 납치됐는데, 두 여인 중 한 명은 맞아 죽고 한 명은 가까스로 탈출해 이 사실을 경찰에 알리는 일이 있었다. 당시 군정청 경무부장 조병옥에 의하면 "임신 9개월 된 부인을 경찰관에 협력한 대동청년단원의 형수가 된다는 이유로 죽창으로 찔러 죽였다"고 했다.

5월 5일 제주중학교에서 딘Dean 군정장관의 주도하에 안재홍 민정장관, 국방경비대 총사령관 송호성, 군정청 경무부장 조병옥과 제주도 군정장관, 제주 경찰청장 등이 참석해 열린 회의에서 제주지역에 대한 진압정책을 논의하였다. 이 회의에서 딘 군정장관이 토벌작전으로 방침을 결정함에 따라 김익렬은 여수 주둔 14연대로 전출되고, 박진경 중령으로 교체되었다.

한편, 유격대 사령관 김달삼은 1948년 8월 말, 북한정권 수립을 위하여 해주에서 개최되는 남조선인민대표자대회에 참석하기 위해 제주도를 빠져나갔다. 김달삼은 그 대회에서 4·3봉기에 대한 연설을 하고 35명의 주석단 임원으로 선출되었다. 또한 그는 9월 2일부터 10일까지 개최된 북한의 최고인민위원회의에서 49명의 헌법위원회 위원으로 선출되어 북한 정부의 헌법제정에도 참여하였다. 그 후 강동 정치학원을 수료하고 남파되어 강원도와 경상북도 일원에서 인민유격대 제3병단을 지휘하여 6·25전 남한사회의 혼란을 획책하였다.

강경진압

1948년 8월 15일 대한민국 정부가 수립되자 제주도 사태는 단순한 지역 문제를 뛰어넘어 정권의 정통성에 대한 도전으로 인식되기에 이르렀다. 이승만 정부는 본토의 군 병력을 제주에 증파시켰다. 1948년 10월 17일 제9연대장 송요찬 소령은 '10월 20일 이후 해안선으로부터 5km 이상 들어간 중 산간지대를 통행하는 자는 이유 여하를 불문하고 폭도배로 간주해 총살에 처하겠다'는 포고문을 발표했다. 포고령은 소개령으로 이어졌고, 중 산간 마을 주민들은 해변마을로 강제이주 됐다.

1948년 11월 21일 제주도 전역에 계엄령이 실시되고 11월 23일 계엄령 포고 제1호로 교통 제한, 우편통신·신문잡지 등 검열, 부락민 이주, 교육기관에 대한 제한 등 폭동에 관한 벌칙 등 7종목의 세칙이 발표되었다. 계엄령이 선포된 이후 중 산간지대는 초토화의 참상을 겪었다. 진압군은 중산간마을 방화에 앞서 주민들에게 소개령疎開令을 내려 해변마을로 내려오도록 했다. 그러나 일부 마을에는 소개령이 제대로 전달되지 않았고, 혹은 채 전달되기 전에 진압군이 들이닥쳐 방화와 함께 총격을 가하는 바람에 남녀노소 구별 없이 집단학살을 당했다.

한편, 유격대원들은 해안마을을 습격하여 학교 교실과 민가를 불태우고 주민들을 사살하였다. 퇴각할 때는 소 등 가축과 쌀, 옷 등 일상용품을 약탈하였다. 주민들은 그들을 폭도라고 지칭하였다. 주민들은 그들의 습격에 대비하여 해안마을마다 주위에 3m 이상 되는 높이의 성벽을 돌로 쌓고 출입로에는 문을 만들어 주민 자치단체인 민보단이 출입자를 통제하고 폭도들의 습격을 경계하였다. 주민들은 폭도들의 습격을 두려워하며 밤마다 불안에 떨어야 했다.

계엄령은 1948년 12월 31일 해지되었다.

사건의 종결

1949년 3월 제주도지구 전투사령부가 설치되면서 진압과 선무를 병용하는 작전이 전개됐다. 신임 유재흥劉在興 사령관은 한라산에 피신해 있던 사람들이 귀순하면 모두 용서하겠다는 사면 정책을 발표했다. 이때 많은 주민들이 하산하였다.

1949년 4월 9일 무초Muccio(1949~1952, 초대 주한 미국대사 역임) 주한 미국특별대표부 특사가 제주도 치안 상황에 대해 미 국무장관에게 보낸 전문에는 다음과 같은 내용이 적혀 있다.

"소련의 통제를 받는 라디오 방송에서 나오는 선전의 속성으로 미루어 보았을 때, 제주도는 남한 내 혼란과 테러의 씨를 뿌리는, 소비에트의 노력의 주요한 현장으로 선택된 것이 분명하다. 소비에트의 첩자들이 제주도로 별 어려움 없이 스며들고 있다는 것은 분명한 일로 판단된다. 국방장관 신성모는 그들 대부분이 북한에서 소형 낚싯배로 출발하여 제주도에 도달하였다고 말하였다. 제주도 작전 관련 사진은 정부와 게릴라 양측 모두의 가학적 성향이 도를 넘어서 버렸음을 보여주고 있다."

1949년 6월 김달삼에 이어 제주도인민유격대 사령관이었던 이덕구가 경찰과 교전을 벌이다가 사살됨으로써 제주도인민유격대는 사실상 궤멸되었다. 이덕구의 시신은 제주시 중심지인 관덕정 광장의 전봇대에 매달려졌다. 많은 사람들이 그의 죽음을 확인하려고 몰려들었다.

남로당 제주도당 수뇌부였던 김달삼은 제주 4·3사건이 진행 중이던 1948년 8월 월북, 국기훈장 2급을 수여 받았으며, 사후 '남조선혁명가'라는 이름으로 평양 근교의 애국열사릉에 안장되어 있다. 그는 1950년 3월 21일 게릴라부대를 이끌고 남침했다가 강원도 정선군 여량면 봉정리 전투에서 사살되었다.

1954년 9월 21일 한라산의 금족禁足 지역이 전면 개방됨으로써 4·3사건은 발발 이후 7년 7개월 만에 막을 내렸다. 제주 4·3사건으로 인한 인명 피해는 2만 5천~3만 명으로 추정되고 있다.

4·3사건의 본질이 무엇인가에 대해서는 의견이 크게 양분되어있다. 그 하나는 제주 4·3사건은 남한만의 단독선거와 단독정부 수립을 반대하고 통일정부를 수립하려는 운동이었다는 견해와 그 반대로 단선·단정 반대를 명분으로 일으킨 남로당의 반미·반정부 폭동이며, 대한민국 건국을 반대하고 공산주의체제를 수립하려는 책동이라고 보는 견해이다. 어쨌든 4·3사건은 박헌영의 남로당의 지령 하에 제주도 남로당 지부가 행동대로 봉기하고, 그 배후에서 김일성이 지원하였다는 사실만은 외면할 수 없는 사실이다.

물론 정부의 진압과정에서 수많은 무고한 양민이 학살되었고, 유격대에 의한 일반주민들의 희생자도 많았다.

IV

제2차 세계대전의 서막

제2차 세계대전은 1929년 10월 미국 뉴욕 증권거래소의 주식가격이 대폭락에서 비롯한 경제공황이 전 세계로 확산되어 경제대공황이 발생하면서 서막이 올랐다.

미국은 공황극복을 위하여 자유방임적 자본주의에 수정을 가하는 <뉴딜정책>을 시행했다.

영국과 프랑스에서는 자국중심의 배타적 경제권을 형성하여 공황극복에 나섰다.

한편 독일·일본·이탈리아는 재무장을 통해 군국주의의 길로 나섰다.

소련에서는 독재자 스탈린이 집권하여 국가주도의 경제개발계획을 추진하여 군수산업 등을 발전시켜 전쟁능력을 향상시키고, 공산주의 체제를 확산시켜 나갔다.

1936년에 일어난 스페인 내전은 제2차 세계대전의 예행 연습장이었다.

독일·이탈리아가 프랑코의 반정부군을 지원하고, 소련이 인민전선 정부를 지원하였다.

이를 계기로 독일·이탈리아가 추축국을 형성하고, 이어 일본이 참여하여 3국이 반소협정을 체결함으로써 3국동맹이 성립되어 제2차 세계대전을 일으키게 되었다.

1. 세계경제 대공황 발생

뉴욕증권거래소 주가 대폭락

1920년대 후반에는 제1차 세계대전(1914.7.28~1918.11.11)의 피해복구와 부흥을 위한 노력이 결실을 맺어, 유럽을 비롯한 세계 각국이 안정을 되찾고 국제협조가 진행되어 평화가 정착하는 듯이 보였다. 특히 미국은 제1차 세계대전의 전투가 벌어진 전장에서 벗어나 있었을 뿐 아니라 전쟁특수로 인해 경제적 이득을 크게 보았다. 이에 따라 영국을 누르고 경제대국·군사강국이 되어 세계경제를 주도하며 번영을 구가하고 있었다.

쿨리지 Coolidge 미국 대통령(미국 30대 대통령, 1872~1933)은 당시 미국의 상태에 대해 "오늘날처럼 전도가 밝은 때가 아직까지 없었다. 최고 단계의 번영이 지배하고 있다"고 하였다. 또한 후버 Hoover 대통령(미국 31대 대통령, 1874~1964) 후보는 "머지않아 신의 가호로 이 나라에서 빈곤이 사라지는 날을 눈앞에서 직접 보게 될 것이다"고 장담하였다. 그러나 그로부터 1년 후인 1929년 10월 24일 뉴욕 증권거래소의 주가가 대폭락해 이때까지 경험해 보지 못한 경제 대공황이 시작되었다.

대공황의 원인

대공황의 원인에 대해서는 여러 가지 설과 주장이 있지만 가장 근본적인 원인은 자본주의의 구조적 모순 때문이라 할 수 있다. 미국경제가 호황을 누리는 과정에서 계층 간 소득 격차가 커졌다. 경제발전의 과실이 일부 계층에 주로 분배되어 국민의 5%에 해당하는 상류 부유층이 국민소득의 30% 이상을 차지하였다. 이로 인해 유효수요有效需要 즉, 국민 전체의 구매력은 늘어나지 않았다.

농업 부문에서도 대규모 농업경영에 따른 생산과잉으로 생산물 가격의 하락을 가져와 자작농의 몰락과 함께 공산품 구매력을 격감시켰다. 이에 따라 공장의 창고에는 팔리지 못한 제품들이 쌓이고, 공장의 가동률이 떨어지자 투자할 곳을 찾지 못한 돈은 증권 등 투기시장으로 몰려 들었다. 과도한 자금 유입은 주식가격이 기업의 실질 가치 이상으로 높아지는 주식시장의 거품현상으로 연결되었다.

그럼에도 불구하고 주가가 계속 상승하자 많은 사람들이 은행에서 돈을 빌려 주식에 투자하였다. 이러한 상황에서 주식가격이 떨어질지도 모른다는 불안감이 점차 증대되어 사람들은 앞다퉈 주식을 팔려고 하였다. 드디어 1929년 10월 24일 암흑의 목요일에 뉴욕 증권거래소에서 주가가 대폭락하는 파란으로 이어졌다. 주식가격의 폭락으로 기업들은 엄청난 자산 손실을 입어 은행에서 빌린 돈을 갚지 못해 파산하는 일이 속출하였다. 이에 따라 은행도 연쇄 파산하여 경제 전체가 붕괴하는 대공황이 시작되었다. 기업의 파산으로 노동자들은 하루아침에 실업자가 되어 1933년의 실업자 수는 1천 200만 명에 이르렀다. 48개 주의 은행 중 47개 주의 은행이 문을 닫거나 예금인출을 제한하는 지경이 되었다.

미국의 경제를 대공황의 늪으로 더욱 빠뜨린 것은 관세에 있었다. 대공황이 발생하자 당시 미국 대통령 후버는 기업에 대한 구조조정 대신 수입품에 대한 관세율을 높였다. 수입품 가격을 올리면 국민들이 미국산 제품을 사게 되므로 위기가 해소되리라고 생각하고 수입품에 고율의 관세를 매기는 법안을 제정했다. 그러나 미국의 수출시장인 유럽 국가도 이에 반발하여 보복적으로 관세장벽을 높임으로써 수출시장이 오히려 감소하여 미국의 경제공황은 전 세계로 확산되었다.

전 세계로 확산된 경제공황

유럽 여러 나라에 26억 달러에 이르는 채권을 가진 미국에서 일어난 공황은 소련권을 제외한 유럽 전체와 세계로 확산되었다. 세계 자본주의 국가의 공업 생산력은 평균하여 공황 전의 60% 이하로 감소하고, 세계무역도 1933년에는 1929년의 3분의 1로 감소하였다. 뿐만 아니라 노동자의 임금이 50% 이하로 떨어져 후진국과 식민지에서는 인신매매와 같은 비참한 현상이 나타나기도 하였다.

대공황으로 인해 1차 대전 후 자본주의 세계의 안정기는 끝이 나고 자본주의의 질서를 유지하면서 공황을 극복하는 것이 불가능하게 되었다. 그래서 미국에서는 자유방임적 자본주의에 수정을 가하는 〈뉴딜정책〉을 시작했다. 영국과 프랑스에서는 자국 중심의 배타적 경제권을 형성하여 공황 극복에 나섰다.

한편, 식민지가 적은 독일·일본·이탈리아는 재무장을 통해 군국주의의 길로 나서게 되었다.

2. 베르사유조약을 부정하고 일어선 히틀러의 독일

베르사유조약 Treaty of Versailles (서명: 1919.6.28)

화해라고 하기에는 지나치게 징벌적이었고, 독일이 재군비를 막기에는 지나치게 관대했다.

- 전 미국 국무장관, 헨리 키신저

제1차 세계대전(1914.7~1918.11)이 끝난 다음 해인 1919년 1월 18일 제1차 대전 참전국 대표들이 파리에 모여 강화회의를 개최하였다. 강화회의에는 전승국의 지도자들을 평화조약 체결에 초대했지만 패전국 지도자는 없었으며, 러시아는 1917년 10월 혁명 후 독일과 강화조약을 맺고 전장에서 떠난 상태였다. 강화회의에서 각국 지도자의 주장은 다양하였다.

그러나 실제로 강화회의의 내용을 결정한 것은 미국·영국·프랑스 3국이었다. 하지만 표면상으로 내세운 전후처리와 평화수립의 대원칙은, 1918년 1월에 미국 대통령 윌슨Wilson(재임 1913~1921)이 제시한 '평화원칙 14개조'였다. 그 주된 내용은 비밀외교의 배제, 공해에서의 항해의 자유, 경제적 장벽의 제거와 무역의 평등, 군비축소, 식민지문제의 조정, 오스트리아 및 투르크 제국 그리고 발칸지역에서의 민족문제의 해결(이른바 민족자결주의), 국제연맹의 창설 등이었다. 이러한 원칙은 제국주의를 지양하고 자유와 자치에 입각한 새로운 평화 질서를 구축할 수 있는 원칙이었다.

그러나 윌슨의 이상주의적인 고매한 원칙이 파리강화 회의에서 그대로 실현될 수는 없었다. 영국과 프랑스는 전쟁 중에 이미 여러 나라와 전후의 영토문제에 관해 많은 비밀조약을 체결한 바 있었고, 또한 전승국의 현실적 이해관계도 얽혀 있었다. 그리하여 윌슨의 14개 조는 그 일부만 실현되고 실제로 강화회의를 좌우한 것은 영국과 프랑스를 중심으로 한 전승국의 현실적인 이해관계와 전승국이 전쟁 중에 체결한 비밀조약, 그리고 패전국에 대한 철저한 응징이었다.

이 조약으로 독일은 알사스·로렌 지방을 프랑스에 반환하는 것을 비롯하여 많은 영토를 상실했다. 군비도 극도로 축소되어 육군 10만, 군함은 36척으로 제한되고 잠수함과 공군을 금지되었으며 주된 무기생산도 금지되었다. 게다가 20년에 걸쳐 상환할 배상금 1천 320억 마르크를 금으로 배상하게 하였다. 이러한 베르사유조약은 대전의 책임을 전적으로 독일에 돌려 일방적으로 강요된 것으로서, 독일에서는 이를 가리켜 '베르사유 명령'이라고 하였다.

파리강회 회의 결과 탄생한 새로운 국제질서를 베르사유체제라 하였다. 그러나 이 가혹하면서도 동시에 유약한 조약은 결국 제2차 세계대전이라는 새로운 광풍을 불러오는 원인 중 하나가 되었다.

히틀러의 나치즘 출현

1929년의 세계공황은 1920년대 후반에 성장의 가능성을 보였던 독일의 바이마르 공화국에 치명적인 타격을 가하고, 그때까지만 해도 미미한 존재였던 히틀러 Adolf Hitler(1889~1945)의 독일 국가사회주의 노동자당Nazis (나치스)에 집권의 기회를 제공했다.

세계 공황의 타격이 독일에 특히 심했던 것은 독일의 경제부흥이 외채에 의존하는 바가 컸고 특히 외채 중 미국의 차관이 큰 비중을 차지하고 있었기 때문이다. 전후의 참상을 이겨내고 이제 막 안정을 되찾으려던 중소기업가, 봉급자, 이자생활자 등을 포함한 광범한 중산층과 중소농민층들은 공황의 여파로 다시 안정을 상실하고 생활근거 자체가 위협을 받게 되었다.

이러한 상황에서 히틀러와 나치스가 등장하였다. 히틀러는 제1차 세계대전 중 통신병으로 근무했다. 대전 패배 후인 1919년 9월 전후의 혼란 속에서 싹트고 있던 수많은 민족주의 운동단체 중 하나를 조사하라는 군 정보작전참모부의 명령을 받았다. 히틀러는 조사대상인 독일 노동자당을 조사하다 그 당에 입당하여 당원이 되었다. 그는 곧 당내에서 가장 유능한 연설가가 되어 지도위원회의 위원으로 일하게 되었고, 1920년 초에는 당 선전부 책임자가 되었다.

1920년 2월 24일, 뮌헨의 커다란 맥주홀인 호프브로이 하우스에 모인 2천 명에 가까운 사람들 앞에서 히틀러는 그의 동지들이 추구하고 있는 운동에 새로운 이름을 부여했다. 짧게 나치스Nazis라는 이름으로 더 유명한 국가 사회주의 독일 노동자당이 바로 그것이다.

히틀러는 민주공화제 타도와 독재 정치 강행, 베르사유 조약 타도, 민족주의와 반反유대주의 그리고 대자본과 다국적 기업에 대한 공격 등의 정책을 발표했다. 히틀러는 이탈리아의 베니토 무솔리니와 파시스트당의 쿠테타인 로마 진군(1922)에 자극을 받고 1923년 11월 뮌헨에서 봉기를 시도했다.

그러나 바이에른 주의 군부와 관료의 지지를 얻지 못하여 실패하였다. 그 사건으로 란츠베르크 감옥에 투옥되었는데, 옥중에서 출판한 《나의 투쟁》을 통해 동유럽을 정복하고 게르만 민족의 생존권을 동방으로 확장하겠다는 청사진을 제시했다. 이러한 그의 주장은 민중들의 지지를 받아 그의 정치활동의 기반을 마련해 주는 계기가 되었다. 수감 생활은 6개월로 끝났으나 당은 사실상 해체된 상태였다. 히틀러는 흩어진 당원들을 다시 모으고 재건에 나섰다. 그러나 당의 재건은 쉽지 않았다.

1929년 검은 목요일로 시작된 경제 대공황으로 기업들이 도산하고, 실직자 수가 급격히 늘어나는 등 독일경제는 큰 타격을 입었다. 민주주의 정당들이 속수무책인 가운데 실의에 빠진 국민들의 지지를 얻은 나치당은 18.3%의 득표율로 독일 사회민주당에 이어 제2당이 되었다.

대자본을 공격하는 한편 공산주의를 공격하여 사유재산제를 옹호하고 소시민층의 보호를 약속하는 나치스에게 중소 시민층은 끌렸다. 뿐만 아니라 유대인을 배척하고 베르사유조약의 파기를 주장하는 나치스는 국민감정에 호소하는 힘이 컸다. 1932년 봄 대통령 선거에서 히틀러는 힌덴부르크 Paul Von Hindenburg (독일 바이마르공화국 제2대 대통령, 1847~1934)에게 약 6백만 표의 차이로 패했으나, 이어 7월에 치러진 의원선거에서는 총 의석 6백여 석 중 230석을 얻어 제1당이 되었다.

경제위기가 계속되고, 국회의사당의 화재사건이 발생하는 등 혼란스런 분위기 속에서 치른 1933년 3월 선거에서 나치스는 다시 의석수를 늘려 288석을 얻었다. 새로 구성된 의회에서 히틀러는 총리로써 수권법授權法 (입법에 관한 권한을 행정부에 위임)을 제출하여 전권을 위임받음으로써 바이마르공화국에 종지부를 찍었다. 이어 각 정당의 활동이 금지되거나 자진 해산하여 7월에는 나치스만이 유일한 정당임을 선언하였다.

이듬해인 1934년 8월에 힌덴부르크가 사망하자, 히틀러는 총통 겸 수상이 됨으로서 신성로마제국과 비스마르크의 제국에 이어 나치스의 제3제국이 출현하게 되었다.

나치스는 역사가 오래된 연방제를 폐지하여 강력한 중앙집권제로 바꾸고 노동조합을 폐지하여 나치스적인 독일 노동전선으로 통합했다. 공산당에 대한 탄압과 더불어 나치즘 반대자와 유대인을 무자비하게 박해하는 한편 신문과 방송, 교육과 연예계까지 완전히 장악하여 사상통제를 강화했다.

이러한 나치즘의 정치이념은 극단적인 민족주의와 반 지성주의에 입각한 전체주의적인 독재체제라는 점에서 이탈리아의 파시즘과 유사한 것이었다. 그러나 파시즘에 비해 더 독재적이고 파시즘에는 없는 인종주의에 입각한 유대인의 대량학살 등 광신적인 성격이 강했다. 이러한 히틀러의 나치즈는 베르사유 조약을 폐기하고 군비를 강화하며 전쟁 준비에 착수하였다.

3. 이탈리아에 무솔리니 등장과 파시즘의 출현

이탈리아는 제1차 대전의 전승국의 일원이었으나, 원래 경제 기반이 약한데다 제1차 대전 중에 막대한 외채를 짊어지게 되어 대전 후에는 심한 인플레이션, 재정난, 과중한 세금, 무역 역조, 실업자 증가 등으로 사회불안이 고조되었다. 특히 사회당, 공산당세력이 증대함에 따라 파업과 혁명적 폭동이 계속 일어나 사회혼란은 가중되었다.

이러한 혼란한 상황 속에서 처칠이 말한 "러시아의 독(공산주의)에 대한 해독제"로써 등장한 것이 파시즘이다. 1914년 "전쟁을 중지하라!"고 외치던 사회당원 무솔리니(Benito Mussolini (1883~1945, 이탈리아)는 국수주의자가 되어 1919년부터 국수주의 단체 전투파쇼Fascio di Combatimento를 결성하여 노동운동 탄압과 조직파괴를 위해 활동했다. 사회당에서 쫓겨난 후 무솔리니는 빠른 속도로 사회주의를 탈색했다. 그는 계급갈등에 대한 지지를 철회하고 모든 계급이 단결하는 혁명적 민족주의를 주창했다.

무솔리니는 1921년에는 국가 파시스당을 결성하고 사회당 이탈자, 제대군인, 소시민, 청년층을 규합하여 당원을 늘려갔다. 총선에서 파시스트당은 35석을 얻고, 그도 당선되었다. 1922년

10월 27일~29일까지 무솔리니와 국가 파시스트당은 로마 진군을 감행하였다. 검은 셔츠단 5천 명을 앞세운 이 쿠데타로 인해 총리 루이기 파크타는 실각하였다. 10월 28일 이탈리아 왕 비토리오 에마누엘레 3세(1869~1947)는 무솔리니의 권력획득을 인정하였다. 마침내 무솔리니는 군부, 자본가, 그리고 우익의 지지를 등에 업고 총리가 되었다.

정권을 장악한 파시스트는 자기들에게 유리하도록 선거법을 개정해 의회에서 다수를 차지하고 정부 권한을 강화하는 한편 반대파를 탄압하고 출판·언론의 자유를 박탈했다. 이어 파시스트 이외의 정당을 금지하여 일당독제체제를 수립하고 노동조합도 파시스트 조합으로 개편했다.

파시즘Fascism [4]의 이데올로기의 주된 내용은 독재와 국가지상주의, 그리고 팽창주의와 군국주의였다. 즉 파시즘에 의하면 국가 위에, 국가 외에, 그리고 국가에 반하여는 아무 것도 존재하지 않으며 그러한 국가는 바로 파시스트당에 의하여 대표되고 오직 파시스트의 신문과 교육만 있을 뿐이었다. 파시스트당이 대표하는 국가는 강력하고 위대해야 하며, 팽창하지 않은 국가는 쇠퇴하고 멸망하며, 전쟁은 인간을 위대하게 만든다고 주장하였다.

---

4) 파시즘 Fascism: 1919년 이탈리아의 B. 무솔리니가 주장한 국수주의적·권위주의적·반공적인 정치적 주의 및 운동. 원래 묶음을 뜻하는 이탈리아어 파쇼fascio에서 나온 말이었으나, 결속·단결의 뜻으로 전용됨.

파시스트는 전쟁부흥에 전력을 기울이면서 1934년에는 발칸 반도의 피우메Fiume (이탈리아인이 많이 거주)를 접수하고 1935년에는 아프리카의 에티오피아를 침공하는 등 호전적인 팽창주의 정책을 추진해나갔다.

4. 국가주의를 앞세운 군부가 정권을 장악한 일본

대공황이 일어나기 전 일본은 민주적인 제도를 도입하고 1928년 보통선거가 실시되어 다수당에 의한 내각제 정치가 시행되었다. 그러나 대공황의 거대한 위기 앞에서 정당 정부는 효율적이지 못했다. 이때 일본의 국가주의가 가공 희망을 앞세워 위기의 토양에 급속히 세력을 떨치기 시작하였다. 그 희망이란 것은 바로 전쟁이었다. 국가주의는 현실의 모순을 증폭하고 진실을 호도하여 전쟁을 옹호했다.

일본 국가주의가 가장 전면에 내세우는 상징과 명분은 천황天皇(일본의 군주로 일본국 헌법상 상징적 국가원수)이었다. 그들은 이를 국체國體라 표현했다. 즉 '신성불가침한 천황이 다스리는 일본국'이었다. 일본의 국가주의자들은 정치가, 자본가, 대지주 등 지배계급이 자기 이익에만 혈안이 되어 국가적 위기가 왔다고 비난하였다. 국가사회주의자들은 고도로 집권화된 사회 즉, 계급갈등이 없고 천황의 직접 지배 아래 아시아의 7억 형제들을 서양 열강의 식민지 굴레로부터 해방할 수 있는 통일된 사회를 이룩해야 한다고 주장했다.

일본의 국가주의는 국민들에게 천황에 대한 감수성을 불러일으키며 국민들로부터 맹렬한 동조자를 찾아 모았다. 특히 국가주의 사상은 총력전을 위해 새로운 국가 건설의 필요성을 믿고 있던 장교들 속으로 강력하게 파고들어 정당 정부를 몰아내고 군부 정권의 수립을 시도하였다.

일본열도에 대공황의 위기 속에서 국체를 앞세운 국가주의가 횡횡하는 가운데 1931년 9월 18일 만주사변滿洲事變이 일어났다. 만주에 파견된 관동군의 일부 사병들이 봉천 교외의 유조구柳條構에서 만철滿鐵노선을 폭파하고, 이것을 중국군이 공격한 것이라 거짓 주장하며 개전의 명분으로 삼은 것이다. 그들은 상부의 지시도 없이 만주사변을 일으키고, 이후 도쿄의 군부와 내각에 사후 인정을 요청했다. 이러한 행동의 배후에는 국가주의가 있었다.

국가주의자는 자신들이 메이지 유신[5]을 이룩해낸 과격파 지사들을 계승할 최후의 사무라이[6]라고 자처했다. 그들은 일본이 다시 내우외환에 위협받고 있으므로 나라를 위기에서 구출하기 위해 쇼와유신昭和維新[7]을 해야 한다고 외쳤다. 일찍이 막부의

5) 메이지 유신明治維新: 1868년 일본이 정치·경제·문화 전 분야에 걸쳐 근대화를 성공시킨 과정과 일련의 대사건.

6) 사무라이: 일본 봉건시대의 무사(군인) 계급을 일컫는 말. 시대에 따라 사족士族이라고 불리기도 함.

7) 쇼와유신昭和維新: 1930년대 쇼와 전기 일본에서 일어난 혁명사상을 가리키는 정치 용어.

전제로부터 메이지 천황을 구했던 것처럼 무능한 민간 지배자로부터 쇼와천황을 구해내야 한다고 외치며, 그 방법은 전쟁이라 주장했다.

만주사변[8] 이후 국민의 주요 관심사가 악화된 생활문제에서 만주의 전황으로 단번에 전환되었다. 국민은 천황을 앞세운 국가주의에 급속도로 빨려들었다. 파산된 경제 속에서 생기와 희망을 잃어버린 일본국민은 침략전쟁을 통해 실업을 해소하며 전쟁에 열광했다. 전쟁의 광기는 대대적인 천황숭배라는 국민적 일체감 속에서 이루어졌다.

일본은 만주사변으로 중국 대륙의 항일운동이 거세지자 상해사변을 일으켜 상해를 점령하고, 이어 만주에 괴뢰정권 만주국을 수립했다(1932). 중국은 만주사변이 일본의 계획적 행동이라고 국제연맹[9]에 제소했고, 열강도 일본의 거침없는 행보를 우려했다. 국제연맹이 만주에서 철군할 것을 요구하자, 일본은 자리를 박차고 국제회의석상을 퇴장하여 곧 국제연맹에서 탈퇴했다.

국제연맹 탈퇴 후 일본사회는 전쟁을 향한 체제로 변하고, 경제는 전쟁체제로 개편되었다. 전쟁으로 물줄기를 확실히 돌리게

8) 만주사변滿洲事變: 만주를 병참 기지로 만들고 식민지화 하기 위한 목적으로 1931.9.18. 일본제국 관동군이 류타오후 사건을 조작하여 일으킨 전쟁.

9) 국제연맹國際聯盟: 1차 세계대전 이후인 1920.1.10. 미국 윌슨 대통령의 제안으로 만들어진 국제평화기구

한 것은 과격파 청년장교들의 필사적인 시도였던 1936년 2월 26일의 군사봉기였다. 정치의 주도권을 확보한 군부는 전쟁을 위한 군비확장 정책을 착착 추진하였다.

1937년 7월 7일 베이징 교외의 노구교蘆溝橋에서 중국군과 일본군 사이에 작은 충돌이 중일전쟁으로 발전하였다. 일본군의 본영은 이 기회에 중국 화북의 현안을 단숨에 해결하려고 하였다. 만주와 화북지방은 미래에 소련과의 전쟁에 대비하는 전략적 요충지요 풍부한 자원 공급지로도 중요했기 때문이다.

5. 공산주의 소련의 성립과 스탈린의 독제 체제 확립

코민테른 Comintern: Communist Internatinal (1919, 모스크바) 창건

러시아에서 일어난 10월 혁명이 성공한 후, 여러 나라들에서 창건된 공산당 또는 사회당들은 아직 자국의 혁명운동을 독자적으로 지도할 만큼 충분히 준비되어 있지 못했다. 이에 따라 각국 공산당들을 통일적으로 지도할 수 있는 국제적인 조직체가 요구되었다. 공산주의 인터내셔널은 이러한 요구를 반영하여 창건되었다.

1919년 3월 2일부터 3월 6일 사이에 레닌의 지도하에 모스크바에서 30개 나라의 35개 공산당, 좌익정당 및 그룹들에서 온 52명의 대표들이 참가한 가운데 공산주의 인터내셔널 창건대회가 열렸다.

공산주의 인터내셔널의 목적은 각국 공산당들 사이의 연계를 강화하고 그들의 활동을 통일적으로 지도함으로써 자본주의제도를 전복하고 프롤레타리아無産階級, 勞動階級 독재를 세우고 공산주의 국가를 건설하는 것이었다. 이에 따라 유럽은 물론 아시아 각국에 코민테른 지부가 설치되어 공산주의 사상을 전파하고 공산주의 혁명운동을 확산시켜 나갔다.

소련蘇聯 Soviet Union (소비에트 사회주의 공화국 연방) 성립

러시아 제국은 1917년 2월 혁명으로 니콜라이 2세가 폐위되면서 멸망했다. 또한 혁명 이후 세워진 러시아 임시 정부 역시 10월 혁명으로 붕괴했고 블라디미르 레닌Vladimir Lenin (1870~1924)이 이끄는 볼셰비키가 러시아의 정권을 잡았다. 10월 혁명 직후 볼셰비키의 급진적인 혁명과 공산주의에 반대하는 백군과 볼셰비키가 충돌하면서 러시아 내전(1917.11~1922.10)이 일어났다.

약 5년간의 내전에서 볼셰비키가 승리하면서 러시아 소비에트연방 사회주의공화국이 세워졌다. 그 후 우크라이나, 벨로루시, 자캅카스 소비에트사회주의공화국과 함께 1922년 12월 30일 소비에트 사회주의공화국연방 수립조약에 서명함으로써 소비에트사회주의공화국연방USSR(소련)이라는 거대한 나라가 탄생했다.

스탈린의 공산 독제 체제 확립과 전쟁 준비

1924년 레닌이 사망한 후 그 후계자를 둘러싸고 스탈린Stalin (1878~1953)과 트로츠키Trotsky (1879~1940) 사이에 치열한 정권 다툼이 일어났다. 이 싸움에서 일국 사회주의를 표방하고 승리한 스탈린은 철저한 공산화 정책을 수행하기 위해 독제체제를 강화하고, 1928년부터 국가주도의 5개년 계획을 실행하기 시작하였다. 그 결과 1930년대 중반, 소련은 중화학 공업국가가 되어 강력한 전쟁 무기를 생산할 체제가 갖추어졌다.

스탈린 지배하의 소련 공산주의 체제는 이탈리아의 파시즘과 독일의 나치즘보다 오히려 더 강력한 독재체제로서 인권과 자유가 말살되었다. 스탈린의 독재 체제하에서 강제노동수용소에 수감된 인원수는 제정시대 러시아에 유배된 수보다 더 많았다. 심지어는 공산혁명을 주도한 많은 옛 볼셰비키 지도자들도 연이어 숙청당했다.

또한, 스탈린은 기회가 있는 대로 타국의 공산화를 획책함으로써 자유주의 국가들의 불안과 경계심을 불러 일으켰다.

6. 스페인 내전과 추축국樞軸國[10] 형성

스페인 내전(1936~1939)은 그 발생과 전개를 1930년대의 국제적 상황을 떠나서는 이해할 수 없을 만큼 내전인 동시에 국제전이었다. 1930년대는 민주주의, 파시즘, 공산주의 세 가지 이념의 투쟁의 시기였다. 이러한 상황에서 스페인 사회 내부의 독특한 상황과 외부적으로 세계 경제공황, 국제 파시즘 대두, 국제공산주의 운동 등 여러 요인이 혼재된 속에서 스페인 내란이 일어났다.

1931년 부르봉 왕정이 무너지고 공화국이 성립되었으나 좌우 대립과 왕당파의 반발로 사회가 혼란하였다. 1936년 사회당 계통의 노동자총동맹과 무정부주의자 그룹의 노동자국민동맹, 공산주의자 등이 연대하여 인민전선人民戰線 People's Front을 형성하고 총선거에서 승리하여 집권하였다.

인민전선 정부는 정치범 석방, 농민의 조세와 지대 경감, 노

10) 추축국樞軸國 Axis Powers: 제2차 세계대전 당시 나치 독일, 이탈리아 왕국, 일본제국을 중심으로 침략 전쟁을 일으킨 진영을 의미한다.

동자의 임금 인상과 실업대책, 중소기업 보호 등 개혁적이고 민주적인 정책을 추진하였다. 한편으로는 군사 쿠테타를 우려하여 극우정당 팔랑헤당Falange의 활동을 불법화하고, 군대의 주요 인사인 프랑코 장군을 카나리아제도(아프리카 북서부 대서양에 있는 화산제도)의 경비사령관으로 좌천시켰다.

이에 대하여 왕당파, 카톨릭 교회, 지주, 대자본가, 군부 등이 범 파시즘 세력을 형성하여 인민전선 정부에 대항하였다. 파시즘 세력은 테러활동 등을 전개하여 인민전선 정부가 질서를 유지할 능력이 없음을 선전하며 정부전복 계획을 추진하였다. 그러던 중 왕당파 지도자가 피살되는 사건이 일어나자, 기회를 엿보고 있던 군부가 보수 기득권 세력을 등에 업고 1936년 7월 스페인령 모로코에서 쿠테타를 일으켰다. 아프리카 반란군의 지도자가 된 프랑코 Fraco (1892~1975)는 본토 스페인에 상륙하여 인민전선 정부의 정규군과 내전을 벌였다.

내전은 초기에 정부군 쪽이 우세한 상태에서 시작되었다. 주요도시와 우수한 무기, 많은 자원, 풍요한 농촌지대와 공업지대, 외화 등이 모두 공화국정부의 손에 있었다. 그러나 공화국 진영은 여러 정파가 서로 의견의 일치를 보지 못하여 반란군에 적극적으로 대응하지 못하였고 사기도 낮았다.

반란을 일으킨 프랑코는 히틀러와 무솔리니에게 지원을 요청했다. 이에 따라 히틀러는 스페인 내전 기간 동안 프랑코에게 군함과 수송기, 전투기, 전차 등 무기를 제공하였으며, 독일군이 직접 스페인 내전에 참전하였다.

무솔리니는 스페인 내전의 공을 히틀러가 독차지하는 것을 바라만 보고 싶지 않았기 때문에 히틀러보다 많은 군사를 스페인 내전에 투입하였다.

한편, 소련은 스페인 공화국 정부에게 비행기, 야포, 탱크 등 군수 물자를 지원하고 군자금으로 상당한 양의 금을 스페인 은행으로 보냈다.

스페인 내전은 초기 단계부터 유럽과 온 세계의 주목을 받았다. 인민전선 정부군 쪽에는 미국 작가 헤밍웨이, 영국의 조지 오웰 등이 참여한 의용군으로 이루어진 4만여 명의 국제여단이 참여해 세계적인 관심을 불러일으키기도 하였다. 이러한 국제적 관심과 지원에도 불구하고 1939년 3월 28일 마침내 마드리드가 함락되고 반란군이 승리하여 프랑코가 집권하여 파시즘 정권을 수립하였다.

스페인 내전은 스페인 국내문제에 소련, 독일, 이탈리아 등이 개입함으로써 이후 국제정치에 많은 영향을 미쳤다.

V

삼팔선을 만들어낸 제2차 세계대전의 전개

히틀러는 게르만 민족의 통합이라는 명분을 내세워 오스트리아를 합병하고 나아가 체코슬로바키아까지 합병하였으나, 영국과 프랑스는 이를 막지 못하였다.

1939년 9월 1일 독일이 폴란드를 침공하자, 영국·프랑스가 폴란드를 지원하기 위해 참전하면서 제2차 세계대전이 발발하였다.

소련은 독일과 불가침조약을 맺고 폴란드를 침략하여 폴란드를 양분한 후, 발트3국과 핀란드를 침공하였다.

영국을 제외한 유럽을 석권한 히틀러는 1941년 불가침조약을 파기하고 소련을 침공하면서 전쟁이 양상이 달라졌다.

아시아에서는 일본이 1937년 중국을 침공하여 중·일전쟁을 시작하고, 1941년 동남아로의 진출을 견제하는 미국을 공격함으로써 태평양 전쟁이 시작되었다.

전쟁은 초·중반 동맹국이 우세 속에 진행되었으나, 1942년 중반 이후 연합국이 태평양에서는 미드웨이 해전 승리, 동부전선에서는 스탈린그라드 전투에서 소련의 승리, 연합국이 아프리카 전선에서의 엘-알라메인 전투 승리, 이탈리아 점령, 노르망디 상륙작전 성공들이 이어지면서 마침내 1945년 5월 7일 독일이 항복하였다.

끝까지 버티던 일본도 8월 6일과 9일 원자폭탄이 투하되자, 1945년 8월 15일 항복함으로써 제2차 세계대전은 막을 내렸다.

제2차 세계대전의 폐막은 한반도에 해방을 가져왔지만, 동시에 삼팔선을 만들어 한반도를 분단시켰다.

1. 독일의 유럽 석권

독일·이탈리아·일본 3국동맹 형성

1920년대에 베르사유체제하에 정착할 것으로 보이던 세계평화는 세계공황을 거쳐 1930년대에 들어서면서 군국주의적인 전체주의 국가들에 의해 크게 위협을 받게 되었다.

먼저 무력진출을 시도한 것은 일본이었다. 일찍이 한국을 강점한 일본은 1931년 만주사변을 일으키고 다음해 괴뢰국가인 만주국을 세웠다. 국제연맹이 이를 비난하자 일본은 1933년 3월 국제연맹(제1차 대전 후 성립한 국제평화를 위한 조직) 탈퇴를 선언하고, 1937년 중국과의 전쟁에 돌입하였다.

1935년 독일은 베르사유조약의 군비규정을 폐기하여 군비확장을 선언하였다. 다음해에는 독일의 진출을 두려워한 프랑스가 소련과 상호원조 조약을 체결한 것을 구실로 로카르노 조약(유럽 국가들 간의 안전보장 조약, 1925.10.16~1936.3.7)을 폐기하고 비무장지대로 규정된 라인란트Rhineland (독일과 프랑스, 벨기에, 룩셈부르크, 네덜란드와의 접경지역)로 독일군이 진주했다. 국제연맹은 이를 문책했으나 아무런 실력행사도 하지 못하여 다시 한 번 무력함을 드러냈다.

일찍부터 팽창주의를 표방하고 있던 이탈리아의 파시스트는 일본과 독일이 연달아 국제연맹을 탈퇴하고, 독일이 베르사유 조약을 파기해도 국제연맹이나 영·불 등이 속수무책임을 보고, 1935년 10월에 에티오피아를 침공했다. 국제연맹은 이탈리아를 침략자로 규정하고 이탈리아 상품의 불매와 석탄·석유·철 등 군수물자를 이탈리아로 수출하는 것을 금지하는 등 이탈리아에 대한 경제제재 조치를 취했다.

그러나 독일과 미국이 이에 참여하지 않았고, 수에즈 운하도 봉쇄되지 않아 경제제재가 큰 효과를 거두지 못하자 1936년 이탈리아는 에티오피아를 합병했다. 이탈리아가 에티오피아를 합병한 후 얼마 안 가서 스페인에서 내란이 발생하여 독일과 이탈리아가 지원하는 프랑코가 파시스트 정권을 수립했다.

이와 같이 에티오피아 문제와 스페인의 내란 등을 통해 서로 접근하게 된 독일과 이탈리아는 1936년 10월에 조약을 맺고 베를린-로마 추축樞軸 Berlin-Roma Axis을 형성하고, 이어서 독일· 일본· 이탈리아는 공산주의 확산에 대응하는 방공협정을 맺어 독일과 이탈리아, 일본의 추축이 성립되었다.

히틀러의 공세에 무력하게 대응한 영국과 프랑스

베르사유 조약의 군비제한을 폐기한 독일은 군비확장을 서둘러 기계화된 정예부대와 강력한 공군을 보유하게 되었다. 히틀러는 영국과 프랑스의 이해관계의 대립과 우유부단한 유화정책으로 보아 양국의 반대가 크지 않을 것으로 판단하고 게르만민족의 통합을 주장하며 1938년 3월 오스트리아 합병을 감행했다. 이어 9월에는 체코슬로바키아 내에서 독일인 거주자가 많은 수데텐란트Sudetenland의 합병을 요구했다. 이에 유럽의 국제관계는 긴장했으나 어떻게든 평화를 유지하고자 한 영국과 프랑스는 뮌헨에서 히틀러, 무솔리니와 정상회담을 가지고 독일이 이 이상의 영토 요구를 하지 않는다는 약속을 받고, 수데텐란트의 합병을 승인했다. 당시 영국 수상 체임벌린Chamberlain(영국 제60대 총리, 1869~1940)은 이 뮌헨회담의 결과를 가리켜 '평화의 보장'이라고 자랑했다. 그러나 이듬해 3월에 히틀러는 체코슬로바키아 전체를 합병하고 말았다.

체코슬로바키아 병합은 히틀러의 범汎게르만주의를 넘어선 끊임없는 영토적 팽창의 야망을 드러낸 것이었다. 히틀러는 잇달아 폴란드에게 단치히Danzig(독일의 영토였으나 제1차 대전 후 베르사유 조약에 따라 설립된 발트해 연안의 자유도시) 반환과 독일과 이를 연결하는 회랑回廊의 설치를 요구했다. 히틀러의 계속되는 요구에 유화적 대응을 거듭해온 영국과 프랑스의 인내도 한계에 도달했다. 폴란드와 상호원조조약을 맺고 있던 프랑스에 이어 영국도 1939년에 폴란드와 상호원조조약을 맺고 독일과의 전쟁도 불사하겠다는 결의를 다짐하고 전쟁준비에 착수했다.

그러나 4개년 계획 등으로 최신 군비의 확장에 전력을 기울여

온 히틀러는 영국과 프랑스의 군비가 아직 불충분함을 간파했다. 그러나 양국과의 전쟁이 벌어졌을 경우 소련이 양국과 연계하는 것을 막기 위해 1939년 8월 23일 소련과 불가침조약을 맺었다.

이 조약은 상호간의 불가침만이 아니라 조약 당사국의 하나가 제3국과 전쟁을 하는 경우 다른 당사국은 중립을 지킨다는 내용과 폴란드에서의 쌍방의 세력권을 정한 것으로서, 이는 유럽만이 아니라 세계를 놀라게 했다. 왜냐하면 나치스와 공산주의자는 서로 상대방을 적으로 생각하고 있었기 때문이다.

독일의 폴란드 침공

독·소 불가침조약으로 동부에 대한 염려가 없어진 히틀러는 일전을 불사하겠다는 영국과 프랑스의 태도표명을 무시하고 1939년 8월 31일 폴란드에 대해 단치히와 단치히로 향하는 회랑의 할양을 요구하는 최후통첩을 보냈다. 그리고 다음 날인 9월 1일의 새벽을 기하여 독일군에게 폴란드 공격명령을 내렸다.

영국과 프랑스는 3일 내에 폴란드로부터의 독일군 철수를 요구하는 최후통첩을 하였다. 그러나 독일군의 폴란드 침격이 계속되자 9월 3일 독일에 선전포고를 함으로써 드디어 제2차 세계대전이 시작되었다.

폴란드 국민의 완강한 저항에도 불구하고 장비와 병력이 절대적으로 우세한 독일군은 한 달이 못되어 폴란드를 석권하고, 9월 중순에 동부로부터 침략을 개시한 소련과 폴란드를 분할하였다. 독일은 단치히와 서부 폴란드를 차지하고 소련은 동부 폴란드를 취했다. 이어 소련은 에스토니아Estonia, 라트비아Latvia, 리투아니아Lithunia 등 발트 3국을 점령하고 핀란드에 침입하여 해군기지를 확보했다.

그해 겨울을 넘긴 독일군은 서부전선에 병력을 집중하여 1940년 4월 덴마크와 노르웨이로 침입하여 이를 점령함으로써 독일은 대서양 방면의 해군과 공군의 작전기지를 확보했다. 이 무렵 영국에서는 체임벌린이 물러나고 윈스턴 처칠Winston Churchill(1874~1965)이 연립내각을 구성하고 강력한 대독일전을 수행하기 시작했다.

노르웨이 점령 한 달 후 독일군은 돌연 벨기에와 네덜란드를 침입하여 네덜란드군의 저항을 분쇄하고, 5월 중순에는 프랑스의 주요 방어선인 마지노Maginot선의 북쪽 끝을 우회하여 도버해협 쪽으로 진격했다. 그 결과 플랑드르에 있던 30만여 명의 영국·프랑스군이 독일군에 포위되어 고립되었다. 이에 영국은 크고 작은 갖가지 선박을 동원하여 이들을 덩케르크Dunkerque로부터 영국으로 철수시켰다.

독일군은 계속 파리를 향해 진격하여, 6월 14일 파리가 함락되었다. 드골 Charles De Gaulle(1890~1970) 장군은 영국으로 망명해 자유프랑스군을 조직해 독일에 대한 항전을 선언했다. 그러나 프랑스는 실질적으로 나치스의 지배하에 들어가고 남부 프랑스에 제1차 세계대전의 영웅이었던 페탱Petain(1856~1951) 원수를 수반으로 하는 비시Vichy 괴뢰 정부가 수립되었다.

독일의 유럽 석권席卷

"나는 지금 이 자리에서, 의원 여러분께 말씀드리고자 합니다. 제가 여러분께 드릴 수 있는 것은 피와 수고와 눈물, 그리고 땀뿐이라고. 우리의 앞에는 가장 고통스러운 시험이 기다리고 있습니다. 우리의 앞에는 투쟁과 고통으로 점철될 수많은 세월들이 기다리고 있습니다. 우리의 정책이 무엇이냐고 물으신다면, 이와 같이 답변하겠습니다. 육·해·공을 가리지 않고, 하느님께서 주신 모든 힘을 가지고, 이제껏 인류가 저질러 온 수많은 범죄 목록 속에서도 유례 없었던 극악무도한 폭정에 맞서 싸우는 것이라고. 그것이 우리의 정책입니다. 우리의 목적이 무엇이냐고 물으신다면 한 단어로 대답하겠습니다. 그것은 승리입니다."

- 영국 수상 윈스턴 처칠의 수상취임 연설문(1940.5.13) 중에서

이제 유럽에서 독일에 대항하는 세력은 영국뿐이었다. 독일은 영국에 대한 상륙작전의 전초전으로서 매일 같이 공습을 감행했으나 영국 국민은 처칠의 지도하에 단결하여 저항을 계속하였다. 그리고 군수품 생산을 증가시켜 방위태세를 강화하는 한편,

영국 공군도 점차 반격에 나서 독일공군에 적지 않은 피해를 입혔다.

이 무렵, 미국의 여론은 참전에 적극적이지 않았다. 그러나 고군분투하는 영국이 붕괴하는 경우 유럽은 완전히 나치스 독일과 소련의 지배하에 들어갈 것이고, 다음 공격목표는 미국이 될 것이라고 예상했다. 그리하여 루스벨트 대통령은 미국을 '민주주의의 병기창'으로 만들고, 1940년 6월부터 영국에 대한 지원을 강화했으며 1941년 3월에는 무기대여법Lend-Lease Act을 만들어 연합국에 대한 군수품과 식량공급을 적극적으로 추진했다.

한편 독일군의 파리입성 직전에 추축국의 일원으로 참전한 이탈리아는 1940년 10월에 오랜 소망이던 발칸 방면과 아프리카로 진출했으나 영국군을 비롯한 연합국의 저항으로 전세는 오히려 이탈리아에 불리했다. 이에 히틀러는 로멜Rommel (1891~1944) 휘하의 기계화 정예부대를 아프리카에 파견하는 한편, 유고슬라비아와 그리스를 공격하여 발칸반도까지 지배하에 두었다. 이리하여 1941년 전반기에 히틀러는 소련을 제외한 유럽대륙의 거의 모든 지역의 지배자가 되었다.

2, 독일의 소련 침공과 태평양 전쟁 발발

독일의 소련 침공

이 무렵 독일과 소련 사이에는 유럽에서의 세력권 설정에 대한 교섭이 진행되었다. 한편, 아시아에서는 일본이 유럽의 전쟁으로 영국과 프랑스, 네덜란드가 아시아 식민지에 대한 관리가 약한 틈을 이용하여 동남아시아로의 진출을 추진하였다. 이에 따라 일본과 소련 사이에 이해관계가 일치하여 1941년 4월 소·일 중립조약이 체결되었다. 소련은 이 조약으로 병력을 유럽에 집중시킬 수 있게 되었고, 일본은 북방의 위협에서 벗어나 남방 진출에 주력할 수 있게 되었다.

그러나 유럽의 거의 전 지역을 장악하게 된 히틀러는 1941년 6월, 애당초 상호간에 세력 확대를 위한 야합에 불과하였던 독·소 불가침조약을 파기하고 소련에 대한 공격을 시작했다. 독일은 상호간의 세력권 설정 문제에서 이해관계가 대립되고 있는 소련의 계속적인 군비확장에 대해서 불안을 느끼게 되었던 것이다. 게다가 대전이 장기화하고 전선이 확대됨에 따라 독일은 소련의 물자, 즉 우크라이나의 식량과 코카서스의 석유가 필요했다. 파죽지세로 진격한 독일군은 9월에는 레닌그라드(상트페테르부르크)와 모스크바에 육박하고 10월에는 우크라이나를 점령했다. 그러나 이러한 독일군의 진격도 광대한 영토를 가진 소련에게 치명적인 타격을 가하지 못하고 1812년 나폴레옹을 괴롭혔던 '동장군冬將軍'의 도래와 더불어 독일은 전선을 축소하고 수비태세로 들어가지 않으면 안 되었다.

태평양 전쟁

1937년에 중일전쟁을 일으켜 중국본토로 침략의 손길을 뻗친 일본은 주요 도시들을 점령하는 데는 성공했으나 충칭重慶으로 수도를 옮겨 저항을 계속하는 국민당 정부를 굴복시키지는 못하고 있었다. 이에 초조해진 일본은 유럽에서의 전쟁 발생을 기회로 대동아공영권이라는 허울 좋은 명목을 내세워 동남아시아를 비롯한 남방으로의 진출을 꾀했다.

1940년의 독일과 이탈리아, 일본의 3국동맹과 이듬해의 소·일 중립조약으로 힘을 얻은 일본은 프랑스령 인도차이나를 침략하고, 다시 버마와 남태평양으로의 진출을 시도함으로써 이 방면에 깊은 이해관계를 가진 영국과 미국을 자극하게 되었다.

1941년 미국America, 영국Britain, 중국China, 네덜란드Dutch 4개국은 일본에 전략 물자 수출을 금지하는 이른바 'ABCD 포위망'을 형성시켰다. 이것이 일본 입장에서는 치명타였다. 전력물자에는 당연히 석유도 포함되었으며, 당시 일본은 전체 석유

수입의 80% 이상을 미국에서 수입하는 상황이었다. 이에 따라 일본은 중국과의 전쟁을 계속하기 위한 자원을 확보하려면 자원이 풍부한 동남아시아를 점령할 필요가 있었다. 그러나 동남아를 차지하려면 ABCD연합을 붕괴시켜야 했으므로, 우선 태평양에서 제일 위협이 되던 미 태평양 함대에 타격을 가해야 했다.

1941년 12월 8일(미국 시간으로는 7일) 일본은 선전포고도 없이 하와이의 미군 군사기지 진주만을 기습 공격했다. 이로써 전쟁은 태평양지역으로 확대되고, 독일과 이탈리아가 12월 11일 미국에 선전포고함으로써 전쟁은 세계로 확대되었다.

일본은 영국이 아시아 지역에 전력을 증강하기 어려운 틈을 타고 초전에서 많은 승리를 거두었다. 1942년 전반기까지 일본군은 미국의 식민지인 필리핀, 영국의 식민지인 말레이시아·버마, 네덜란드령 인도네시아 및 남태평양의 여러 섬을 점령했다. 이리하여 1941년 겨울부터 다음 해 봄에 이르는 시기에 동서의 침략적인 추축국의 세력은 절정에 이르렀다.

3. 연합국의 승리로 대전 종결

대세 전환 - 연합국의 주도권 장악

1942년 여름부터 전세는 전환기를 맞이하게 되었다. 먼저 태평양 전쟁에서는 1942년 6월, 태평양 가운데 있는 미국령 미드웨이Midway를 점령하려던 일본군의 작전이 실패함으로써 일본의 해군과 공군력에 큰 타격을 입어 제공력을 상실하게 되었다. 이후 8월에는 미군의 반격이 시작되어 남태평양의 과달카날Guadalcanal에 상륙하여 일본군을 섬멸함으로써 미국은 전쟁의 주도권을 잡게 되었다.

아프리카 전선에서도 몽고메리Montgomery (1887~1976) 장군이 지휘하는 영국군은 1942년 11월 초 이집트와 튀니지 사이에 있는 엘-알라메인El-Alamein 전투에서 로멜의 전차부대에 손상을 입히고, 때마침 상륙한 아이젠하워Eisenhower (미국 제34대 대통령, 1890~1969) 휘하의 미군과 더불어 반격에 나섰다.

동부전선에서도 독일군은 1942년 여름에 재차 공세를 취하여 스탈린그라드Stalingrad (지금의 볼고그라드)에 육박하여 이를 공격했으나 소련군의 완강한 저항으로 점령에 실패하였다. 설상가상으로 다음해 2월에 반격으로 전환한 소련군에 포위되어 30여 만의 독일군이 항복했다.

아프리카 전선에서 반격에 나선 연합군은 튀니지로 진격하여 1943년 5월에 독일·이탈리아군을 아프리카에서 몰아내고, 7월에는 시칠리아에 상륙한 후 9월에는 이탈리아 본토에 상륙했다. 이리하여 무솔리니의 파시스트 정권은 무너지고 이탈리아는 연합군과 휴전했다. 그러나 이탈리아에 주둔한 독일군의 저항이 완강하여 나폴리에 상륙한 연합군은 진격이 저지되었으나, 다음해 서서히 북상하여 1944년 6월에 로마를 점령했다.

이러한 전세의 전환에 대응하여 1943년 11월 카이로에서 루스벨트, 처칠, 중국의 장제스 세 정상이 회합을 갖고, '일본의 무조건 항복 등을 내용'으로 하는 '카이로 선언Cairo Declaration'을 발표했다. 이 카이로 선언에는 한국의 독립을 보장하는 내용이 포함되었다. 이어서 루스벨트, 처칠, 스탈린이 테헤란에서 회합을 가지고 유럽에서의 제2전선의 결성과 전후의 국제안전보장에 관한 협의를 했다.

노르망디 상륙작전과 일본에 원자폭탄 투하

1944년에 들어서면서 전세는 점차 연합군에 유리하게 기울어지고 있었다. 그러나 독일군은 아직도 도처에서 완강한 저항을 계속하고 있었으므로, 연합군의 제2전선 형성에 대한 요구가 절실했다. 이러한 요구에 응해 준비를 계속해온 연합군은 1944년 6월 6일 미국의 아이젠하워 장군을 총사령관으로 하여 대규모의 노르망디 상륙작전(1944.6.6~)을 감행했다. 상륙에 성공한 연합군은 독일군의 강력한 저항을 격파하면서 진격하여 8월 하순에는 파리를 해방시키고 라인강에 접근했다.

1945년에 들어서면서 연합군은 총공세를 취하였다. 1945년 2월에 크림반도의 얄타Yalta에서 미국, 영국, 소련의 수뇌가 다시 회합을 하여 독일의 무조건 항복을 재확인하고 전후처리 문제 등을 논의했다. 이 회담에서는 또한 비밀협정으로 전후 러·일전쟁으로 일본에게 빼앗긴 러시아 영토를 회복한다는 조건으로 독일의 항복 후 2~3월 안에 소련의 일본전 참여가 결정되었다.

1945년 2월 서방 연합군은 독일군 방어선인 지그프리드 선을 돌파하고 라인강을 넘어 독일 심장부로 진격을 계속하고, 동부전선에서도 소련군이 진격이 빨라 4월 하순에는 토르가우Torgau의 엘베강 다리 위에서 미군과 소련군의 선두부대가 처음으로 접촉했다. 며칠 후 북부 이탈리아에서 저항을 계속하던 독일군이 항복하고, 독일군의 보호 아래 있던 무솔리니는 이탈리아의 유격대에게 체포되어 사살되었다. 5월 1일에는 소련군이 베를린에 돌입하고 히틀러는 그 전날인 4월 30일 벙커에서 애인과 함께 자살했다. 5월 7일 독일군 최고사령부는 연합군에게 무조건 항복함으로써 유럽에서의 전쟁은 이로써 끝났다.

이 무렵 태평양 전쟁에서의 일본의 종말도 가까워지고 있었다. 1944년 6월 사이판이 함락되고, 1945년 초에는 맥아더 Macarthur(1880~1964) 장군 지휘 하의 미군이 필리핀 본토에 상륙했으며, 이어 이오지마硫黃島와 오키나와가 점령되었다. 일본 본토에 대한 B29의 공습은 날이 갈수록 격심해지고 일본의 주요도시는 머지않아 초토화할 전망이었다.

미국, 영국, 소련의 수뇌는 1945년 7월 베를린 교외의 포츠담Potsdam에서 회담을 갖고 독일의 전후 처리문제에 대한 얄타 협정을 재확인하고, 일본에 대한 무조건 항복의 권고를 결정했다. 그러나 일본이 포츠담 선언을 묵살하고 항전을 계속하자 8월 6일에 히로시마廣島에 원자탄이 투하되고, 8일에는 소련이 대일본전 참전 선언에 이어 9일에는 다시 나가사키長崎에 원자탄이 투하되었다. 이에 8월 15일 일본이 연합국에 무조건 항복함으로서 한반도에도 해방이 찾아왔다.

5년간 민간인을 포함한 5천만~7천만 명의 사상자를 남긴 제2차 세계대전은 인류사상 최악의 재난이었다.

4. 제2차 세계대전 중 연합국의 한국문제 논의

제2차 세계대전의 성격

제1차 세계대전이 제국주의 국가 간의 식민지 분할을 위한 전쟁이었다고 한다면 이어서 발생한 제2차 세계대전은 매우 복잡한 양상을 띠었다.

참가국만 하더라도 연합국은 제2차 세계대전에서 이미 침공당했거나, 추축국의 직접적인 침략 위협을 받고 있는 나라, 그리고 추축국 세력이 세계를 지배하는 것에 반대하는 나라 등 50여 국가였다. 주요 연합국은 영국과 영연방의 국가들(호주·캐나다·인도 등), 미국, 소련, 중국, 프랑스였다. 추축국은 독일·이탈리아·일본 이외에 독일과의 정치적·경제적 관계가 긴밀한 헝가리·루마니아·불가리아·핀란드 등 9개국이었다.

제2차 세계대전은 대략 3단계를 거치면서 그 성격이 변하였다. 1단계는 일본의 만주 침략, 독일의 유럽 침략, 이탈리아의 이디오피아 침략으로 시작되었다. 이렇게 시작된 전쟁은 폴란드에 대한 독일의 침공(1939)과 영국 및 프랑스의 독일에 대한 선전 포고로 이어졌다. 이 단계는 식민지 재분할을 위한 선진 자본주의국가 간에 벌어졌던 '제국주의적 성격의 전쟁'으로 특징지

울 수 있었다.

2단계는 독일이 불가침조약을 맺고 폴란드를 분할 점령한 소련을 침략하고(1941.6), 일본이 미국과 영국에 선전 포고를 하며, 이와 동시에 소련이 연합국에 합류하는 단계이다. 공산주의 국가인 소련은 미국·영국·중국과 함께 연합국의 중심 국가가 되어 승리에 크게 기여하였다. 3단계는 종전이 임박하면서, 식민지 모국과 피식민지 간에 등장한 식민지적 모순 관계에 의한 '반제국주의 민족해방전쟁'이라는 성격이 추가되는 단계였다.

이처럼 복잡한 성격을 가진 제2차 세계대전의 종결은 제1단계에서 표출되었던 제국주의 간 전쟁의 종결만을 의미할 뿐이었고, 제국주의와 공산주의, 제국주의와 민족해방투쟁의 대립구도는 종전과 함께 더욱 가시화되기 시작했다. 이에 따라 종전 후의 세계질서는, 전쟁 과정에서 주도세력으로 부상한 자본주의 진영의 중심국인 미국과 공산주의 진영의 중심국인 소련을 양대 축으로 전개되는 동서갈등으로 전개 되었다.

그리하여 종전 직후 한반도는 이러한 세계사적 갈등이 집중적으로 교차되는 곳이 되었다. 한반도에 직접적인 이해관계를 갖고 있던 인접국들이 모두 세계사적 대립구조의 중요한 당사자들이었으며, 그 결과 이러한 세계사적 대립은 한반도에서 첨예한 형태로 노출되었다. 이에 따라 한반도는 갈등과 분쟁의 소지가 상시적으로 잠재하는 지역이 되었으며, 민족의 운명 또한 이러한 세계사적 갈등구조에 의해 지배될 수밖에 없었다.

연합국의 회담과 한국문제 처리방안 논의

한국의 전후처리에 대한 연합국 간의 논의는 1943년 11월 22일~26일 열린 카이로회담Cairo Conference (루스벨트, 처칠, 장제스)에서 부터 시작되었다. 미국의 루스벨트Franklin D. Roosevelt에 의해 주도된 한국의 독립절차는 즉각 독립이 아닌 적절한 절차를 거친 후 in due course에 독립이 허용될 것이라는 애매모호한 단서를 붙여 놓은 상태로 마무리 지어졌다. 루스벨트는 카이로회담을 마치고 대일전 참전에 대한 소련의 약속을 얻어내기 위해 11월 28일 테헤란에서 스탈린Stalin·처칠Churchill과 회담을 가졌다. 여기에서도 3거두는 한국문제에 관해서 구체적인 논의는 하지 않았고 다만 한국의 신탁통치에 대한 루스벨트의 구상에 묵시적으로 동의한 상태였다. 여기에서 루스벨트는 필리핀에서의 미국의 경험을 토대로 한국이 완전한 독립을 이루기 위해서는 약 40년간의 훈련 기간이 필요하다고 제안하였다.

그 후 1945년 2월 4일~11일까지 얄타회담Yalta Conference (루스벨트, 처칠, 스탈린)에서는 미·소간의 이해의 사활이 걸린 유럽의 전후 처리문제, 세계평화기구의 문제, 소련의 대일전 참전 문제 등이 거론되었다. 루스벨트와 처칠은 스탈린과의 회담에서 소련의 대일참전의 조건으로 한국 신탁통치 안에 관해 스탈린으로부터 승인을 받아냈다. 얄타회담에서 한반도에 대한 문제는 한반도에서 외국군대의 주둔문제를 거듭 주장하는 소련측에 대해 미국측은 외국군 없는 신탁통치를 실시한다는 것이었다.

제2차 세계대전 중의 마지막 회담 후 발표된 포츠담선언 Potsdam Declaration(트루먼, 처칠, 스탈린, 장제스, 1945.7.17~8.2)은 적당한 시기에 한국의 자유로운 독립이 이루어져야 한다는 카이로선언이 재확인되는 수준으로 끝맺었다. 그러나 그 회담 전후에 미합동참모부는 미군과 소련의 한반도 진입을 예상하고, 미국의 한반도 점령은 서울을 비롯한 전략적 요지인 인천·군산·부산항이 포함되어야 한다고 결정한 바 있었다.

그 후 일본의 히로시마廣島에 원폭이 투하되면서 8월 8일 소련은 대일 선전포고를 시작으로, 9일에는 함경북도 웅기를 폭격하고 경흥으로 진공하여, 13일에는 청진으로 진격하였다.

이처럼 소련군이 시급히 진격함에 따라 미국의 트루먼Harry S. Truman 대통령은 미국의 책임지역 내에 한국의 수도를 포함시켜 38도선에서 분단키로 결정하고, 8월 13일 영국과 소련 및 중국이 이 제안을 수락하자 '일반명령 1호(1945.8.17)'가 태평양지역 최고 사령부에 전달되었다. 이것을 맥아더Douglas MacArthur 사령관은 9월 2일 남한에 선포하였다. 이러한 과정을 거치면서 한국의 해방과 분단은 국제적 의미에서 결정지어졌고 한국인의 의지와는 전혀 상관없이 운명이 결정되고 말았다.

이처럼 한국은 패전국인 일본의 식민지였기 때문에 승전국인

연합국의 처분에 나라의 운명을 맡기게 된 것이다. 미군정의 법률고문이었던 에른스트 프랭켈Ernst Fraenkel (1898~1975)은 미군이 한반도를 점령한 것과 미군정의 유일한 합법정부임을 다음과 같은 주장을 내세우며 정당화 하였다.

- 한국의 해방이 1910년 한일합병조약 파기에 의해서 일어나지 않았음
- 한국의 해방이 한국인들에 의한 혁명적 행동에 의해서 이루어지지 않았음
- 한국의의 해방은 연합국의 승리와 연합국의 결의에 따른 것이므로 현재 한반도는 어떠한 세력도 영향력이 없는 무주지無主地임

즉, 한국은 일본의 식민지에서 해방되었으나 한국인의 힘으로 성취한 것이 아니라 연합국이 전쟁에 승리하여 점령한 지역이라는 것이다.

그러면 한국인은 일본의 식민지에서 독립하기 위해 어떤 활동을 하였는가가 궁금해진다.

Ⅵ 항일 독립운동의 전개

제2차 세계대전에서 승리한 연합국은, “해방은 한국인의 혁명적 행동에 의해서 이루어진 것이 아니다”**라**고 했다.

그러나 한국인은 국내·외에서 치열한 독립운동을 전개하였다.

일본제국의 무자비한 무단통치 하에서도 전 민족적인 3·1 독립만세운동을 전개하여 독립 의지를 세계만방에 알렸으며, 민족역량 배양을 위한 다양한 활동을 전개하였다.

중국, 만주, 러시아, 미국 등 해외에서도 한민족은 무장투쟁, 의열투쟁, 외교적 활동을 전개하여 독립운동을 계속하였다.

하지만, 3·1 만세운동 후 수립된 대한민국임시정부는 독립운동 단체의 하나로 전락하여 국제적 승인을 받지 못하였고, 항일 독립운동 단체들은 분열되어 연합국의 일원으로서 전쟁에 참여하지도 못하였다. 따라서 전승국의 일원이 될 수 없었다.

1. 한일 병합 전·후의 민족운동

의사·열사들의 구국 항쟁

"나는 천국에 가서도 마땅히 조국의 독립을 위해 힘쓸 것이오. 대한독립의 함성이 천국까지 들려오면 나는 기꺼이 춤을 추면서 만세를 부를 것이오."

- 안중근

"비겁하게 삶을 구걸하지 말아라. 옳은 일을 하고 받는 형이다. 대의에 죽는 것이 어미에 대한 효이다. 너의 죽음은 너 한 사람의 것이 아니라 조선인 모두의 분노를 짊어진 것이다."

- 안중근 의사의 어머니 조 마리아 여사

1905년 을사늑약乙巳勒約(1905.11.17)이 체결되어 한국의 외교권이 박탈되자 국내외에서 순국하는 사람들이 늘어났다. 일제의 한국침략에 항거하는 의사·열사의 구국 항쟁도 잇따랐다. 1908년 3월 23일, 친일적인 대한제국 외부外部 고문 스티븐스 D. W. Stevens가 미국 샌프란시스코에서 일본의 한국에 대한 보호 정치를 찬양하고, 한국인은 독립할 자격이 없다고 폭언을 하자, 재미교포 전명운田明雲(1884~1947)과 장인환張仁煥(1876~1930)이

그를 사살했다. 이 사건은 미국 내의 한국 독립운동 전선에 전환점이 되었다.

1909년 10월 26일 안중근은 일본 제국의 전 총리이자 제1대 조선통감이었던 추밀원 의장 이토 히로부미伊藤博文(1841.10.16~1909.10.26)가 러시아의 재무상 블라디미르 코콥초프Vladimir Kokovtsov(1853~1943)와 회담하기 위해 하얼빈 역을 방문했을 때 그를 사살하였다. 안중근의 의거는 일본의 제국주의적 침략에 대한 한민족의 강력한 저항의식을 온 세계에 보여주었다.

일본의 무단통치武斷統治

일제강점기의 한국인은 언제 어느 곳에서 어떠한 트집을 잡혀 헌병 경찰에 끌려가서 태형笞刑당하고 처벌을 당할 것인지 항상 불안에 떨었다.

"순사 온다"는 말이 어린애의 울음을 그치게 하는 공포 용어로 사용된 것은 이때부터였다. 일제강점기의 한국 사회는 일본군과 헌병 경찰이 한 손에는 총검을, 다른 한 손에는 채찍을 들어 한국인을 탄압, 학살, 착취하는 하나의 커다란 감옥이었다.

1910년 8월 29일 한일병합 안이 발표됨으로써 대한제국은 멸망하고 한민족은 일제의 가혹한 식민지 지배하에 놓이게 되었다. 이에 대한제국은 일제에 의하여 조선으로 불리어지고, 일본의 한 지방으로 전락하였다. 일제는 1906년에 설치했던 통감부를 총독부總督府로 바꾸고 조선 총독이 한국을 지배하였다. 조선 총독은 일본의 육·해군 대장 중에서 임명하고 천황에 직속되어 일본내각의 통제를 거의 받지 않았으며, 한국에서의 행정권·입법권·사법권·군대통수권을 모두 행사하는 식민지 지배의 절대 권자였다. 초대 총독에는 국권 침탈 당시 통감이었던 데라우치 마사타케寺內正毅(1852~1919)가 그대로 임명되었다.

총독 아래에는 행정을 담당한 정무총감政務總監과 치안을 담당하는 경무총감警務總監이 있었는데, 정무총감이 총독 다음의 제2인자였으나 실권은 오히려 헌병경찰의 지휘자인 경무총감에게 더 많았다. 총독부의 관리는 거의 일본인으로 충원되었고, 하급 기관에는 간혹 한국인이 기용되기도 하였지만 일본인과의 차별 대우가 심하였다. 또한 총독부의 자문기관으로서 한국인으로 구성된 중추원中樞院을 두어 식민통치에 한국인이 직접 참여하고 그들의 의사를 대변하고 있다는 명분으로 삼았지만, 실제로는 대한제국 때의 황족과 고관들을 예우하기 위한 형식적인 기구에 불과하였다.

총독부의 한국지배 방식은 무단통치武斷統治라고 불리어지듯이 매우 강압적인 것이었다. 이를 위해 마련된 것이 헌병 경찰제도였으니, 데라우치 총독은 통치의 방침으로 질서의 유지를 내세우고, 이러한 경찰업무를 헌병이 맡도록 하였던 것이다. 이에 따라 전국에 1만여 명의 헌병 및 이와 거의 같은 수의 헌병보조원을 배치하였다. 이를 지휘하는 중앙의 경무총감에는 조선주재 일본헌병 사령관을 임명하고 그 밑의 각도 경무부의 경무부장에는 각 도의 헌병 대장을 임명하였으며, 경무부장 아래에는 경찰서와 헌병분대를 함께 두었다. 이들의 임무는 질서유지가 명분이었으나 결국은 한민족의 독립운동을 탄압하는 것이었으니, 각지에서 전개되고 있던 의병운동을 진압하고 민족 지도자를 색출·검거하였다. 또한, 한국인을 위압하기 위하여 일반관리는 물론 교원까지도 제복을 입고 칼을 차게 하여 공포 분위기를 조성하였다.

이러한 탄압 때문에 많은 민족 지도자들은 해외로 망명하여 새로운 독립운동의 방법을 모색하게 되었고, 의병운동도 1915년까지 산발적으로 전개되다가 만주·연해주 등지로 그 활동무대를 옮겨가게 되었다.

국내의 민족운동

일제는 1911년 소위 105인 사건을 조작하여(평안도 일대의 기독교, 신민회, 부호, 지식층 등의 항일세력에게 데라우치 총독의 암살 모의 누명을 씌운 사건) 신민회新民會(1907년에 결성된 항일 비밀결사)를 해산시켰다. 그리고 계속해서 민족지도자들을 체포·감금하였으며, 모든 집회·결사를 금지시키는 조치를 취하였다. 이에 따라 국내에서의 항일독립운동이 어려워지자 많은 사람들이 해외로 망명하였다. 이들은 간도·연해주 등지에서 독립운동기지를 개척하고 민족의 독립운동 역량을 축적해 나갔다. 그 외에 상하이나 미주지역에서도 열강을 상대로 독립을 위한 다방면의 외교활동을 전개하였다.

국내에서는 의병의 계속적인 봉기와 비밀결사를 통한 지하조직으로 독립운동을 전개하였다. 이들 항일 비밀결사의 중심인물들은 도시의 중산층과 개화지식층, 그리고 학생은 물론 유림까지 포함되었으며, 각종 선언문·고시문·격문을 통하여 독립사상을 고취하고 광복에 대한 희망과 신념을 국민에게 심어주었다. 또한 각지의 사립학교와 서당, 그리고 기독교·불교·천도교·대종교 등 교육 및 종교단체에 의해서도 독립운동이 끊임없이 계속되었다.

해외 독립운동

1910년 이후, 해외에서의 독립운동은 일제 무단통치의 직접적인 억압을 받지 않은 상태에서 국내보다 활발하게 전개되었다. 특히 만주와 연해주는 지역적으로 본국과 인접해 있었으므로 더욱 강력한 독립운동이 전개될 수 있었다. 만주의 간도지방에는 일찍부터 이주해간 교포사회를 중심으로 교육운동과 군사훈련을 통하여 민족의 힘을 기르고 있었고, 무장독립군은 압록강·두만강을 건너 본국에 들어와 일본군과 교전을 벌여 커다란 타격을 주기도 하였다.

특히 1907년 이후 신민회가 추진한 해외독립운동기지 개척운동으로 이 지역에는 많은 교육기관·군사기관·산업시설이 설치되었다. 그 가운데 신민회 간부 이회영李會榮(1867~1932)·이시영李始榮(1869~1953)이 형제 및 이상룡李相龍(1858~1932) 등을 중심으로 한국교민들이 개척한 유하현柳河縣 삼원보三源堡에는 1911년 경학사耕學社라는 자치기관을 두고 구국운동의 인재를 양성하였다. 이를 모체로 1911년 신흥강습소新興講習所를 설치하였다가 1919년 신흥무관학교로 발전하여 독립군의 기간요원을 양성하였다.

시베리아의 연해주는 신한촌新韓村 등 한국인 거주지를 중심으로 1905년 한민회韓民會가 구성되고, 1914년에는 블라디보스토크에 대한광복군정부大韓光復軍政府를 수립하여 이상설李相卨(1870~1917)이 정통령正統領에 이동휘李東輝(1873~1935)가 부통령에 각각 취임하여 독립운동을 전개하였다.

특히 이들은 만주에도 사관학교를 설립하여 무장 항일운동의 터전을 마련하였을 뿐 아니라 후일 임시정부 탄생의 길을 열어놓았다. 또한 1917년에는 여러 단체들이 총망라된 전로한족회중앙총회全露韓族會中央總會를 설립하여 시베리아에 있는 한족의 핵심단체로 활동하였고, 이것이 1919년 대한국민의회大韓國民議會로 개편되었다.

중국에서의 민족운동은 1911년 신규식申圭植(1880~1922)이 상하이 망명에서 비롯되었다. 신규식은 손문孫文(쑨원, 중국 신해혁명의 지도자, 1866~1925)과 친교를 맺고 신해혁명에 참가하여 중국내의 요인들과 친교를 맺었으며, 상하이의 한국인 유학생을 모아 1912년 동제사同濟社를 조직하여 민족운동을 추진하였다. 1918년 제1차 세계대전이 종결되고 파리강화회의가 열리자 상하이의 민족 지도자들은 신한청년당新韓青年黨을 결성하여 앞으로의 사태에 대비하는 한편, 김규식金奎植(1881~1950))을 파리강화회의Paris講和會議에 대표로 파견하는 등 활발한 활동을 전개하였다.

미국에서의 민족운동은 안창호安昌浩(1878~1938), 이승만李承晩(1875~1965) 등이 주동이 되었는데, 그것은 가장 많은 교민이 살고 있던 하와이에서부터 시작되었다. 하와이 교민은 1890년대 사탕수수 농장에 일꾼으로 건너간 사람들이었다. 하와이에서는 1903년 신민회新民會가 창설된 것을 비롯해서 수많은 한국인 단체들이 생겨났고, 이들은 한인합성협회韓人合成協會로 통합되었다(1907).

한편, 미주 본토에서는 1903년 샌프란시스코를 중심으로 친목회가 설립되었으며, 이것이 공립협회共立協會로 확대·발전하였다(1905). 이때 미주 본토와 하와이의 재미 한국인 단체의 통합이 절실한 문제로 제기되었는데, 마침 장인환·전명운 의사의 스티븐스 암살사건이 일어나자 이를 계기로 재미 한인의 단결이 공고해졌다. 이에 따라 하와이의 한인합성협회와 미주의 공립협회가 통합하여 1909년 국민회國民會(1910년에 대한인국민회로 개칭)를 발족시키기에 이르렀다. 한편 이와는 별도로 1913년에 안창호가 한국에서 강제해산 당한 신민회의 후신으로 로스앤젤레스에서 조직한 흥사단興士團이 있었다. 이와 같은 조직들을 통해서 재미 한인들은 적극적인 외교활동을 전개하는 동시에 군인양성 운동을 일으키기도 하여 활발한 독립운동을 추진하였다.

만주에서의 무장독립운동

적막한 달밤에 칼머리의 바람은 세찬데
칼끝의 찬서리가 고국 생각 돋는구나
삼천리 금수강산에 왜놈들이 왠 말인가
단장의 슬픈 마음 쓸어버릴 길 없구나

- 김좌진 장군의 <단장지통斷腸之痛>중에서

1910년을 전후하여 일제의 탄압으로 국내에서의 민족운동이 어려워지자 민족 운동가들은 해외로 나가 독립운동을 계속하였다. 이들은 만주·연해주·간도 등지로 이주하여 이 일대에 거주하는 동포를 기반으로 독립운동의 기지를 건설하였다.

이에 따라 많은 독립운동 단체와 무장독립군이 편성되었다. 특히 국내에서 무장투쟁을 전개하던 의병 부대들이 이 지역으로 이동하여 독립군에 합류함으로써 무력항쟁은 더욱 치열해졌다.

3·1운동 전후에 활동한 서·북간도의 독립군 부대로는 대한국민회군大韓國民會軍(간도 국민회라고도 함)·대한독립군大韓獨立軍·북로군정서北路軍政署·서로군정서西路軍政署·대한의용군大韓義勇軍·

광복군총영光復軍總營 등이 있었다.

이들은 주로 국경 부근에서 일본군과 교전하였으며, 때로는 압록강·두만강을 건너와 일본군과 경찰서를 습격하기도 하였다. 그 가운데 가장 큰 전과를 올린 것은 봉오동전투(1920.6)와 청산리전투(1920.10)였다. 봉오동에서는 홍범도洪範圖(1868~1943)가 지휘하는 대한독립군이 공격해온 일본군 1개 대대를 역습하여 약 500명을 사살하였다. 청산리에서는 김좌진金佐鎭(1889~1930)의 북로군정서군이 일본군과 교전을 벌여 무려 1,200여 명을 사살하는 대승리를 거두었다.

청산리전투(1920.10.21~26)에서 참패를 당한 일본군은 곧 대부대를 간도지방에 출동시켜 독립군을 추격하는 동시에 한국인을 학살하여 이른바 경신참변庚申慘變(1920.10~1921.4)을 일으켜 보복을 가하였다. 이 때문에 독립군 부대들은 일단 소·만국경에 위치한 밀산부에 모여 대한독립군단을 조직하고 연해주로 건너가 러시아 적군과 연합전선을 펴려하였다. 그러나 볼세비키 정부는 일본군을 철수시킬 타협책으로 일본측의 요청을 받아들여 독립군의 무장 해제를 요구하고 이들을 공격하였다. 이에 따라 독립군에 많은 희생자가 나오는 자유시참변自由市慘變(1921.6.28)을 겪는 불운을 겪기도 하였다.

그러나 이러한 고난 속에서도 독립군 부대들은 곧 재정비에 착수하고, 독립군 부대 간의 통합운동도 꾸준히 전개되었다. 그 결과 1924년에는 집안현을 중심으로 한 압록강 대안지역에 임시정부 직할의 참의부參議府가 결성되어 그 일대의 민정과 군정을 관할하였다. 곧 이어 길림과 심양(봉천)을 중심으로 정의부正義府가 발족되었고, 북만주에서는 자유시참변 후 러시아에서 돌아온 독립군을 중심으로 신민부新民府가 조직되었다(1925).

이리하여 참의부·정의부·신민부의 3부가 각각 그 지역에 거주하는 한민족을 통치하는 민정기능을 아울러 갖춘 군정부로서 활동하였다. 1926년부터 국내외 민족운동전선에서는 분열된 독립운동단체들을 통합해야 한다는 민족유일당民族唯一黨[11] 운동이 전개됨에 따라 국내에서는 신간회新幹會[12]가 조직되었고, 만주에서는 3부의 통합운동이 추진되었다. 그러나 이들 3부는 완전한 통합을 이루지 못하고 3부의 일부 인사들이 합하여 1928년 혁신의회革新議會(일명, 軍民議會)를 조직하고, 나머지 인사들은 1929년 4월에 별도로 국민부國民府를 창설하여 분열하였다.

---

11) 민족유일당: 1920년대 중반부터 上海·北京·滿洲 등 중국에 기반을 둔 항일 민족단체들을 중심으로 추진된 독립운동 단체들의 통합운동.

12) 신간회: 1927년 좌우익 세력이 합작하여 결성된 대표적인 항일단체.

2. 3·1 독립만세운동

오등吾等은 자玆에 아我 조선의 독립국임과 조선인의 자주민임을 선언하노라. 차此로써 세계만방에 고하야 인류 평등의 대의를 극명하며 차로써 자손만대에 고하야 민족자존의 정권正權을 영유케 하노라.

- 기미독립선언서 시작 부분

3·1 만세운동의 배경

국권이 침탈된 이후 한민족의 독립운동은 일제의 잔학한 무단통치 아래서도 비밀결사의 활동을 통하여 꾸준히 전개되었을 뿐만 아니라 해외 각지에서도 활발한 독립운동이 전개되고 있었다. 이러한 국내외의 독립운동은 개항 이후 일제의 침략에 항거하면서 추진해온 민족운동의 연장이라고 할 수 있는 것이었다.

개항 이후의 위정척사衛正斥邪 사상은 1890년대 중반부터 의병운동으로 나타났다. 개화사상은 갑신정변·갑오개혁·독립협회로 이어져 애국 계몽운동으로 확산되었다. 한편 19세기 이래 산발적으로 발생하였던 각지의 농민봉기는 민족종교로 성장한 동학과 결부되면서 혁명적 성격을 강하게 띠어 동학혁명으로 발전하였으니, 이는 당시 민중의식의 성장과 궤를 같이하는 것이었다.

이와 같이 한말의 민족운동은 전통사회의 기본구조에서 비롯된 각 계층의 이해관계에 따라 각각 주장과 방법 및 방향이 일치하지 못한 채 다양하게 전개되고 있었다. 그러나 1910년 국권이 상실된 이후에는 국권 상실이라는 공동의 운명에 직면하여 독립을 달성해야 한다는 하나의 목표가 형성되면서 점차 계층 간의 구별과 이해를 초월한 전 민족적인 운동으로 발전해 나갔다. 이와 같은 역사적 흐름이 3·1운동의 중요한 배경이 되었던 것이다.

1918년 1월 미국의 우드로 윌슨Thomas Woodrow Wilson 대통령이 제1차 세계대전 전후 처리를 위한 방안으로 민족자결주의를 선언하였다. 이는 "각 민족의 운명은 그 민족 스스로가 결정해야 한다"는 내용으로 당시 전 세계적으로 팽배해 있던 약소민족들의 민족운동에 호응한 것이었다. 실제로 오스트리아나 제정러시아의 지배를 받던 약소민족들이 독립을 선포하였다. 이 소식은 곧 국내에 전해졌고 따라서 한민족의 독립운동도 더 활기를 띠게 되었다.

민족자결주의에 대해 가장 빠른 반응을 보인 것은 중국에 망명하고 있던 독립지사들이었다. 이들은 1918년 상해에서 신한청년당을 조직하고 김규식을 파리강화회의에 대표로 파견하여 독립을 호소하였다. 또한, 이때 민족자결주의의 소식에 접한 일본의 한국인 유학생들은 크게 용기를 얻어 조선청년독립단朝鮮青年獨立團을 조직하고 1919년 2월 28일 한국의 독립을 요구하는 선언서와 결의문을 발표하였다. 이 '2·8독립선언'의 소식은 곧 국내에 알려졌으며, 당시 태동하고 있던 대대적인 민족운동에 불을 붙이는 계기가 되었다.

3·1 만세운동의 전개

국내에서는 1918년 말부터 이미 학생 및 종교단체를 중심으로 대대적인 독립운동이 계획되고 있었다. 먼저 천도교(1905년 동학을 천도교로 개칭) 측에서 독립운동의 대중화·일원화·비폭력 등 3대 원칙을 세우고 다른 종교 및 학생단체와의 연결을 모색하고 있었다. 이에 독자적으로 독립운동을 계획하고 있던 장로교와 감리교 등 기독교와 중앙학교를 비롯한 학생들이 합세하였으며, 불교계의 한용운韓龍雲(1879~1944)과도 합의가 이루어지게 되었다.

이러한 가운데 고종이 서거하자(1919.1.21) 항간에는 일제에 의한 독살이라는 소문이 퍼져 백성들이 크게 분노하고 있었고, 여기에 일본으로부터 '2·8독립선언' 소식이 전해져 국내에서의 독립운동의 기운이 한층 무르익어갔다. 드디어 천도교·기독교·불교 및 학생을 중심으로 단일화 된 주도세력은 고종의 인산일因山日(황제의 장례일)이 3월 3일로 정해지자, 그 때를 전후해서 지방에서 많은 사람이 서울에 모여들 것으로 예상하여 3월 1일을 거사일로 정하였다. 이에 따라 독립선언서를 작성하고(崔南善 기초) 민족대표 33인의 이름으로 서명한 다음 이를 인쇄하여 비밀리에 전국에 배부하는 등 치밀한 사전계획을 마무리 지었다.

독립선언서는 대중이 모일 탑골공원에서 발표하는 것이 당초의 계획이었으나, 유혈사태가 일어날 것을 우려하여 태화관泰和館이라고 하는 요리집으로 장소를 바꿔 조용히 선언식을 진행했다. 민족대표 33인은 선언문을 낭독한 즉시 일본 경찰에 통고하고 순순히 연행되었다.

같은 시간에 탑골공원에서는 학생과 시민이 모여 독립선언서를 낭독(정재용)한 후 대한독립만세를 외치며 가두 시위에 들어갔다. 이 운동은 순식간에 전국적으로 확산되어 태극기를 흔들면서 독립만세를 외치는 소리가 방방곡곡에서 일어났다. 만세운동은 지방에 따라서는 4월 말까지 계속되었는데, 여기에 참가한 인원은 백만을 넘었고 운동 회수는 1,600여 회에 달하였다. 전국 222개 군 가운데 211개 군에서 활발한 시위가 일어났던 것이다.

그러나 평화적인 방법으로 독립만세를 부르는 민중에게 일제는 헌병 경찰뿐 아니라 군대까지 동원하여 잔인한 탄압을 가하였다. 국사편찬위의 자료에 의하면 3·1운동 당시 국내외에서 최대 103만 명이 참가하였으며, 사망자 993명, 부상당한 자도 5천여 명에 이르렀다.

박은식朴殷植의 『한국독립운동지혈사韓國獨立運動之血史』에 수록되어 있는 통계에 따르면 파괴·소각당한 교회당이 47개소, 학교가 2동, 민가가 715호에 달하였다. 특히 수원 부근의 제암리堤岩里에서는 주민 모두를 교회에 가두고 총격을 가한 후 불을 질러 집단학살하고 마을에 불을 지르는 만행을 저지르기도 하였다.

일제의 비인도적인 진압에 의하여 3·1독립운동은 성공하지 못하고 말았다. 이것은 제1차 대전에서의 전승국인 일본이 국제적 지위가 공고하였고, 또 당시 민족자결주의 원칙도 패전국인 오스트리아 등에만 적용되었으므로 3·1운동 당시의 국제 정세가 우리에게 불리했기 때문이었다.

3·1 만세운동의 의의

3·1 만세운동은 비록 성공하지 못하였으나 그 의의는 결코 작은 것이 아니었다. 우선 3·1운동은 모든 계층이 총망라되었고 또 직업에 귀천이 없이 모든 국민이 참여하였으며, 이들이 하나의 목표 아래 하나의 방법으로 전개한 민족운동이라는 점에 중요한 의미가 있었다.

이에 따라 3·1운동을 계승하면서 보다 조직적인 운동을 전개하기 위하여 3·1운동 직후에 상하이에서 민주적인 공화정체共和政體의 대한민국임시정부大韓民國臨時政府가 수립되어 독립운동의 중추 기구로 활약하게 되었다.

한편 국제적으로는 한민족의 독립요구가 알려지게 되고 일제의 비인도적 탄압정책이 폭로되면서 동정과 함께 일제를 비난하는 국제여론이 일어났다. 그리고 국내에서는 일제로 하여금 무단통치에 의해서도 한민족을 쉽게 굴복시킬 수 없다는 인식을 갖게 하여 식민통치의 방법을 무단통치에서 문화통치文化統治로 전환하도록 하는 계기가 되었다.

따라서 3·1운동은 비록 실패하였으나, 그것은 각 방면에 걸쳐 한국사의 전개에 커다란 방향전환을 이루는 계기가 되었던 것이다.

3. 대한민국임시정부의 수립과 항일운동

자유민아 일어나서 만세 불러라
대한민국 임시정부 만세 불러라
대통령 국무총리 각부 총장과
국제연맹 여러 특사 만세 불러라

〈후렴〉

대한민국 임시정부 만만세
대한민국 임시정부 만만세

우리 이미 이민족의 노예 아니오
또한 전제정치하의 백성 아니라
독립국 민주정치 자유민이니
동포여 소리쳐서 만세 불러라

자유민아 일어나라 마지막까지
삼천리 신성국토 광복하도록
개선식 독립연의 날이 가깝다
동포여 용감하게 일어나거라

- 대한민국 임시정부 수립 축가

대한민국임시정부 수립

3·1운동이 실패로 돌아가자 우리의 정부를 조직하여 지속적인 독립운동을 추진하여야 한다는 전 민족의 여망에 부응하여 각지에서 정부수립 운동이 전개되었다.

먼저 연해주에서는 3·1운동이 일어나기 전인 1919년 2월에 이미 임시정부 성격의 대한국민의회大韓國民議會가 성립되어 있었고, 3·1운동 직후인 1919년 4월에는 중국 상하이에서 대한민국임시정부가 수립되었으며, 이때 국내에서도 전국 13도의 대표가 모여 한성정부漢城政府를 수립하였다.

그러나 보다 강력한 독립운동을 추진하기 위해서는 전 국민을 대표할 수 있는 일원적인 정부가 필요하다는 여론에 따라 결국 연해주·상하이·한성에서 각각 수립되어 있던 3개의 임시정부가 한성정부의 정통성을 계승하는 방식으로 통합되어 상해에서 임시정부를 수립하게 되었다.

통합된 대한민국임시정부는 상하이에서 처음 수립될 당시 발표한 임시헌장 10개 조를 기본으로 하여 신헌법을 제정 공포하였다(1919.9.11). 전문 및 본문 58조로 이루어진 신헌법에는 자유주의와 민주공화국의 내용이 집약되어 있고, 3권 분립의 원칙 위에 대통령 중심제와 내각책임제를 절충한 것이 특색이었다. 신헌법에 따라 대통령에 이승만李承晩, 국무총리에 이동휘李東輝를 선출하고 임시정부를 구성하였다. 그리하여 일제의 강점으로 단절되었던 민족 정권의 맥이 민주공화제民主共和制 정부로 이어지게 되었다. 대한민국임시정부는 제1차 대전 후에 열린 파리강화회의에 김규식을 전권대표로 임명하여 파견하였으나 승전국의 일원인 일본의 방해로 성과를 거두지는 못하였다.

임시정부는 해외에 있으면서 본국 및 해외 각지의 동포사회를 통합하고 있었으므로 현실에 적응하기 위하여 이후 몇 차례 헌법을 개정하는 진통을 겪어야 했다. 처음 임시정부는 국회인 의정원議政院과 정부인 국무원國務院으로 구성되어 있었으나, 1925년에 국무령國務領을 수반으로 하는 내각책임제의 개헌이 있었고, 다시 1927년에는 국무위원 중심제로 전환하였다가 1940년에 주석主席중심제로 바뀌었다.

임시정부는 이와 같은 헌법의 변화와 함께 독립운동가의 사상적 대립도 점차 심화되었다. 즉 러시아 혁명과 세계 공산주의 혁명기구인 코민테른의 영향을 받아 사회주의 사상과 이념이 급격히 유입되어 민족주의 세력과 사회주의 세력 간에 독립운동의 방법 등을 둘러싸고 분열되기도 하였다.

그러나 이러한 여러 가지 위기 속에서도 광복을 위한 노력을 계속하면서, 기관지로써 〈독립신문〉을 발행하였고 임시사료편찬회臨時史料編纂會를 두어 한일관계사료집韓日關係史料集을 편찬하였다. 또한, 미국에 구미위원부를 두어 국제연맹이나 각종 국제평화회의에서 한국의 독립문제를 제기하였다. 또한, 연통제聯

通制를 통하여 본국과의 연락을 취하였는데, 연통제는 한국의 도·군·면에 독판督辦(조선 후기의 장관직)·군감郡監·면감面監을 둔 비밀 행정조직으로서 이 조직을 통하여 본국으로부터 독립운동 자금이 조달되었다. 그리고 해외에 거주하는 동포에게 애국공채를 발행하여 독립운동 자금을 모금하였다.

1937년 중일전쟁이 일어나 일제의 중국침략이 본격화 되자 임시정부는 일제의 탄압을 피해 중국 각지로 몇 차례 옮겨 다니다가 1940년에 중경重慶(충칭)에 정착하였다. 이곳에서 임시정부는 중화민국 정부의 후원으로 광복군光復軍을 편성하여 중국군과 협동으로 항일전쟁을 수행하였고, 태평양 전쟁이 일어난 뒤에는 일본에 대하여 선전포고를 하고 연합군과 함께 대일전에 참가하기도 하였다.

이처럼 대한민국임시정부는 우리나라 역사상 최초의 공화주의 정부였으며, 또한 3·1운동의 정신을 계승하여 수립되었고 이후의 항일 독립운동의 정신적 지주가 된 단일 정부라는 점에서 정통성을 갖는 것이었다. 그러나 다른 한편으로는 전 민족의 독립운동을 실질적으로 주도해 나가지 못하였고, 내부에서의 분열로 보다 효과적인 활동을 벌이지 못하였던 한계성을 지니고 있었다.

한인애국단韓人愛國團의 의열義烈투쟁

"고향에 계신 부모 형제 동포여! 더 살고 싶은 것이 인정입니다. 그러나 죽음을 택해야 할 오직 한 번의 가장 좋은 기회를 포착했습니다. 백 년을 살기보다 조국의 영광을 지키는 이 기회를 택했습니다. 안녕히, 안녕히들 계십시오."

- 윤봉길 의사 유서 중 <동포에게 보내는 글>

상해임시정부는 수립 후 지역적인 대립과 독립운동 방법론상의 차이, 사상적 대립 등으로 당초 기대했던 민족해방 운동의 총 지도 기관으로서의 기능을 다하지 못했다.

더욱이 1923년 1월 민족해방 운동의 총 지도기관을 설치하기 위한 국민대표회國民代表會가 개최되었으나 창조파(임시정부 해체하여 새로운 기관 설치 주장, 중심인물-신채호)와 개조파(임시정부 개조 주장, 중심인물-안창호)의 대립으로 국민대표회도 해산되고 말았다. 이를 계기로 많은 독립운동 세력이 임시정부를 떠남으로서 임시정부는 독립운동 대표기관이 아니라 독립운동 세력의 하나로 위상이 낮아져 임시정부의 활동은 더욱 위축되었다. 게다가 중국내 국민당과 공산당의 대립과 충돌의 와중에 상해임시정부는 중국의 지원과 인정을 받지 못한 채 겨우 명맥을 유지하고 있었다.

이러한 상황에서 대한민국 임시정부의 국무령이던 김구金九는 임시정부의 위상을 재정립하고 독립운동의 새로운 방향을 모색하기 위하여 한인 애국단을 조직하고 1932년 전반기에 일제 수뇌부에 대한 파괴와 암살 등의 활동을 준비하거나 실행하였다. 그 중에서도 이봉창李奉昌(1901~1932) 의사와 윤봉길尹奉吉(1908~1932) 의사의 의열義烈 활동이 영향은 한·중·일에 큰 영향을 미쳤다.

1932년 1월 8일 동경 교외의 요요기代代木공원 연병장에서 열리는 육군 관병식 행사에 일본 천황이 참석한다는 것을 안 이봉창은 천황이 지나가는 사꾸라다문櫻田門 밖에서 기다리다가 두 번째 마차가 지나가자 수류탄을 던졌다. 그러나 일황은 세 번째 마차에 타고 있어 일황 암살은 수포로 돌아가고 말았다. 수류탄이 폭발하자 이봉창은 태극기를 꺼내 들고 "대한독립만세"를 외치고 일경이 체포하자, "나는 한인애국단원으로서 일황을 죽이려 했다"고 당당하게 소리쳤다.

이봉창의 의거로 일본 총리대신 이하 전 각료가 사임함은 물론 일본 황실과 군 수뇌부에 큰 충격을 주었다. 이 사건을 보도한 중국 난징의 중앙일보는 '세계에서 제일 위대하게 사람들을 놀라게 한 소리天地間第一偉大驚人之音'라는 표현으로 이봉창을 천하제일의 지사로 꼽았다. 또한 '불행히도 명중하지 못함不幸不中' 이라고 보도하자 일제는 '불행불중'이라는 표현을 트집잡아 중국 정부에 엄중 항의하였다. 이를 구실로 일본은 중국인 자객으로 하여금 일본의 일련종日蓮宗 승려를 암살하도록 음모를 꾸며 상하이사변을 일으키고 상하이를 침략하였다.

일제가 상하이사변을 일으켜 상하이를 점령하고 임시정부 탄압을 강화하자 윤봉길 의사의 홍커우虹口 공원 폭탄투척 계획을 추진하였다. 일제는 1932년 4월 29일 일황의 생일을 기념하는 천장절天長節 겸 만주사변 승리를 자축하는 전승 축하 행사를 상하이 홍커우 공원에서 열었다.

행사장에는 거류 일본인과 일본군, 그리고 각국의 외교관 등 2만여 명이 모여 있었다. 11시 50분 빗속에서 일본국가 제창이 끝날 무렵 윤봉길의 도시락 폭탄이 정확하게 단상 중앙에 떨어지면서 엄청난 굉음과 함께 폭발하였다. 단상에 있던 일본군부와 정계인사 등 거물급 인사 7명 중 상하이 파견 일본군 사령관 시라가와白川義則, 상해 일본 거류민단장 가와바다河端는 현장에서 폭사했고 그 외는 모두 중경상을 입었다.

윤봉길 의사의 홍커우 공원 의거에 대해 중국의 국민당 정부를 이끄는 장제스張介石는 "중국의 백만 군대가 하지 못한 일을 한국의 한 의사가 능히 해냈으니 참으로 장하다"고 찬사를 아끼지 않았다. 윤봉길 의사 의거 후 김구는 장제스를 만나 한국 청년을 군 간부로 양성할 수 있는 길을 요청했고, 장제스는 중국의 중앙군관학교 뤄양분교에 한인 특별반을 설치하도록 지원하였다.

이봉창 의사와 윤봉길 의사의 의거는 자기 목숨을 바쳐 조국의 명예를 빛내고 암울한 식민지 통치에서 신음하는 겨레에 희망의 빛을 던져주었다. 또한 그들의 고귀한 희생은 침체의 늪에 빠져있던 민족해방 운동에 활기를 불어넣었다. 하지만 일제가 임시정부 요인들에 대한 대대적인 검거에 나서자 임시정부는 상하이를 떠나 중국 각지로 이동해야 했다.

이봉창 의사는 1932년 10월 10일 33세의 나이로, 윤봉길 의사는 12월 19일 25세의 나이로 일본 형무소에서 순국하였다.

1930년대의 항일 무장투쟁

1930년대의 만주에서의 독립운동은 한국독립군과 조선혁명군이 주축이 되었다. 한국독립군은 혁신의회의 후신인 한국독립당(1930)의 무장부대였으며, 조선혁명군은 국민부 안에서 무력투쟁을 주장한 강경파가 조직한 조선혁명당의 예하부대였다. 1931년 일본에 의하여 만주사변이 일어나고 이듬해 일제의 괴뢰국인 만주국이 수립되자 한국독립군과 조선혁명군은 각기 중국의 무장부대와 연합하여 일본· 만주군에 대한 항전을 계속하였다.

그러나 한국독립군과 조선혁명군의 만주에서의 항일무장운동은 일본·만주군의 연합작전으로 어려움이 많아지게 되었다. 이에 조선혁명군 계열은 1936년을 끝으로 활동이 없어졌고 다만 그 일부가 1938년까지 잔류하면서 항일전투를 계속하였다. 한편 한국독립군은 대부분이 중국 본토로 들어가 임시정부와 연결되었고 잔여 부대는 산림지대로 들어가 유격전을 전개하였다.

1937년 중일전쟁이 발발하자, 임시정부는 중국 정부와 협력하여 대일전쟁에 참가를 결정하였다. 이에 한국군은 중국군의 정규군으로 또는 유격대를 조직하여 참전하였는데, 특히 1938년 김원봉金元鳳(1898~1958) 등이 한구漢口에서 결성한 조선의용대朝鮮義勇隊의 활동이 가장 눈에 띄었다.

4. 해방 직전의 민족해방운동

일제의 민족말살 정책과 전시동원

1930년대 만주사변, 중일전쟁을 일으킨 일제는 한국인을 그들의 전쟁 수행에 끌어들이기 위해 내선일체內鮮一體(일본과 조선은 한 몸과 같다)라는 허울 좋은 명분을 내세우고 황민화皇民化(한국인을 일황의 백성으로 만듦)정책을 추진하였다. 그것은 한민족 전체를 2등 일본인으로 만들어 한국인의 정치·문화적 독립심과 저항정신을 박탈함으로써 그들의 침략전쟁에 이용하려는 민족말살 정책이었다.

더 나아가 일제는 한국의 말과 글을 못 쓰게 하였다. 1937년 중일전쟁 전에는 학교에서 일본어를 국어라 하고 한국어를 조선어라 하여 따로 가르쳤으나, 그 후에는 조선어 과목도 없애버리고 학교에서는 일본어만 사용하도록 강요하였다.

또한, 창씨개명創氏改名이라 하여 한국식 성과 이름을 일본식으로 바꾸게 하였다(1938). 이는 한국인을 일본인으로 만들어 일본에 대한 충성심을 강요하려 한 것이었다. 창씨개명을 하지 않으면 학교에 입학할 수 없었고 각종 행정기관에서 사무 취급을 거절당했을 뿐만 아니라 식량과 물자배급에서 제외되는 등 일상생활에 불이익을 주고 탄압을 하였다. 이 때문에 한국인 약 80%가 창씨개명을 해야 했다.

또한 일제는 한민족 말살정책의 하나로 동조동근론同祖同根論 즉, 한민족과 일본민족은 같은 조상 같은 뿌리에서 나왔다는 억지 학설을 주장하여 한국인의 민족의식을 잠재우고 일본정신을 주입하려 하였다. 뿐만 아니라 일제는 한국인에게 일본의 조상신의 신주神主를 가정에 모셔 놓고 아침저녁으로 절하게 하고 일본 천황이 사는 동쪽을 향해 절하게 하였다.

1941년 12월 태평양 전쟁을 일으킨 일제는 전쟁 수행을 위한 인적·물적 자원의 수탈을 강화하였다. 이에 따라 한반도는 일제의 전쟁 지원을 위한 병참 기지가 되어 군수품 조달을 위한 공장 건설, 식량조달을 위한 미곡증산 등을 강요하여 강제 수탈체제를 강화하였다. 또한 식량소비를 억제하기 위해 배급제를 시행하고 미곡공출米穀供出 제도를 강행하였다. 나아가 일제는 전쟁물자의 조달을 위하여 금속제 물건을 강제로 공출하여 농기구, 식기, 제사용 그릇, 심지어 교회나 사찰의 종까지도 징발하여 전쟁무기 제조에 사용하였다.

일제는 전시동원 체제를 수립하여 인력을 강제로 동원하였다. 전쟁이 확대됨에 따라 처음에는 특별지원병 제도(1938)를 시행하다가 징병제도로 바꾸어 1945년 패전할 때까지 약 20만 명의 청년을 강제로 징집하였다. 또한, 학생들을 대상으로 학생지원법 제도를 만들어(1943) 약 4천5백 명의 학생들을 중국, 동남아시아, 남태평양의 전쟁터로 끌고 가 일본을 위해 싸우다가 죽게 하였다.

이 밖에도 1938년 국민징용령이 시행되면서 1백만 명 이상의 한인 청장년들을 전시 노동자로 강제 동원하여 일본, 중국, 사할린, 대만, 필리핀, 파푸아뉴기니, 솔로몬제도 등 남태평양의 섬까지 가서 지하광산의 막장, 비행장 건설, 군수공장, 철로 건설 등의 공사장에서 노예처럼 혹사하였다. 공사가 끝난 후에는 군사기밀을 이유로 무자비하게 학살하기도 하였다.

어린 학생들과 여성들도 예외는 아니었다. 일제는 초등학생들까지 근로동원이라 하여 비행장 등 군사시설 공사와 토목공사 등에 동원하였으며, 여성들도 근로보국대라 하여 각종 공사에 동원하여 노동력을 착취하였다. 더욱이 정신대挺身隊라는 이름으로 젊은 여성들을 징발하여 일본군의 성노예로 삼은 천인공노할 비인도적 만행을 저질렀다.

분열된 민족해방운동 전선의 통합추진

1940년대 한국인의 독립운동은 크게 중국 국민당이 지배하는 남부지역의 대한민국임시정부와 화북지역(주로 중국 공산당 지배지역)의 조선독립동맹, 그리고 국내의 조선건국동맹 등 세 갈래로 나뉘어 추진되었다. 그러나 태평양 전쟁이 막바지로 접어들면서 일제의 패망이 확실해지자 중국 관내의 해방운동 전선은 그에 대비하기 위해 통일전선을 형성하는 것이 시급해졌다.

일본이 패망하기 전에 항일운동 전선의 군사력이 정식으로 연합군의 일원으로 참전해야 하고 그러기 위해서는 민족해방 운동단체가 하나로 통합되어 연합국의 승인을 받아야 했다. 이에 따라 민족해방 운동단체들은 임시정부를 중심으로 통일전선의 형성을 추진하였다.

그리하여 좌익계열의 조선민족전선연맹의 김규식金奎植이 임시정부 부주석이 되고 김원봉金元鳳, 장건상張建相, 김성숙金星淑 등이 국무위원이 되어 임시정부는 통일전선 정부로 확대·강화되었다. 임시정부는 더 나아가 화북지역의 중국 공산당의 지원을 받는 민족해방 운동세력과의 통일운동에 들어갔다.

중국 공산당이 대장정(1934.10~1935.10) 이후 옌안延安에 정착했을 때, 그곳에는 김무정金武亭 같은 대장정에 합류한 한국인들이 있었고, 국민당정부 지역에서 활동하다 그곳으로 옮겨간 사람들도 있었다. 이들은 중국이 국·공합작國·共合作(1937년)으로 일본과 싸우는 과정에서 중공군과 함께 대일항전을 하던 조선의용대원들이 대부분으로 1941년 1월 화북 조선청년연합회을 조직하였다.

그 후 김원봉이 지휘하던 조선의용대의 다수와 김두봉金枓奉 등이 국민당정부 관할 지역에서 대거 옌안으로 이동해 오자 청년연합회를 발전적으로 해체하고, 김두봉을 주석으로 하는 조선독립동맹이 결성되어 좌익진영의 민족해방 운동단체로서의 활동을 전개하였다(1942.8).

조선독립동맹은 국내의 여운형呂運亨(1886~1947) 중심의 조선건국동맹과 연결하여 1945년 국치일인 8월 29일 중국 옌안에서 전조선민족대회를 개최하기로 합의하였으나 일제의 패망으로 실현되지 못하였다. 한편 임시정부와 조선독립동맹 사이에 통일전선을 수립하는데 합의하고 이를 위해 독립동맹이 임시정부가 있는 충칭으로 가기로 합의했으나, 이 역시 일제의 패망으로 실현되지 못하였다.

이처럼 분열되어 있던 민족해방 운동세력이 국내외 및 좌우의 통일전선을 이루고, 한민족을 대표하는 단일 정부를 만들어 연합국의 승인을 받으려 하였으나 때는 이미 늦었던 것이다. 즉 통합을 이루어 연합국의 일원으로 전쟁에 참여하기 전에 일본이 패망해 버린 것이다. 이로써 전승국의 지위를 얻지 못하게 되어 해방 후 민족의 진로가 혼란에 빠지고 결과적으로 삼팔선을 탄생시켰던 것이다.

한국광복군의 활동

임시정부 수립 후 정부 내의 계파간, 이념간 갈등 등의 요인으로 활동이 위축되면서 임시정부는 군대를 창설하지 못했다. 1932년 이봉창, 윤봉길 등 한국애국단의 의거 활동으로 장제스蔣介石(1887~1975) 국민당 정부의 한국인과 임시정부에 대한 인식이 바뀜에 따라, 1935년 중국 정부의 지원을 받아 한국인을 중국 군관학교에 입학시켜 간부를 양성하기 시작했다. 중일전쟁이 일어나자 임시정부는 본격적으로 군대 창설을 추진하여 1940년 충칭에서 한국광복군 사령부를 창설하고(초기 인원 약 300여 명) 총사령에는 이청천李青天(1888~1957), 참모장에는 이범석李範奭(1900~1972)이 취임하였다.

한국광복군은 항일 민족운동세력이 통일전선을 형성하는 과정에서 김원봉이 이끄는 조선의용대의 일부가 합류하면서 편제가 확대개편 되었다. 그리고 만주와 연해주에서 독립운동을 전개하던 한국청년과 일본군에 강제로 징집되었다가 탈출한 청년들이 가담하였다.

광복군은 장교 중심으로 조직되어 주로 특수전 업무를 수행하였다. 일본군 후방으로 침투하여 중국군에 의해 체포된 일본군 포로를 심문하고, 정보를 수집하여 중국군에 제공해주는 일 등이었다.

1941년 12월 8일 일본이 진주만 기습공격으로 태평양 전쟁을 일으키자 대한민국임시정부는 12월 10일 대일 선전포고를 하고, 이어서 독일에 대해서도 선전포고를 하였다. 이후 광복군은 연합국인 영국에 협조하여 인도·버마 전선에 공작대를 파견하기도 하였고, 미국 전략사무국 OSS(현 CIA의 전신)와 공동작전을 계획하였다. OSS부대는 미군의 한반도 진입을 앞두고 한반도 내에 거점을 확보하기 위해 한인 청년을 잠수함이나 비행기로 국내에 투입시키고자 준비하였다(1945.8.7).

그러나 출발 직전 일본이 항복함에 따라 국내침투 작전은 물거품이 되고 말았다.

그렇게 해방이 되었다.

우리 민족의 힘이 아니라 남의 힘으로.

Ⅶ 민주주의와 공산주의 대결장이 된 한반도

해방과 더불어 일장기가 내려졌다. 그러나 태극기 대신 미국 국기와 소련 국기가 한반도의 하늘에 나부꼈다.

한반도의 남과 북에 진주한 두 나라의 국기가 상징하듯 한반도는 민주주의와 공산주의의 체제 간 대결의 최전선이 되었다.

미국, 영국 등과 더불어 제2차 세계대전에서 전승국이 된 소련은 전후 전쟁 시에 점령한 동유럽 여러 나라를 공산화 시키고 세계 공산화를 추진하였다.

중국도 마오쩌둥의 중국 공산당이 장제스의 국민당 정부를 몰아내고 중화인민공화국을 수립함으로써 공산화되었다.

소련 군정하에서 공산주의 체제를 확립한 북한의 김일성은 소련의 스탈린과 중국의 마오쩌둥의 지원을 업고 한반도를 공산화하려는 야심으로 불법 남침을 하여 6·25전쟁을 일으켰다.

미국을 비롯한 6대 주에 걸친 16개 국가의 군대가 공산주의의 확산을 막고, 세계평화를 유지하기 위해 한국전쟁에서 공산군과 싸웠다.

김일성 집단의 적화통일을 위한 남침이 국제전이 되었다. 세계사는 한국전쟁이라 부르고 있다.

전쟁이 남긴 것은 삼팔선이 군사분계선으로 이름이 바뀌었을 뿐 전쟁의 먹구름은 오늘날도 그 상공을 덮고 있다.

1. 공산주의 세력 확대

동부유럽의 공산화와 미국의 봉쇄정책

소련은 제2차 세계대전이 끝난 후 동부 유럽과 발칸반도 등에 공산주의 정권을 수립하여 위성국가衛星國家를 만들었다(동독, 폴란드, 헝가리, 체코, 루마니아, 불가리아).

그리고 그리스, 터키 등의 공산주의 세력을 지원할 뿐 아니라 중국, 베트남, 북한 등 아시아 지역에 공산당 정권의 수립을 지원하였다. 이에 따라 세계는 소련의 조종을 받는 공산주의 진영과 미국, 영국 등의 자유 민주 진영이 대결하는 냉전이 시작되었다.

1946년 그리스에서 공산주의자들의 반란이 일어나고 소련이 터키에 압력을 가하여 세력 확대를 도모하였다. 이에 미국 대통령 트루먼은 상하원 합동회의에서(1947.3.12) "전체주의 체제를 강제하려는 침략적인 운동에 대항해 자유 민주 제도와 국가를 보전·유지하기 위한 원조의 필요성을 강조"하는 연설을 하였다. 이것은 소련의 팽창정책에 대응하는 미국외교의 기본정책인 봉쇄정책封鎖政策을 선언한 것이었다.

이 정책은 세계대전 후 경제적 곤경에 빠진 유럽을 경제적으로 지원함으로써 소련 공산주의의 확산을 방지하겠다는 의지의 표현이었다. 이후 미국 주도의 세계정책을 추진하고 발칸반도와 소아시아 지역에 반공방위 지대를 설정하여 소련의 세력확장을 봉쇄하기 위해 노력을 기울이기 시작하였다. 이것이 기초가 되어 마샬플랜Marshall Plan과 NATO의 성립으로 발전하였다.

마샬플랜에 의한 미국의 경제 원조정책은 경제원조를 통하여 전쟁으로 파괴된 산업, 농업 및 도시재건 등을 지원함으로써 공산당의 계급투쟁 및 혁명이론에 유혹되지 않도록 하려는 것이었다. 뿐만 아니라 유럽의 번영을 위해서는 자본주의가 공산주의보다 낫다는 것을 확실하게 보여줌으로써 세력균형을 미국에 유리하도록 재조정하는 데도 목적이 있었던 것이다.

독일이 제2차 세계대전에서 연합국에 항복하자 미·영·불·소 4개국이 독일과 수도 베를린을 분할 점령하였다. 1948년 미국, 영국, 프랑스가 3국의 점령지를 통합하고 새로운 공동화폐DM를 발행하기로 결정하자, 소련은 베를린 봉쇄를 감행하여(베를린은 소련 점령지역인 동독 내에 위치했음) 서독과 서베를린 간의 지상교통을 차단하였다.

이에 미국은 공중수송으로 서베를린에 필요물자를 수송하여 지원함으로써 1년여 지속되던 사태는 1949년 6월 소련이 봉쇄를 해제함으로써 끝이 났다. 이러한 소련의 도발에 대응하기 위해 서유럽은 미국을 비롯하여 영국·프랑스·벨기에·네덜란드·룩셈부르크·이탈리아·포르투갈·캐나다·노르웨이·덴마크·아이슬란드 등 12개국으로 북대서양조약기구NATO를 결성하였다(후에 그리스·터키·서독 가입). 그리고 미·영·불이 점령했던 서독에는 민주적인 독일연방공화국을 수립하였다.

이에 대응하여 소련은 코민포름Cominform (공산당정보국)을 만들어 동유럽 국가들의 단합을 도모하고, 1955년에는 바르샤바조약기구WTO를 설치하였다. 이러한 유럽에서의 공산주의 세력 확대와 이를 막으려는 미국과의 대결은 전 세계로 확산되었다.

중국대륙의 공산화 共產化

중국의 공산주의 운동은 1921년에 시작되었다. 1928년에는 국민당 정부에 대항하여 마오쩌둥이 공산당 정권을 수립하였다. 공산당 정부는 장제스의 국민당 정부군의 공격에 쫓겨 근거지인 장시성 루이징을 탈출하여 18개의 산맥을 넘고 17개의 강을 건너는 1만 2,500km의 대장정(1934~1935), 즉 대탈출 작전 끝에 산시성 옌안에 근거지를 마련하였다. 중국의 공산당은 1937년 중일전쟁이 일어나자 국민당과 합작하여 일본의 침략에 맞서 싸웠다.

제2차 세계대전이 일어나자, 중국은 독일에 선전포고를 하고 연합국의 일원으로서 미국, 영국의 지원을 받으면서 일본과의 전쟁을 수행하다 일본이 연합국에 항복함으로써 8년에 걸친 중·일 전쟁은 끝을 맺게 되었다. 종전 후 일본군의 무장해제 과정에서 국민당 정부와 공산당 정부의 충돌이 시작되었다. 중국지역에서의 일본군 무장해제 권한은 미국이 제안하고 연합국이 동의한 방안에 따라 국민당 정부의 장제스 주석에게 주어졌다. 장제스는 중국 주둔 일본군 최고사령관과 만주국 등 괴뢰정부군에게 국민당 정부군에게만 항복하고 항복 절차가 끝날 때까지 무장해제를 하지 말고 현상을 유지하도록 명령하였다.

그러나 공산군은 장제스의 지시를 무시하고 일본군의 무장해제와 일본군 점령지역 접수를 시작했다. 공산군은 전쟁 중 일본군 점령지의 배후지역에 해방구解放區라 불리는 넓은 지역을 근거지로 장악하고 있었기 때문에 일본군의 무장해제에 유리한 위치에 있었다. 이에 따라 공산군은 중소도시 중심으로 접수지역을 확대한 반면 국민정부군은 미국의 수송 지원에 힘입어 주요 도시와 철도 연변을 접수했다. 그리하여 국민당은 점과 선을 차지하고 공산당은 면을 차지한 채 대치하여 수복 지역을 서로 차지하기 위한 충돌이 빚어졌다.

전후 무장해제 과정에서 국민당과 공산당이 대결 양상을 보이자 내전발발을 우려한 미국 등 연합국은 국민당 정부를 중심으로 통일국가가 수립되기를 기대하였다. 특히 미국은 2차 대전 후 냉전체제가 형성되자 장제스의 국민당 정부를 지지하는 방침을 세우고 국민당과 공산당 간의 대립을 조정하려 하였다.

미국의 조정으로 1946년 1월 정치협상회의가 열리고 국·공 사이에 정전 협정이 성립되었다. 그러나 2차 대전 말 만주에 진출했던 소련군이 철수하게 되자 만주, 즉 동북 지역을 차지하려는 국민당과 공산당의 경쟁으로 정전 협정이 깨지고 무력충돌로 번져갔다. 1946년 3월 만주에서 일어난 무력충돌이 점차 확산되자 미국의 조정은 실패로 끝나고 결국 내전으로 전개되고 말았다.

중·일전쟁이 끝났을 때 중국의 군대는 국민정부군이 430만, 공산군은 정규군 91만에 민병 220만이었다. 국민정부군은 미국의 지원을 받아 장비와 보급 품목도 우수했던 반면 공산군은 일본군에게 빼앗은 구식장비가 대부분이었다. 또한, 국민정부군은 주요 도시와 주요지역 대부분을 장악하고 있었다. 장제스가 군사적으로 승부를 가리고자 한 것은 이와 같은 세력의 우위와 냉전冷戰체제의 형성이라는 국제정세의 변화로 미국의 원조를 받을 수 있었기 때문이었다. 1946년 7월 내전이 전면화된 후 초기 전황은 국민정부군에 유리하게 전개되어 1947년 3월에는 항일전쟁기부터 공산당 정부의 수도로 기능해 온 옌안延安까지 점령하였다.

초기에 소규모 군대의 유격전을 벌이던 공산군은 1947년 6월 말부터 대규모 반격을 개시하고 1948년 이후에는 형세가 바뀌어 만주를 완전히 장악하고 1949년 1월에는 텐진과 베이징을 점령하였다. 이어서 양쯔강을 건너 남하하여 국민정부군을 계속

패퇴시켜 나갔다. 국민당 정부는 수도를 난징, 광저우, 충칭, 성두로 옮기면서 버티다가 성두에서 철수하여 타이완으로 밀려났다.

1949년 10월 1일, 중국 공산당은 중화인민공화국의 수립을 선포하였다. 이로써 중국 대륙은 완전히 공산당 지배하에 들어갔다. 공산군이 승리하게 된 가장 중요한 요인은 공산당이 점령한 농촌 지역에서 경작자가 토지를 소유해야 한다는 경자유전耕者有田 원칙에 따른 전면적인 토지 혁명이었다. 토지를 갖게 된 농민들은 새로 얻은 자신의 땅을 지키기 위해 공산당을 지지하고 내전에 동원되어 국민당 정부군과 싸웠다.

반면, 국민당 정부는 경제정책의 실패로 물가인상, 생필품 부족 현상이 심화되고 미국이 지원한 무기와 장비를 공산군에게 팔아 개인이 착복하는 등 부패가 만연하였다. 이러한 상황에서 생활고와 공무원의 부정부패에 항의하는 국민들의 불만을 억압함으로써 국민당 정부는 국민의 지지를 잃게 되었던 것이다.

2. 6·25전쟁 - 한국전쟁

1. 아아 잊으랴! 어찌 우리 이날을 조국을 원수들이 짓밟아 오던 날을 맨주먹 붉은 피로 원수를 막아내어 발을 굴러 땅을 치며 의분에 떤 날을

2. 아아 잊으랴! 어찌 우리 이날을 불의의 역도들을 멧도적 오랑캐를 하늘의 힘을 빌어 모조리 쳐부수어 흘려온 값진 피의 원한을 풀으리

3. 아아 잊으랴! 어찌 우리 이날을 정의는 이기는 것 이기고야 마는 것 자유를 위해서 싸우고 또 싸워 다시는 이런 날이 오지 않게 하리

(후렴)

이제야 갚으리 그날의 원수를 쫓기는 적의 무리 쫓고 또 쫓아 원수의 하나까지 쳐서 무찔러 이제야 빛내리 이 나라 이 겨레

- 6·25의 노래
(작사: 박두진, 작곡: 김동진)

김일성의 남침준비

제2차 세계대전이 끝난 후 세계는 미국이 주도하는 자유 민주 진영과 소련이 조종하는 공산주의 일당독재 체제와의 대결이 세계 여러 지역에서 전개되었다.

유럽에서는 서부유럽과 동부유럽 간의 체제경쟁, 이념대립이 전개되었고 발칸반도와 소아시아도 공산혁명의 침투와 방어의 대결장이 되었다. 더욱이 중국대륙을 공산당이 지배하게 되자 한반도를 둘러싼 동북아시아의 정세도 크게 변하여 대한민국은 소련, 중국, 북한이라는 거대한 유라시아 공산주의 대륙의 끝에 매달린 한 부분이 되고 말았다.

이러한 세계적 정세 속에 1948년 8월 15일 대한민국이 건국된 후에도 좌익의 군사적 저항과 교란은 계속되었다. 여수·순천 반란사건(1948.10.19~27)이 일어났다. 이 사건은 제주도에서 일어난 4·3사건(1948.4.3)을 진압하기 위해 전남 여수에 주둔하고 있던 군 분대에서 좌익세력들이 제주도 출동 반대, 통일정부 수립 등의 구호를 내걸고 무장봉기한 것이었다. 정부의 진압작전을 피해 지리산으로 들어간 좌익 무장 세력은 그 후에도 유격전을 벌이며 정부의 진압군에 저항하였다.

뿐만 아니라 북한의 김일성은 38도선 이남의 유격투쟁을 조직적으로 전개하기 위해 오대산 지구, 지리산 지구, 태백산 지구에 인민 유격대를 파견하여 남한의 혼란을 가중시켰다. 대한민국 정부는 지리산지구 전투사령부와 호남지구 전투사령부를 설치하여(1949.3) 대대적인 토벌작전을 전개하였다. 그 결과 1950년 초에는 대규모 유격대는 거의 전멸했으나 산발적이고 부분적인 유격전은 계속되었다.

북한의 김일성은 1948년 9월 북한정권 수립 직후부터 남침을 꾀하였다. 김일성은 1949년 신년사에서 '국토완정國土完整(북한에서 공산주의 체제로 한반도 전체를 완전히 통일하자는 말)'을 무려 13차례나 사용하면서 무력남침의 의지를 강하게 드러냈다. 김일성은 1949년 3월 소련과 경제·문화협정을 맺는 한편 6개 보병 사단과 3개 기계화 부대, 비행기 150대의 원조를 내용으로 하는 군사비밀협정을 체결하였다. 또한, 중국 공산당의 마오쩌둥과 군사비밀협정을 맺어(1949.3) 약 3만 5천 명의 중국 공산군 소속의 한국 출신 병사들을 북한군에 편입시켜 군사력을 강화하였다.

김일성은 1950년 3월 모스크바를 방문하여 스탈린Stalin과 남침계획을 협의하고 허락받았다. 이어서 1950년 5월 마오쩌둥과도 남침계획에 합의함으로써 김일성, 스탈린, 모택동 3자 간의 남침계획 모의를 마무리하였다. 남침을 위한 구체적인 작전계획은 북한군 총참모장 강건姜健(1918~1950)과 소련 군사 고문단장 바실리예프 중장이 중심이 되어 작성하여 스탈린의 동의를 받아(1950.6) 남침 개시일을 6월 25일로 정하였다.

북한의 남침계획은 3단계로 이루어졌다. 첫 번째 단계에서는 서울지역을 점령하고, 두 번째 단계에서는 대전까지 점령하고, 세 번째 단계에서는 부산까지 완전히 점령한다는 것이었다. 남침계획을 세우면서 김일성과 스탈린은 미군이 한반도에 도착하기 전에 재빨리 전쟁을 종결짓기로 하였다. 즉 전면 공격으로 빠르게 서울을 점령하고 계속 남하하여 미군의 한반도에 상륙을 막아 2개월 내에 전쟁을 끝낸다는 것이었다.

전쟁대비가 없었던 대한민국

대한민국에서는 정부 수립 후 조선경비대를 모체로 국군을 창설하여 국방력 강화를 도모하였다. 그러나 좌익세력에 의한 유격전이 곳곳에서 벌어지고, 농지개혁과 귀속재산의 처리문제, 그리고 반민족 행위자 처벌 문제 등의 문제를 둘러싸고 대립과 갈등이 발생하여 정치·사회·경제적으로 안정을 찾지 못하였다.

특히 전쟁 발발 직전 국군 지휘부는 북한의 병력과 무기의 대규모 이동 정보를 받아들이지 않았다. 게다가 국군은 6월 초 사단장 등 지휘부의 대규모 인사이동을 단행하여 지휘체계가 불안정 상태였다. 또한, 6월 21일부로 경계 강화 조치를 해제하여 병력의 3분이 1가량이 외출이나 농번기 휴가를 나갔다. 전쟁에 대한 대비가 전혀 없었다.

설상가상으로 1949년 12월 미 국무장관 에치슨은 미국의 태평양 지역 방위선인 에치슨(1950년 1월 당시 미국 국무장관) 라인

Acheson Line을 발표했는데 그 선은 알래스카의 알류산열도에서 일본, 그리고 필리핀을 연결하는 선으로 대한민국은 미국의 방위대상에서 제외되었다. 결국 에치슨 선언은 김일성의 남침을 고무시킨 결과를 초래하였다.

김일성의 기습 남침

남한과 북한에 두 개의 정부가 수립된 후 38도선 부근에서는 군사적 충돌이 빈번히 발생하였다. 그런 가운데 북한의 김일성은 남침 준비를 마치고 위장평화 공세를 하였다. 1950년 6월 7일 북한은 '조국전선' 이름으로 〈남반부의 전체 정당·사회단체와 전체 인민에게 보내는 평화적 조국통일 제의 호소문〉을 발표하여 6월 17~19일에 개성 또는 해주에서 대표자회의 개최를 주장하였다. 그리고 6월 19일 북한최고인민회의 상임위원회는 〈북한의 최고인민위원회와 남한의 국회를 통합한 입법기관을 설치하여 통일 정부를 수립하자〉는 등의 성명서를 발표하였다. 이와 같이 거짓 평화공세를 전개하면서, 실제로는 병력을 38선 부근에 집결시켜 남침태세를 갖추었다.

1950년 6월 25일 비 내리는 일요일 새벽 4시 북한군은 선제타격작전계획에 따라 삼팔선 전 전선에 걸쳐 소련제 탱크 T-34를 앞세우고 10개 사단 18만 병력을 동원하여 불법 남침을 시작하였다. 김일성은 6월 25일 오후 1시 35분 평양방송을 통해 "남한이 이날 아침 옹진반도에서 해주로 북한을 공격하였다"고 주장하며, 북한은 그에 대한 반격이라며 남침을 은폐하였다.

한국군은 소련이 북한군에 공급한 T-34 탱크를 멈추게 할 무기도 전투기도 없었다. 용감한 국군 병사들의 육탄으로 막아보려 했으나 결국 3일 만에 서울을 빼앗기고 말았다. 정부는 물밀듯이 내려오는 북한군을 막아내지 못하자 서울을 포기하고 한강이남으로 후퇴한 후 한강을 폭파(6월 28일, 당시에는 제1한강교 하나만 있었음)하여 북한군의 진격을 저지하려고 하였다.

북한군은 기습 남침으로 서울을 점령한 후 진격을 멈추고 서울에서 3일 동안 지체하고 있었다. 그 덕분에 국군은 전열을 정비할 귀중한 시간을 얻었으며, 유엔군의 참전이 가능하였다. 개전 직후 평양과 모스크바 사이에 오간 전문내용에 의하면 북한군의 탄약 등 보급이 원활하지 않았고, 한국군의 전력이나 방어태세를 과소평가하여 준비를 제대로 하지 않았었다. 특히 보조공격부대가 춘천지역에서 국군의 저항에 밀려 서울을 점령한 주력부대와의 연계 작전이 늦어진 점이 가장 컸다. 여기에 더하여 김일성은 남로당 당수였던 박헌영이 주장한 대로 남한의 남로당원 30만 명이 그들을 지지하여 무장봉기할 것을 기대하였으나 그런 일은 일어나지 않았다.

국제전으로 확대된 전쟁

미국 현지시간 6월 24일(토), 휴가지에서 북한의 남침 사실을 보고받은 미 대통령 트루먼Harry S. Truman은 격노했다. 그는 "모든 수단을 동원해서 그들은 막아야 한다"고 말하였다. 그는 한국이 공산화 되면 일본이 위협을 받고, 세계 반공전선에서 미국의 신뢰가 떨어질 것을 우려했다. 그는 유엔 안전보장이사회의 소집을 지시했다. 유엔은 신속히 움직였다. 6월 25일(현지 시간) 유엔 안보리는 북한의 남침을 침략행위로 규정하고 38도선 이북으로 북한군의 퇴각을 요구했다. 북한이 이를 무시하자 6월 27일 유엔군 파병을 결의했다. 이것은 대한민국이 유엔 결의로 태어난 국가였기 때문이었다. 유엔에 의해 성립한 나라를 침략하는 것은 유엔을 침략하는 것과 마찬가지라고 본 것이다. 7월 초 유엔군을 지휘할 통합군사령부가 설치되고 맥아더가 유엔군 사령관에 임명되었다.

6·25남침 전쟁이 민족 내부의 전쟁에서 국제전으로 바뀐 유엔군의 참전은 역설적으로 소련의 태도 때문에 가능하였다. 유엔군의 파견은 안전보장이사회의 상임이사국인 미국·영국·프랑스·중국·소련 중 어느 한 나라가 거부권을 행사하면 불가능한 일이다. 그러나 소련은 안전보장이사회에 불참하여 미국이 주장한 유엔군 파견 안에 거부권을 행사하지 않았다. 그 이유는 스탈린의 세계전략에 따른 것으로, 미국을 한국전에 참전시켜 중국과 대결하게 하여 아시아에 묶어둠으로써 유럽에서 소련의 세력을 확대하려고 한 것이었다.

미국은 유엔군 파견과 별도로 남침 개시 다음 날인 6월 26일부터 일본에 주둔 중인 미 공군과 해군을 투입하였다. 6월 29일에는 맥아더 장군이 한강 남안 영등포에 와서 전선을 시찰하고 북한군의 남진을 저지할 방안을 모색하였다.

미군 지상부대가 7월 1일 부산에 상륙한 이후 7월 5일 미 24사단 스미스 중대가 오산 부근에서 북한군과 교전하였으나 패배하였다. 7월 8일 한·미 협정으로 한국군 작전권을 이양받은 유엔군은 지연 작전을 펴면서 북한군을 남한 깊숙이 끌어들였다가 반격으로 전환한다는 전략계획을 세웠다. 한강이 1차 방어선, 2차가 금강, 3차가 낙동강이었다.

7월 19일 투르먼 대통령은 한국 상황에 대한 TV 연설을 하였다. "수천 마일 떨어진 나라 한국에서 지금 벌어지는 사태는 모든 미국인에게 중요합니다. 공산주의 세력이 한국을 침략했다는 사실은 세계 다른 지역에서도 비슷한 공격 행동이 있을 것이라는 경고입니다."

그리고 그는 "이 전쟁은 스탈린이 일으킨 전쟁입니다. 한반도에서 전쟁을 한 번 일으켜 보고 서방 진영이 어떻게 대응하느냐, 서방의 의지와 태도를 테스트해 보기 위해 일으킨 전쟁입니다."

낙동강 전선 사수

한바탕 전투를 치르고 나면 부대원의 30~40%가 사라졌다. 이들은 신병으로 교체되었다. 나중에는 분대장이 자신에게 배치된 분대원의 얼굴과 이름도 모른 체 전투에 나서는 지경에 이르렀다.

군적도 없이 죽어간 무명용사들, 그들이 오늘날의 대한민국을 떠받혀 주었다.

- 백선엽(1920~2020) 장군의 회고록 중에서

국군과 유엔군은 8월 초에서 9월 중순까지 낙동강 전선(마산, 대구, 영덕을 연결하는 방어선)에서 혈전을 계속했다.

한국군과 유엔군은 낙동강 방어선이 무너지면 모든 것이 끝난다는 각오로 결사항전으로 맞섬으로써 상호 간에 엄청난 피해가 발생하였다. 제공권을 완전히 장악한 미군은 북한군에 맹폭을 퍼부었으며, 지상에서는 국군과 유엔군이 북한군을 저지하였다.

특히 대구로 통하는 전술적 요지인 대구 북방 22km 지점인 칠곡군 다부동[13]에서는 55일간 치열한 전투가 벌어졌다. 고지를 10여 차례나 뺏고 빼앗기면서 북한군 2만 4천여 명, 국군과 유엔군 1만여 명의 사상자가 나온 전투에서 백선엽 장군이 지휘하는 국군 1사단은 북한군의 필사적인 공격을 저지하고 대구를 사수하는 데 크게 기여했다. 당시 백선엽 장군은 부대의 맨 앞에 서서 "내가 물러서면 나를 사살하라"고 외치며 독려하였다.

「백선엽 장군의 회고록」은 당시의 상황에 대하여 "전선의 상

---

13) 다부동: 경북 칠곡군 가산면 호국로 1486 다부동전적기념관

황이 하도 급해 학도병 등으로 신병을 받아도 이들을 제대로 훈련시킬 여유가 없었다. 이들은 겨우 3~4시간 동안 기본적인 소총 사격훈련과 수류탄 투척 요령만 겨우 습득한 뒤 곧바로 전선에 투입되었다. 희생자는 계속 늘었고 '고문관'으로 불리는 신병들이 계속 도착했다. 한바탕 전투를 치르고 나면 부대원의 30~40%가 사라졌다. 이들은 신병으로 교체되었다."

다음 글은 1950년 8월 11일의 포항여자중학교(현, 포항여자고등학교) 전투에서 전사한 동성중학교 3학년 이우근 학도병의 품속에서 발견된 편지이다. '학도병의 편지', '부치지 못한 편지'라는 제목으로도 알려져 있다.

어머니께 보내는 편지

어머님!
나는 사람을 죽였습니다.
그것도 돌담 하나를 사이에 두고, 10여 명은 될 것입니다.
저는 2명의 특공대원과 함께 수류탄이라는 무서운 폭발 무기를 던져 일순간에 죽이고 말았습니다.
수류탄의 폭음은 저의 고막을 찢어 놓고 말았습니다.
지금 이 글을 쓰고 있는 순간에도
제 귓속은 무서운 굉음으로 가득 차 있습니다.

어머님,
괴뢰군의 다리가 떨어져 나가고, 팔이 떨어져 나갔습니다.

너무나 가혹한 죽음이었습니다.
아무리 적이지만 그들도 사람이라고 생각하니
더욱이 같은 언어와 같은 피를 나눈 동족이라고 생각하니
가슴이 답답하고 무겁습니다.

어머님!
전쟁은 왜 해야 하나요.
이 복잡하고 괴로운 심정을 어머님께 알려드려야
내 마음이 가라앉을 것 같습니다.
저는 무서운 생각이 듭니다.
지금 저 옆에는 수많은 학우들이 죽음을 기다리고 있는 듯,
적이 덤벼들 것을 기다리며 뜨거운 햇볕 아래 엎디어 있습니다.
저도 그렇게 엎디어 이 글을 씁니다.
괴뢰군은 지금 침묵을 지키고 있습니다.
언제 다시 덤벼들지 모릅니다.
저희들 앞에 도사리고 있는 괴뢰군 수는 너무나 많습니다.
저희들은 겨우 71명 뿐입니다.
이제 어떻게 될 것인가를 생각하면 무섭습니다.
어머님과 대화를 나누고 있으니까 조금은 마음이
진정되는 것 같습니다.

어머님!
어서 전쟁이 끝나고 '어머니이!' 하고 부르며
어머님 품에 덜썩 안기고 싶습니다.
어제 저는 내복을 제 손으로 빨아 입었습니다.

비눗내 나는 청결한 내복을 입으면서 저는 한 가지 생각을 했던 것입니다.
어머님이 빨아주시던 백옥 같은 내복과
제가 빨아 입은 그다지 청결하지 못한 내복의 의미를 말입니다.
그런데. 어머님, 저는 그 내복을 갈아입으면서,
왜 수의를 문득 생각했는지 모릅니다.

어머님!
어쩌면 제가 오늘 죽을지도 모릅니다.
저 많은 적들이 저희들을 살려두고
그냥은 물러갈 것 같지가 않으니까 말입니다.
어머님, 죽음이 무서운 것은 결코 아닙니다.
어머니랑, 형제들도 다시 한번 못 만나고 죽을 생각하니,
죽음이 약간 두렵다는 말입니다.
허지만 저는 살아가겠습니다.
꼭 살아서 돌아가겠습니다.
왜 제가 죽습니까,
제가 아니고 제 좌우에 엎디어 있는 학우가
제 대신 죽고 저만 살아가겠다는 것은 절대로 아닙니다.
천주님은 저희 어린 학도들을 불쌍히 여기실 것입니다.

어머님 이제 겨우 마음이 안정이 되는군요.
어머니, 저는 꼭 살아서 다시 어머님 곁으로 달려가겠습니다.
웬일인지 문득 상추쌈을 재검스럽게 먹고 싶습니다.
그리고 옹달샘의 이가 시리도록 차거운 냉수를
벌컥벌컥 한없이 들이키고 싶습니다.

어머님!
놈들이 다시 다가 오는 것 같습니다.
다시 또 쓰겠습니다.
어머니 안녕! 안녕!
아뿔싸 안녕이 아닙니다.
다시 쓸 테니까요…
그럼… 이따가 또……　　　　　　　　　　– 이 우 근

그 동안 유엔 참전 지원국 16개국의 육·해·공군이 작전지역에 도착하고 5개국의 의료지원과 그 외에 39개 나라에서 물자지원이 계속되었다. 그리고 미 지상군도 3개 사단 2개 연대 규모로 증강되었다. 유엔군의 해군과 공군 참전으로 북한군은 제공권과 제해권을 상실하게 되었으며 낙동강 전선에서의 아군의 강력한 저항으로 부산까지 점령하여 한반도를 공산화 하려던 계획은 일단 저지되었다.

인천 상륙작전의 성공과 삼팔선 돌파

낙동강 방어에 성공한 유엔군은 전쟁 상황을 반전시키기 위하여 인천 상륙작전을 준비하였다. 1950년 9월 15일 유엔군 사령관 맥아더 장군의 지휘 아래 미 해병 제1사단과 미 보병 제7사단, 그리고 한국 해병 제1연대, 육군 17연대 병사들이 투입되었다.

공중과 해상 포격으로 적의 방어망을 와해시킨 유엔군과 한국군이 인천 상륙작전에 성공함으로써 적의 허리를 차단하여 전쟁 상황을 반전시키는 계기를 마련하였다. 인천 상륙작전의 성공에 이은 낙동강 전선에서의 반격작전으로 북한군의 전의는 거의 상실되었으며 9월 28일 수도 서울을 다시 찾음으로써 전장의 주도권을 장악하게 되었다.

북한은 점령지에서 인력 및 물자를 동원하기 위해 의용군 징집, 수송단 편성, 부역제도 등을 실시하고 식량 징발 및 군복징발 등을 강제하여 전쟁에 의한 피해로 어려움에 처한 국민들의 생활을 더욱 궁핍하게 하였다. 더욱이 정치보위부와 내무서 등의 공권력을 동원하여 주민 생활을 통제하였다. 특히 인민재판을 통해 친일파, 친미파, 민족반역자, 악덕 지주, 자본가 등의 명목으로 남한의 주요 인사들을 체포·구금·즉결처분 등을 하는 한편, 활용 가치가 있는 주요 인사들은 대거 납북하였다.

전우의 시체를 넘고 넘어 앞으로 앞으로
낙동강아 잘 있거라 우리는 전진한다
원한이야 피에 맺힌 적군을 무찌르고서
꽃잎처럼 떨어져 간 전우야 잘 자라

우거진 수풀을 헤치면서 앞으로 앞으로
추풍령아 잘 있거라 우리는 돌진한다
달빛 어린 고개에서 마지막 나누어 먹던
화랑 담배 연기 속에 사라진 전우야

고개를 넘어서 물을 건너 앞으로 앞으로
한강수야 잘 있더냐 우리는 돌아왔다
들국화도 송이송이 피어나 반기어 주는
노들강변 언덕 위에 잠들은 전우야

터지는 포탄을 무릅쓰고 앞으로 앞으로
우리들이 가는 곳에 삼팔선 무너진다
흙이 묻은 철갑모를 손으로 어루만지니
떠 오른다 네 얼굴이 꽃같이 별같이

- 군가 <전우야 잘 자라>
(작사: 유호, 작곡: 박시춘, 노래: 현인)

서울을 수복한 국군과 유엔군은 38선을 넘어 북진할 것인가를 두고 고심하였다. 이승만 대통령은 북한의 남침으로 38선은 없어졌으며, 이 기회에 북한 정권을 몰아내야 한다고 결심했다. 이승만은 9월 말 대구의 육군본부에서 한국군 지휘관 회의를 소집하고 한국군 최고통수권자로서 북진 명령을 내렸다. 그에 따라 10월 1일 강릉 방면의 국군 제3사단이 최초로 38선을 돌파했다. 10월 7일에는 유엔군의 38선을 넘었고, 그 후 유엔총회가 이를 추인했다.

10월 19일에는 국군 1사단이 제일 먼저 평양에 입성하였다. 이후 계속 북진하여 한국군 제6사단은 압록강 변 평북 초산군楚山郡까지 진출하고 유엔군은 서부전선에서 신의주 남방, 동부전선은 청진까지 진출하여 통일을 눈앞에 둔 듯하였다.

중공군의 참전과 인해전술

중공군의 전술은 그냥 전술 하나, '인해전술'입니다.
얼마나 군인 숫자가 많았느냐면, 속설이지만
이런 말이 있습니다.
'무기 숫자보다 군인 숫자가 더 많았다'
그래서 3명 중 1명에게만 소총을 주고,
나머지 두 명에게는 피리와 꽹과리를 주었다는 게 아닙니까?

- [영화] 국제시장 1부, 6·25전쟁과 흥남철수의 대사

10월 1일 김일성은 다급하게 스탈린과 모택동에게 구원을 요청하였다. 김일성은 10월 12일 비밀리에 평양을 탈출하여 14일 평안남도 덕천으로 옮겼다가 19일 평안북도 대유동으로 옮겼으며, 그 후에도 미군의 폭격을 피해 압록강변을 돌아다녔다. 소련과 중국은 참전을 결정하였다.

모택동은 "입술이 없으면 이가 시리는(순망치한 脣亡齒寒) 것처럼 북한이 망하면 중국이 무너진다"고 하며 당초의 약속대로 군대를 보냈다. "스스로 북한을 돕기 위해 지원했다"는 조선의용군 이름으로 1950년 10월 19일 펑더화이彭德懷(팽덕회, 1898~1974)의 지휘 하에 압록강을 넘어 한반도로 진입하였다. 이때부터 적의 주력은 북한군이 아니라 중공군이었다. 한국군의 작전권이 유엔군에 넘어간 것처럼 북한군의 작전권도 사실상 중공군으로

넘어갔다. 중공군은 일본군과 그리고 중국 내전에서 국민당군과 싸우면서 전투력이 강해진 군대였다.

소련군도 1950년 11월부터 참전하였다. 소련은 공군을 보냈다. 스탈린은 미국과의 확전 가능성을 우려하여 소련 비행기를 중공 항공기처럼 꾸미고 조종사는 중공군 복장에 중국어를 쓰도록 교육받았다.

중공군은 한국군과 유엔군이 북한 깊숙이 들어오기를 기다리다가 11월 1일 평안북도 운산 일대에서 일제히 공격을 개시했다. 미처 대비하지 못했던 유엔군의 피해는 컸다. 평양을 거쳐 운산까지 진출했던 국군이 중공군의 포위 공격을 받았고, 압록강을 향해 진군하던 유엔군도 중공군의 인해전술로 악전고투했다.

한 많은 후퇴

중공군의 참전 가능성에 대해서는 많은 전문가들이 경고가 있었고, 실제로 참전 징후에 대한 정보 보고도 있었다. 그러나 맥아더 사령부는 참전 가능성을 부인하거나 참전하더라도 소규모일 것이라고 판단하고 계속해서 압록강 까지 진격하도록 명했다.

당시 맥아더가 예상했던 참전 중공군이 숫자는 8만에서 12만 사이라고 생각했으나 실제로는 60만 이상의 병력이 참전한 것으로 확인되었다. 따라서 '크리스마스 대공세' 즉 1950년 12월

25일까지는 한만韓滿 국경선까지 진격하여 전쟁을 종결하려 했던 맥아더의 구상은 대규모의 중공군 참전으로 좌절하게 되었다.

동북방면의 유엔군도 엄청난 수의 중공군과 맞닥뜨렸다. 북한의 임시수도 강계를 점령하기 위해 함경남도 장진군 장진호長津湖로 진출했던 미 해병 1사단은 10배나 되는 중공군 7개 사단의 포위 공격을 받았다. 11월 27일부터 12월 11일까지 15일간 영하 20~30도의 혹한 속에서 치른 장진호 전투에서 미 해병 1사단은 3천 명 이상의 전사자 등 사상 최악의 피해를 입었다.

동부전선의 미 제10군단과 한국군 제1군단은 이미 남쪽 원산 방면이 차단당했기 때문에 12월 23일까지 흥남에서 선박을 이용하여 철수하였다. 이때 자유를 찾는 북한 주민 10만여 명이 유엔군과 함께 탈출하였다. 서부전선의 미 제8군은 12월 4일 평양에서 철수하여 12월 말에는 38도선 부근까지 철수하였다.

눈보라가 휘날리는 바람 찬 흥남부두에
목을 놓아 불러보았다 찾아를 보았다
금순아 어디로 가고 길을 잃고 헤매었더냐
피눈물을 흘리면서 일사 이후 나 홀로 왔다

일가친척 없는 몸이 지금은 무엇을 하나
이 내 몸은 국제시장 장사치이다
금순아 보고싶구나 고향꿈도 그리워진다

영도다리 난간위에 초생달만 외로이 떴다

철의 장막 모진 설움 받고서 살아를 간들
천지 간에 너와 난데 변함 있으랴
금순아 굳세어 다오 남북 통일 그날이 되면
손을 잡고 울어 보자 얼싸 안고 춤도 춰보자

- 가요 <굳세어라 금순아>
(작사: 강사랑, 작곡: 박시춘, 노래: 현인)

조·중(북한과 중국) 연합군이 제3차 공세(1950.12.31~1951.1.8)를 개시하여 38선을 돌파하고 남진하자 한국군과 유엔군은 1951년 1월 4일 서울을 포기하고 평택–삼척선으로 후퇴를 결정함으로써 서울 시민은 다시 피난 보따리를 들고 얼어붙은 한강을 건너야 했다(1·4후퇴).

한강 이남으로 후퇴한 유엔군은 중공군의 4차 공세(1951.1.27~4.21)를 막아내고 중공군에게 많은 타격을 가하면서 작전의 주도권을 회복하여 여세를 몰아 3월 15일 서울을 다시 탈환하고 3월 말에는 38도 선까지 회복하였다. 중공군은 참전 후 최대 병력을 투입하고 소련으로부터 지원된 최대 규모의 장비를 동원하여 마지막 제5차 공세(1951.4.22~6.10)를 전개하였다. 그러나 유엔군의 막강한 화력 앞에 저지되었으며 유엔군은 반격작전을 계속하여 6월 15일 경에는 문산–철원–김화–화천–간성을 잇는 지역까지 진출하였다.

이후 유엔군이 유리한 상황에서 진격을 중단한 것은 전쟁 전의 원상 복구 상황에서 휴전을 모색하려는 미국의 정치적인 고려 때문이었다. 이즈음에 유엔군 사령부와 미국 정부 사이에 전쟁 확대론과 반대론이 대립하였다. 유엔군 사령관 맥아더는 중공군의 개입으로 전쟁이 새로운 국면으로 접어들게 되자 만주지방을 폭격하고 타이완의 장제스 군을 중국 남부지방에 상륙시켜 제2전선을 만들 것을 주장하였다.

그러나 이러한 주장에 영국 등 참전국이 반대하였고 미국의 트루먼 정부도 전쟁을 확대할 경우 소련의 개입으로 세계대전으로 확대될 것을 우려하여 맥아더를 유엔군 사령관에서 해임하고(1951.4.11) 휴전 교섭에 들어갔다.

3. 휴전회담休戰會談과 한미동맹

휴전회담

1951년 6월 3일 미국은 휴전을 위한 미·소 회담을 제의하였다. 이에 대응하여 조·중 연합국 측도 6월 23일 유엔 주재 소련 대사 말리크를 통해 휴전회담을 제의하고 미국이 이를 수용함으로써 1951년 7월 10일 개성에서 휴전회담이 시작되었다(유엔군, 한국군, 중공군, 북한군 대표).

휴전회담의 주 의제는 ① 비무장지대 설치를 위한 군사경계선 설정 문제 ② 휴전 감시기관 문제 ③ 포로 교환문제 등이었다. 당초 휴전회담은 6주 정도면 끝날 것으로 기대하였으나 회담은 처음부터 난항을 거듭하였고 의제마다 장기간 설전이 벌어졌다.

그 주된 이유는 중공군 측이 협상을 이용하여 손실을 보충함으로써 군사적 우위를 회복하려 한 것과 무엇보다 스탈린이 계속 정전을 반대하고 있었다(스탈린의 의도는 미국을 한국전쟁에 묶어둠으로써 다른 지역에 개입하는 것을 막는 데 있었음).

치열한 전투 속 수많은 인명 손실

회담과 전투 양면에서 팽팽한 대결이 유지되는 가운데 전쟁은 장기 소모전의 양상을 띠었다. 양 측은 별도의 합의가 없는 한 군사작전은 계속한다는 입장이었기 때문에 회담 기간 중에도 치열한 전투는 계속되었다. 국지전 속에 소모적인 전투가 계속되어 휴전협정이 체결될 때까지 피의 능선 고지 전투(강원도 양구 북방의 '피의 능선', 1951.8.17.~9.3), 단장의 능선 고지 전투(양구 북방의 산악지대, 1951.8.18~9.5), 펀치볼 전투(양구 해안단지, 1951.8.31~9.20), 백마고지 전투(강원도 철원군 395 백마고지, 1952.10.6~10.15), 저격능선 전투(김화 '저격능선 전투', 1952.10.14.~11.24) 등 수많은 고지 쟁탈전이 벌어졌다. 주요고지를 놓고 하루에도 몇 차례나 주인이 바뀌는 혈전을 벌여 그 과정에서 엄청난 인명 손실을 가져왔다.

나는 죽었노라. 스물다섯 젊은 나이에
대한민국의 아들로 숨을 마치었노라.
질식하는 구름과 원수가 밀려오는 조국의 산맥을 지키다가
드디어 드디어 숨지었노라.

내 손에는 범치 못할 총자루,
내 머리엔 깨지지 않을 철모가 씌워져
원수와 싸우기에 한 번도 비겁하지 않았노라.
그보다도 내 피 속엔 더 강한 대한의 혼이 소리쳐
달리었노라. 산과 골짜기, 무덤과 가시 숲을

이순신같이, 나폴레온같이, 시이저같이,
조국의 위험을 막기 위해 밤낮으로
앞으로 앞으로 진격! 진격!
원수를 밀어 가며 싸웠노라.
나는 더 가고 싶었노라. 저 머나먼 하늘까지
밀어서 밀어서 폭풍우같이
뻗어 가고 싶었노라.

- 1950년 8월 모윤숙의 시 <국군은 죽어서 말한다> 중에서

휴전선 문제가 오랜 줄다리기 끝에 드디어 타결되었다. 북한군과 중공군 측은 38도선을 경계로 휴전할 것을 주장하였으나 38도선 보다 다소 북진해 있던 유엔군 측이 양쪽의 대치선對峙線을 주장하여 결국 대치선으로 결정되었다. 두 번째 의제인 휴전 감시기관 문제는 유엔군 측이 추천한 스웨덴, 스위스와 북측이 추천한 폴란드, 체코슬로바키아 등 4개국으로 구성된 중립국 감시위원회를 설치하는데 합의하였다.

이승만 대통령의 반공포로 석방

휴전회담의 최대의 난관은 포로교환 문제였다. 유엔군 측이 제출한 북한군 및 중공군의 포로는 13만 247명이었고, 공산군 측이 제출한 한국군 및 유엔군 포로는 11,559명이었다. 그런데 북한군 포로 중에는 북한군이 점령한 38선 이남 지역에서 강제적으로 의용군으로 동원된 남한 사람들이 섞여 있었고 북한군이

나 중공군 중에서도 송환을 원하지 않는 사람들이 많았다.

이 때문에 유엔군 측은 포로 개개인의 자유의사에 따라 남한과 북한 그리고 중공과 타이완으로 갈 수 있도록 하자고 주장했다. 그러나 공산군 측은 모든 포로가 본국으로 돌아가야 한다고 주장하여 회담이 난항에 빠졌다. 그러던 중 미국에서 민주당의 트루먼 정권이 공화당의 아이젠하워 정권으로 교체되고, 소련에서 스탈린이 사망(1953.3.5)한 후 부상병 포로교환이 이루어지면서 휴전회담이 재개되어 포로 송환협정이 체결되었다(1953.4.20).

휴전회담 초기부터 휴전을 반대해 온 이승만 대통령은 이 나라를 분단하는 조건이 포함된 것은 어느 것도 받아들일 수 없다는 입장을 표명하면서 휴전 반대를 계속 주장했다. 북진통일의 기회가 무산된다고 생각하고 휴전회담에서 한국측 대표를 철수시켰다. 휴전회담을 반대하는 시위가 전국적으로 전개되고 미 대사관에 난입하는 사태도 발생하였다. 사실 이승만의 진짜 속내는 안전보장 없는 휴전을 반대한 것이다. 휴전 후 미군이 철수하면 또다시 소련·중국의 후원을 받은 북한의 침략위협 앞에 놓일 것이기 때문이었다.

이런 가운데 1953년 6월 18일 24시 한국 육군헌병대가 부산, 마산, 광주, 논산, 영천, 부평, 대구 등 각지의 포로수용소를 접수하여 반공포로 2만 7천 388명을 탈출시켰다. 이것이 유명한 반공포로 석방이다.

이승만 대통령의 독단적인 결정으로 반공포로를 석방하자, 미국 정부는 한국 정부의 독자적인 행동에 대해 심각한 우려를 표명하였다. 유엔군 사령관 클라크는 성명을 발표하여 한국 정부의 단독 행동임을 강조하고 수용소를 관리하는 미군들이 포로들의 탈출을 막기 위해 노력했으나 허사였다고 발표하였다.

이승만 대통령이 반공포로를 석방시킨 것은 반공포로를 공산진영으로 넘겨줄 수 없다는 이념적 측면, 반공통일에 대한 한국인의 의지, 외교적인 주도권의 장악, 휴전협상에서 전쟁 당사국인 한국의 주장이 전혀 참작되지 않는다는 점에 대한 국민적 분노, 반공포로들의 열망과 그들이 제출한 직·간접적인 탄원내용 등을 고려한 것이었다.

1953년 체결된 휴전협정에 따라 전쟁 포로 송환이 이루어졌으나, 수많은 국군 포로들이 송환대상에서 제외되어 오늘날 북한에 억류된 채 남아 있다. 6·25전쟁 국군 포로 문제는 국가가 국군 포로 송환에 필요한 모든 수단을 동원하여 반드시 해결되어야 할 사안이다. 그러나 역대 정부로부터 현 정부에 이르기까지 우리 정부는 국군 포로 문제를 해결하는 데 제대로 된 성과를 얻어내지 못했다. 가장 큰 이유는 북한 당국이 아예 국군 포로의 존재조차 인정하지 않고 있기 때문이다.

한·미상호방위조약 체결

휴전회담을 반대해 온 이승만 대통령이 반공포로를 석방하자 중공군 사령관 펑더화이는 이에 대한 보복으로 휴전회담 시작 이후 가장 강력한 공격 작전인 '7·13공세'를 취함으로써 휴전회담은 위기 국면을 맞기도 하였다.

이승만 대통령은 미국과의 대립으로 정치적 위기에 직면하였으나 유엔에 협조하여 휴전협정을 묵인하는 대가로 미국으로부터 한·미상호방위조약 체결과 군사·경제 원조, 한국군 증강지원 등의 약속을 받아냈다.

1953년 7월 27일 오전 10시 판문점에서 휴전협정이 조인되었다. 이로서 삼팔선은 248km의 휴전선으로 바뀌어 남북의 분단은 더욱 고착화 되었다.

휴전협정 후 한·미상호방위조약이 체결되어 한국의 안보태세가 강화되었다. 한·미상호방위조약은 1953년 10월 1일 미국 워싱턴에서 체결되었고, 1954년 11월 17일에 정식 발효되었다. 한·미안보조약이 체결됨으로서 대한민국은 비로소 외부적으로 안보를 튼튼히 할 수 있는 기반을 가지게 되었다.

인적·물적 피해

6·25전쟁으로 입은 인적, 물적 손실은 엄청났다. 인명 손실은 당시 남북한 인구 3천만의 5분의 1에 해당하는 6백만 명 이상이었다. 국군 사상자 및 실종자가 약 100만, 민간인도 거의 100만 명에 달하였다. 유엔군 사상자 및 실종자가 15만 명을 넘었으며 미군 사망자만도 약 3만5천 명에 이르렀다. 수십만 명의 전쟁고아와 미망인이 발생하였으며, 가족이 헤어진 이산가족이 1천만 명에 달했다. 주택과 학교, 공공시설, 도로, 철도, 교량 등 기간시설은 물론 공장 등 각종 산업시설이 파괴되었다. 물적 피해액은 당시 국민총생산액의 2년 치에 달했다.

북한 측도 많은 인적·물적 피해를 입었다. 전쟁기간 동안 북한군의 사상자 및 실종자는 60만을 넘었고, 인해전술로 밀어붙인 중공군의 피해는 92만 명에 달했다. 북한의 민간인 피해자는 2백만을 넘었고, 전쟁 전에는 남한보다 월등했던 공장 등 산업시설이 대부분 파괴되었다. 김일성의 공산당 집단이 공산 통일을 꾀한 것이 이러한 엄청난 재난을 우리 민족에게 가져왔다.

한편, 6·25전쟁은 대한민국의 국민의식을 형성하는 중요한 계기가 되었다. 1950년 여름 남한 주민은 공산 치하를 경험하면서 자유민주주의의 소중함을 몸으로 체득하였다. 북한의 점령 통치는 매우 가혹한 것이어서 해방 후 민주주의를 경험했던 남한 주민들의 원성과 증오를 낳았고 주민들로부터 외면을 당했다.

6·25전쟁의 성격과 의미

사랑하는 아들아, 언젠가는 너는 내가(한국으로) 떠나야 했던 이유를 물을 것이다. (중략)

너와 같은 어린 한국의 아이들이 길에서, 물속에서, 진흙 속에서, 눈 속에서 헤매지 않도록 하기 위해 아버지는 여기에 왔다.

- 프랑스군을 이끌고 참전했던 몽클라르 장군[14]이
생후 11개월 된 아들에게 보낸 편지의 일부(1950.11.23)

6·25전쟁은 국제적인 냉전체제와 국내적인 좌우 대립의 복잡한 정치적 갈등 속에서 전개되었기 때문에 그 성격도 다양한 측면을 내포하고 있다.

6·25전쟁은 북한의 김일성 정권이 한반도를 무력으로 통일하려는 목적에서 시작하였다는 점에서 민족 내전이라고 할 수 있다. 또한, 이 전쟁은 전쟁 준비 과정부터 전쟁 개시, 전개에 이르기까지 소련의 지원과 승인하에 이루어졌으며, 유엔군과 중공군이 참전한 후에는 민주진영의 한국군 및 유엔군과 조·중 연합군을 앞세운 공산 진영 간의 국제전이기도 했다.

유엔 참전 국가들은 대부분 자국 주변에서 세력을 확장하는

14) 랄프 몽클라르 장군(1892~1964): 6·25전쟁에서 싸우고자 4성 장군에서 중령으로 계급을 낮춰 참전, '지평리전투'에서 중공군 격퇴를 이끈 랄프 몽클라르 프랑스 장군 유족에게 조선시대 지휘봉('등채')이 전달되었다.

공산주의에 위협을 느끼고 한국에서의 공산주의의 침략을 분쇄하는 것이 공산주의의 확산을 막는 길이라고 믿는 나라들이었다. 영국·프랑스·네덜란드·벨기에·룩셈부르크는 북대서양조약기구NATO의 회원국으로서 소련의 유럽 지배에 대한 경계심을 갖고 있었으며, 미국을 도와 아시아에서 공산주의와 싸우는 것이 미국과 함께 유럽을 지키는 길이라고 믿는 나라들이었다.

미국의 인접국이자 나토의 일원이었던 캐나다는 북한의 남침 배후에 소련이 있음을 간파하고 유엔의 공동노력으로 공산주의의 확산을 저지하고자 참전하였다. 터키와 그리스는 다다넬스Dardanelles 해협과 발칸 반도Balkan Pen.[15]에서 공산주의의 위협을 받고 있는 나라였다. 터키는 소련 및 그 위성 국가들과 국경을 맞대고 그들의 침략 위험에 직면하고 있었으며, 그리스는 소련의 지원을 받는 공산주의 세력과 내전을 치르고 있었다.

필리핀과 태국은 지리적 위치로 인해 공산주의의 팽창을 크게 두려워하고 있었다. 더욱이 중국 대륙이 공산화되고 베트남에 공산주의 정권이 수립되어 두 나라에 큰 위협이 되고 있었다. 호주와 뉴질랜드는 중국이 공산화된 후 동남아시아에서 공산주의의 확대를 우려하고 유엔의 깃발 아래 한국에서 공산주의와 싸우는 것이 앞으로 동남아시아의 공산주의 팽창을 막는 예방전쟁이라고 생각하였다.

---

15) 발칸 반도: 유럽 남부, 지중해 동부에 돌출한 3각형의 반도. 동부 유럽과 중남부 유럽, 중동과 아시아를 잇는 관문 역할을 하는 곳.

아프리카의 에티오피아는 제1차 세계대전 후 이탈리아의 침략을 받은 나라이다. 당시 국제연맹이 이를 저지하지 못한 역사적 경험에서 유엔의 강력한 집단행동으로 불법 침략을 저지하여 국제평화를 유지해야 한다는 결의하에 참전하였다. 남아메리카의 콜롬비아, 아프리카의 남아프리카 공화국도 유엔의 평화 활동과 미국을 지원하기 위해 지구 반대편에서 참전하였던 것이다.

이렇듯 전투부대를 파견한 16개국과 의무지원 부대를 파견한 5개국은 유엔 창설 이래 처음으로 유엔의 깃발 아래 자유와 평화를 수호하기 위해 전쟁에 참전하였다. 따라서 6·25전쟁은 한반도를 무대로 한 국제전이며 공산주의와 자유민주주의의 이념 전쟁이며 유엔의 창설목적인 평화유지를 위한 전쟁이었다.

*전투병 파병(16개 국)

군별 / 국가	육군	해군	공군
미국	○	○	○
영국	○	○	
호주	○	○	○
캐나다	○	○	○
네덜란드	○	○	
프랑스	○	○	
뉴질랜드	○	○	
필리핀	○		
남아공			○
터키	○		
태국	○	○	○
그리스	○		○
벨기에	○		
룩셈부르크	○		
에티오피아	○		
콜럼비아	○	○	

＊ 의료 지원국(5개 국)

스웨덴, 인도, 덴마크, 노르웨이, 이탈리아.

＊ 물자지원국(39개 국)

과테말라, 미얀마, 이스라엘, 우루과이, 코스타리카, 도미니카, 베네수엘라, 이란, 온두라스, 파나마, 서독, 월남 임시중앙정부(베트남), 이집트, 엘살바도르, 파라과이, 라이베리아, 사우디아라비아, 인도네시아, 자메이카, 파키스탄, 리히텐슈타인, 시리아, 일본, 대만, 페루, 레바논, 스위스, 아이티, 칠레, 헝가리, 모나코, 아르헨티나, 에콰도르, 쿠바, 교황청, 멕시코, 아이슬란드, 오스트리아, 캄보디아.

Ⅷ

제1차 세계대전 - 러시아 공산혁명과 제2차 세계대전의 원인 제공

유럽 열강들은 19세기 산업혁명으로 경제적 성장을 이룬 후 상품시장, 원료확보, 축적된 자본의 투자시장을 확보하기 위해 식민지 경쟁을 벌임으로써 제국주의 시대에 돌입하였다.

제국주의적 경쟁은 화약고였던 발칸반도의 한 도시인 사라예보에서의 총성이 도화선이 되어 독일·오스트리아 등 동맹국과 영국·프랑스·러시아 미국 등 연합국 간의 전쟁으로 확대됨으로써 제1차 세계대전으로 비화 되었다.

영·일 동맹을 근거로 전쟁에 뛰어든 일본은 종전 후 국제연맹의 상임이사국이 되는 등 아시아의 강국으로 부상하고 만주·중국으로 진출할 수 있는 발판을 마련함으로써, 중·일 전쟁과 제2차 세계대전으로 이어지는 길로 들어서게 되었다

제1차 세계대전은 러시아의 공산혁명을 초래하였고, 또한 독일에 히틀러의 나치즘 출현, 이탈리아에 무솔리니의 파시즘 정권 탄생, 그리고 일본의 국가주의를 강화시켜 제2차 세계대전을 일으키는 원인을 제공하였다.

1. 제1차 세계대전의 배경과 원인

유럽 열강들은 대부분 고도의 산업혁명과 경제성장을 이루고 난 뒤 그 성장의 배출구를 해외에서 찾으며 식민지 쟁탈전을 벌였다.

기본적으로 자국의 이익을 최대로 추구하고자 하는 민족주의적 감정은 각국의 식민지 확장정책인 이른바 제국주의 정책에 최대의 지지를 보냈다. 사상적으로도 찰스 다윈Charles Darwin(1809~1882)의 《종의 기원》에 영향을 받아 '약육강식', '적자생존', '사회진화론' 등 매우 공격적인 주장들이 판을 치던 시대였다.

비스마르크 체제와 3국동맹

19세기 유럽 강대국들은 유럽 전역에서 힘의 균형을 유지하기 위해 많은 노력을 기울였다. 특히 1871년 프랑스와 싸워 이김으로서 독일 통일의 과업을 달성한 독일 총리 비스마르크Bismarck(1815~1898)는 유럽의 현상 유지와 숙적 프랑스의 고립을 외교정책의 근간으로 삼았다.

유럽의 국제관계를 좌우하고 유지한 비스마르크체제는 1873년 독일·오스트리아·러시아 등이 3제협약三帝協約으로 출발했다. 이 협약은 구체적인 뚜렷한 내용을 가지는 것은 아니었고 막연하게 각국의 혁명운동에 대한 군주들 사이의 유대강화를 강조한 것이었으나 주된 목적은 프랑스를 고립시키는데 있었다.

러시아-투르크 전쟁의 결과 체결된 산스테파노 조약(1878)[16]으로 러시아의 세력이 크게 발칸반도 방향으로 진출하게 되었다. 러시아의 발칸반도 진출은 이 지역에 깊은 이해관계를 가진 오스트리아와 영국의 불만을 초래하였다. 이러한 사태에 직면하여 비스마르크는 새로운 분쟁의 발생을 피하기 위해 조정에 나섰다. 1878년 그의 주도하에 열린 베를린 회의에서의 조정의 결과는 러시아를 억제하고 오스트리아와 영국에 유리한 것이었다. 그리하여 러시아는 독일과 멀어지고 오스트리아와 독일이 접근하게 되었다. 그 결과로 1879년 독일과 오스트리아는 군사적인 성격을 가진 비밀동맹을 맺게 되었다.

1881년 튀니지의 원주민이 알제리아를 침입한 사건을 계기로 프랑스가 튀니지를 보호국으로 삼자 이 지역에 눈독을 들이고 있던 이탈리아의 분노가 컸다. 그리하여 이탈리아는 독일에 접근하게 되고, 비스마르크는 이를 이용하여 1882년 독일 제국, 오스트리아-헝가리 제국, 이탈리아 사이에 3국동맹Triple Alliance을 맺었다.

16) 산스테파노 조약: 1878.3.3. 러시아제국과 오스만제국 양국이 산스테파노(현, 이스탐불 서쪽의 예실키)에서 체결한 평화조약.

3국협상의 성립과 3국동맹과의 대립

1890년 비스마르크가 실각하고 독일 황제 빌헬름 2세(재위 1888~1918)가 직접 외교정책을 지휘하게 되자 비스마르크체제는 무너지고 유럽의 국제관계는 새로운 단계로 접어들게 되었다.

3제동맹三帝同盟[17]이 1887년 만기가 되었을 때 러시아와 오스트리아의 대립으로 동맹이 갱신되지 않았다. 그러나 러시아와의 친선관계 유지를 희망한 비스마르크는 러시아와 재보장조약 Reinsurance Treaty(1887.6.18)을 체결했다. 1890년 이 조약이 만기가 되었을 때 러시아는 갱신을 열망했으나 비스마르크 실각 후 빌헬름 2세는 이를 거부했다. 그 결과 비스마르크가 꺼리던 러시아와 프랑스의 제휴가 나타나게 되었다. 국제적 고립에 고민하던 프랑스는 1891년 러시아와 정치협정을 체결하고, 그것은 다시 1892년에 군사협정으로 발전함으로써 이를 토대로 1894년 프랑스·러시아 동맹이 성립했다.

프랑스·러시아 동맹의 성립은 유럽의 국제관계가 새로운 위험단계로 접어들었음을 예견케 하는 것이었다. 그러나 그것이 당장 독일과 러시아 또는 프랑스와의 긴장 관계를 가져오지는 않았는데 그것은 이들 3국이 저마다 제국주의 정책으로 영국과 복잡한 이해관계로 얽혀 있었기 때문이었다.

17) 3제동맹: 1873년 10월 비스마르크 중재로 체결한 독일·오스트리아·러시아 3제국의 동맹.

영국은 그 동안 '명예로운 고립Splendid Isolation'과 대독일 친선관계를 유지해 왔다. 그러나 이제 그러한 외교정책을 변경해야할 상황이 조성되고 있었다. 그 첫째는 열강의 군사적· 경제적 발전으로 영국의 절대적 우위가 더 이상 유지될 수 없게 되었다는 점이요, 둘째는 독일의 빌헬름 2세의 적극적인 제국주의 정책, 즉 세계정책의 추진과 이를 위한 군비 확장 정책이었다. 특히 영국이 크게 자극받은 것은 독일이 해군법 제정으로서(1898), 이는 영국이 가장 중시하는 자국이 우월한 해군력에 대한 독일의 도전을 의미하는 것이었고, 이후 양국이 치열한 건함建艦경쟁을 벌이게 되었다.

고립주의를 버리게 된 영국은 러시아의 아시아 진출에 대처하기 위해 1902년 영·일 동맹을 맺고, 다시 독일에 대처하기 위해 프랑스에 접근하여 1904년에 영국-프랑스 협상Entente Cordiale(앙탕트 코르디알)을 성립시켰다. 때마침 러·일 전쟁이 일어나자 러시아와 일본 중의 하나와 각각 동맹을 맺고 있던 프랑스와 영국은 서로 이에 개입하지 않기로 약속하고, 프랑스가 이집트에서의 영국의 우월적 지위를 인정하는 대신 프랑스의 모로코 정책에 대한 지지를 약속했다.

이제 남은 과제는 영국과 러시아의 관계였다. 영국은 러시아가 러·일 전쟁(1904~1905, 한반도에서의 패권을 차기하기 위한 전쟁)에서 패함으로써 큰 위협이 되지 않는다고 판단하고 러시아에 접근하여 1907년 영국·러시아 협상이 성립되었다. 이 협상으로 그 동안 양국 간에 누적된 문제를 해결하였다. 이에 따라 페르시아(지금의 이란)의 북부를 러시아가, 남부를 영국의 세력범위로 하고 아프가니스탄을 영국의 세력범위로 인정하는 대신 러시아는 발칸 방면으로의 진출에 대해 영국의 양해를 얻게 되었다.

이 영국·러시아 협상은 이보다 앞서 맺어진 프랑스·러시아 동맹과 영국·프랑스 협상과 결합함으로써 사실상 영국·프랑스·러시아 3국협상三國協商Triple Entente이 성립되었다. 이는 유럽의 국제관계와 세력 균형에 결정적인 중요성을 갖는 것이었다. 즉, 3국협상은 독일을 중심으로 한 3국동맹三國同盟[18]에 대항하는 것으로서, 이제 유럽의 강대국들은 양대 진영으로 갈라져 긴장이 날로 고조되어 갔다. 동맹 측과 협상 측의 어느 단일국가들 간에 일어나는 소규모 전쟁이라도 나머지 국가들을 끌어들여 대규모 전쟁을 유발할 위험성을 지니게 된 것이다.

군비경쟁과 국제적 긴장의 심화

유럽의 국제적 긴장을 고조시킨 가장 중요한 요인은 비스마르크의 실각 후 독일의 적극적인 세계정책의 추진과 이를 위한 군비확장이었다. 독일은 비스마르크 시대에도 다른 유럽 열강의 뒤를 따라 아프리카와 태평양 그리고 중국 등으로 진출했다. 그

18) 3국동맹: 1882~1915년까지 체결된 독일, 오스트리아, 이탈리아 3국간 방어 비밀동맹.

러나 그것은 열강들의 세계 분할에 한몫 끼자는 것이지 열강의 어느 세력권이나 기득권에 대한 도전은 아니었다. 그러나 빌헬름 2세의 세계정책은 기존 세력권이나 기득권을 무시하고 파고드는 도전적인 것이었고, 따라서 분쟁을 일으킬 가능성이 매우 컸다.

빌헬름 2세는 열강들의 세계 분할이 거의 끝난 1900년 경에 약체임이 드러나고 있는 투르크에 큰 관심을 가지고 있었다. 그는 직접 그곳을 방문하여 비잔티움(지금의 이스탄불)과 바그다드 간의 철도부설권을 따내고 이를 베를린과 연결하는 이른바 3B 정책[19]을 추진하려 했다.

이러한 독일의 서아시아로의 진출정책은 영국의 케이프 식민지와 카이로, 그리고 인도의 캘커타를 연결하는 3C정책[20]과 정면으로 충돌할 뿐만 아니라, 러시아의 투르크 및 지중해로의 진출정책과도 정면으로 대립하는 것이었다. 유럽의 국제적 불안을 세계대전으로까지 몰고 간 가장 중요한 요인의 하나는 바로 여기에 있었고, 장기간 대립해 오던 영국과 러시아가 타협을 모색

---

19) 3B정책: 베를린, 바그다드, 비잔틴을 연결하는 철도 부설과 그 주변의 개발을 목표로 한, 19세기 말에서 제1차 세계대전 때까지 유지된 독일의 제국주의 정책. 세 도시의 머리 글자가 모두 B로 시작하기에 3B정책이라 한다.

20) 3C정책: 영국이 19세기 말에서 20세기 초, 남아프리카의 케이프타운Cape town, 이집트의 카이도Cairo, 인도의 콜카타Calcutta를 연결하여 추진한 제국주의 정책으로, 세 도시 앞 글자가 모두 C여서, 3C정책이라 함.

하고 협상을 맺은 것도 여기에 있었다.

한편, 아프리카 서북부의 모로코에는 프랑스의 세력이 침투하고 있었으나 20세기에 들어와서도 아직 완전히 그 지배 아래 들어가지는 않고 있었다. 프랑스는 영국·프랑스 협상을 통해 이곳에서의 우월한 지위와 영국의 지원을 약속받았다. 바로 그 협상이 맺어진 다음 해인 1905년에 독일의 빌헬름 2세는 돌연 모로코의 탕헤르Tanger항에 상륙하여 모로코의 영토 보전과 문호개방을 요청했다(제1차 모로코 사건). 이 사건은 열강에 큰 충격을 주었으며 다음해 국제회의에서 프랑스는 영국 등의 지원으로 모로코에서의 우월한 지위를 확인받고 고립된 독일이 물러섬으로 사태는 일단락되었다. 하지만 이 사건은 한때 전쟁의 발발을 예상케 하는 위기감이 감돌았다.

독일이 모로코에서 물러서기는 했지만 완전히 단념한 것은 아니었다. 1911년 봄 모로코에서 내란이 발생하여 프랑스가 이를 진압하기 위해 출병하자 독일은 군함을 아가디르Agadir(아가디르주의 주도)에 파견하여 프랑스를 위협함으로써 다시 프랑스와 독일의 관계는 전쟁 직전까지 치달았다(제2차 모로코 사건). 그러나 이번에도 영국이 강력하게 프랑스를 지지했기 때문에 독일이 양보하고 프랑스는 모로코를 보호령으로 삼았다.

발칸 분쟁의 격화

제2차 모로코 사건을 전·후하여 분쟁의 무대는 '유럽의 화약고'라고도 불리는 발칸 방면으로 이동했다. 1908년 투르크의 정치적 혼란을 틈타 오스트리아는 베를린조약에 의해 관리하고 있던 보스니아와 헤르체고비나를 합병했다. 이 지역은 전부터 세르비아Serbia(수도: 베오그라드)가 범凡슬라브주의의 일환인 대大세르비아주의를 실현하기 위해 영유를 갈망해온 곳이었기 때문에 오스트리아의 이러한 조치는 세르비아의 오스트리아에 대한 증오를 격화시켰다.

한편 제1차 모로코 사건 때 3국동맹에 반대하여 프랑스를 지지했던 이탈리아는 제2차 모로코 사건에 열강의 관심이 쏠려 있는 틈을 타서 1911년 투르크 지배하에 있던 트리폴리Tripoli를 점령하였다.

투르크의 약화와 정치적 혼란을 이용한 것은 이탈리아만이 아니었다. 불가리아, 세르비아, 그리스, 몬테네그로는 이탈리아-투르크 전쟁 중에 발칸 동맹을 결성하고, 투르크에 싸움을 걸어 제1차 발칸전쟁이 일어났다(1912). 전쟁에서 패배한 투르크는 런던조약에서 이스탄불 주변의 땅을 제외한 유럽대륙 내의 영토와 크레타섬을 동맹국들에 양도했다(1913).

그러나 새로 획득한 영토의 분배과정에서 불가리아의 소유가 과다하다 하여 제2차 발칸전쟁이 일어났다. 고립된 불가리아는 대패하고 부카레스트Bucharest조약으로 그리스는 크레타를 비롯한 에게해의 여러 섬과 마케도니아의 일부를 얻고, 세르비아와 루마니아도 영토를 확장했다. 이 때 세르비아는 알바니아를 병합하여 아드리아 해로의 출구를 얻으려 했으나 오스트리아의 반대로 뜻을 이루지 못했다. 이리하여 오스트리아에 대한 세르비아의 반감은 더욱 커졌다.

이와 같이 열강의 제국주의적인 정책의 추구로 국제적인 긴장이 고조되어 각국이 군비 확장에 열중하는 가운데 전쟁이 일어날 위험은 도처에 잠재해 있었다.

2. 제1차 세계대전의 전개

전 세계로 전장이 넓어짐과 동시에 총력전의 양상을 띤 최초의 전쟁이기 때문에 세계대전이란 이름이 붙었다.

지금도 'The Great War'는 제1차 세계대전을 가리키는 고유명사다. 전 계층이 전쟁에 참가하였으므로 인민전쟁People's War이라고도 한다.

이 전쟁에 참가한 국가들 대부분이 제국주의 국가라는 것을 지적해 제국주의 국가들의 전쟁이라는 제국전쟁Imperial War이라고도 부른다.

유럽의 화약고, 발칸반도와 사라예보의 총성

"지금의 유럽은 화약고이고, 지도자들은 무기고 위에서 담배를 피우고 있을 뿐이야. 작은 불씨 하나가 우리 모두를 집어삼킬 전쟁을 일으킬 거야. 언제 그 폭발이 일어날지는 모르겠지만, 어디서 일어날지는 말해줄 수 있지. 발칸에서 벌어질 저주받을 바보짓이 그 폭발을 일으킬 거야."

- 독일제국 총리 비스마르크

발칸 반도Balkan Peninsula는 유럽의 남동부에 있는 반도이다. 아드리아해, 이오니아해, 에게해, 마르마라해, 흑해에 둘러싸였다. 전체 면적은 50만 5천 ㎢로, 프랑스나 우크라이나 1개국 면적보다도 작은 지역이지만 발칸 반도에 속한 국가는 그리스, 불가리아, 루마니아, 알바니아, 세르비아, 코소보, 몬테네그로, 보스니아 헤르체고비나Bosnia & Herzegovina, 크로아티아, 슬로베니아, 북마케도니아 등 10여 개국이나 된다. 오스트리아-헝가리, 이탈리아, 우크라이나, 터키의 5국이 이 지역과 국경을 맞대었다.

발칸반도는 고대부터 아시아와 유럽을 연결하는 중요한 역할을 수행했으며, 이 과정에서 다양한 세력이 뒤섞이며 오늘날 민족, 언어, 종교, 문화, 정치적으로 복잡한 구성을 가지게 되었다. 이 같은 지정학적 요인으로 인해 이 지역은 각 시대의 강대국들이 서로 주도권을 주장함으로서 수많은 전쟁과 분열이 나타났다.

역사적으로 이 지역은 고대 로마제국의 영토였다. 5세기 초 로마제국이 서로마와 동로마로 나뉠 때, 이들 동서 로마는 정치적인 분열뿐만 아니라, 종교적인 갈등을 겪으며 로마 가톨릭과 동방정교회로 나뉘었다.

반도의 서쪽에 위치한 슬로베니아, 크로아티아는 로마 가톨릭 중심의 서로마로, 세르비아, 보스니아, 헤르체고비나, 몬테네그로, 마케도니아는 동방정교회 중심의 동로마(후에 비잔틴 제국)로 나뉘어진 것이다.

1453년 오스만 투르크가 동로마를 멸망시킨 후 약 500년간 오스만 투르크 제국이 이 지역을 점령하면서 알바니아와 보스니아·헤르체고비나 지역을 무슬림화 하고, 세르비아의 민족성을 약화시키기 위해 무슬림 알바니아인을 강제 이주시켜 그들을 코소보에 정착시켰다. 이때 이들 세 나라 즉, 알바니아, 보스니아·헤르체고비나, 코소보가 유럽의 이슬람 국가로 남게 된 것이다. 민족적으로는 세르비아 중심의 슬라브족, 그리스족, 라틴족, 게르만족이 섞여 있고, 언어적으로도 다양한 언어가 사용되고 있다. 그래서 발칸반도는 언제 폭발할지 모를 화약고로 불리었다.

1913년 제2차 발칸전쟁 후 세르비아는 알바니아를 병합하여 아드리아 해로의 출구를 확보하려 했으나 오스트리아의 반대로 뜻을 이루지 못하였다. 이에 따라 슬라브 민족인 세르비아에서 게르만 민족인 오스트리아에 대한 불만이 높아지고 있었다.

1914년 6월 28일 오스트리아의 페르디난트 황태자 부부(1863~1914)가 오스트리아 육군 대연습을 시찰하기 위해 보스니아의 수도 사라예보를 방문하였다. 보스니아 지역에는 세르비아인이 많이 살고 있었는데 이들은 오스트리아에서 벗어나 세르비아에 속하길 원하고 있었다. 황태자 부부가 방문한 날은 세르비아가 발칸전쟁에서 승리한 기념일이었는데, 마침 그러한 날에

황태자 부부가 보스니아를 방문한 것이 세르비아인을 크게 자극하는 계기가 되었다.

황태자 부부는 행사에 참석하고 돌아가는 길에 군중 속에서 날아온 총탄을 맞고 사망하였다. 범인은 오스트리아 국적의 세르비아계 대학생으로 세르비아의 비밀결사 '검은 손'의 일원인 프린치프라는 청년이었다. 이 사건으로 오스트리아는 세르비아에 일격을 가하고자, 반反 오스트리아 출판물 금지, 결사의 금지, 반 오스트리아 교수와 관리의 파면, 암살사건 조사에 오스트리아 정부 대표자를 참여시킬 것 등 가혹한 내용의 최후통첩을 48시간 시한으로 세르비아에 보냈다(7.25). 세르비아는 마지막 항을 제외하고 수락하였으나 오스트리아는 이를 거부하는 것으로 간주하고 사라예보 사건 1개월 후인 7월 28일 세르비아에 선전포고를 하였다.

독일 황제 빌헬름 2세는 동맹국이며, 같은 게르만 국가인 오스트리아를 지지한다는 태도를 밝혔으나 사라예보 사건은 어디까지나 세르비아와 오스트리아 양국 간의 문제로 간주하고 있었다. 그러나 슬라브 민족인 러시아는 러일전쟁 패전으로 일어난 1905년 혁명 이후 계속된 국내의 불안 요인을 국외로 돌리기 위해 7월 29일 총동원령을 내렸다. 독일은 러시아에게 총동원령 중지를 요구하였으나 거절당하자 8월 1일 러시아에 선전포고를 하고, 8월 3일 러시아-프랑스 동맹에 따라 총동원령을 내린 프랑스에 선전포고를 하였다. 이어서 독일이 벨기에를 침공하자, 중립국을 침공했다는 구실로 영·불·러 삼국협상국인 영국이 독일에 대항하여 참전하였다. 이렇게 민족문제가 복잡하게 얽힌 화약고와 같은 발칸반도의 한 도시에서 울린 총소리가 제국주의적 경쟁을 폭발시켜 순식간에 유럽을 전쟁으로 몰아넣었다.

독일의 속전속결 작전의 실패

독일 참모총장 슈리펜은 1905년 만약 전쟁이 일어나 러시아와 프랑스가 손을 잡으면 상황이 어려울 것을 예상하고 슈리펜 계획 Schliefen Plan을 만들었다. 그 계획은 전쟁이 일어나면 러시아군이 독일 동부까지 도착하는데 시간이 걸릴 것이므로 동부전선에서는 최소한의 방어선으로 러시아군이 진군 속도를 늦추고, 프랑스와의 서부전선에서는 전쟁 시작과 동시에 군의 주력을 투입하여 벨기에·네덜란드의 중립지대를 거쳐 프랑스군을 포위 전멸시킨 뒤에 주력을 동부전선으로 돌려 러시아군에 대적한다는 것이었다.

슈리펜에 이어 독일군 참모총장이 된 몰트케Moltke(1848~1916)는 슈리펜 계획대로 8월 1일 룩셈부르그 국경을 넘어 빠른 속도로 진격하여 벨기에를 공격하였다. 그러나 계획대로라면 6주 안에 프랑스를 점령해야 했으나 벨기에의 저항이 강력했기 때문에 벨기에를 통과하는 데 12일이 걸리고 말았다.

독일군의 침공에 대응하여 프랑스군 총사령관 조프르Joffre

(1852~1931) 장군은 5개 군을 투입하여 독일군에 맞섰지만 막아내지 못하고 후퇴하였다. 독일군은 마른Marne강까지 진출하였으나 연합군의 반격에 더 이상 진격할 수 없었다. 게다가 러시아군의 진군 속도가 예상보다 빨라 1개 군만 투입했던 동부전선이 불안해지자 몰트케는 일부 병력을 빼내 동부전선으로 이동시켰다. 영국, 프랑스 등 연합국이 반격과 병력 감소 등 어려운 상황이 겹치자 단기간에 속전속결로 프랑스를 점령하겠다는 독일의 계획은 실패로 끝나고 말았다.

독일의 예상과 달리 러시아군은 선전포고를 한지 2주 만에 동프로이센의 국경지역인 타넨부르크까지 접근하였다. 이에 대응하여 독일은 퇴역한 힌덴부르크 장군Hindenburg(1847~1934)을 사령관으로 불러들이고 서부전선의 병력 일부를 이동시켜 병력을 강화한 후 타넨베르크Tannenberg 전투에서 러시아군의 공격을 막아내고 9월 중순에는 러시아군을 동프로이센에서 몰아냈다. 동프로이센에서 러시아군의 위협이 사라지자, 독일은 러시아군에 밀려 퇴각하는 오스트리아군을 지원하기 위하여 병력을 폴란드 서부로 보내 다시 러시아와 전투를 벌여 양측 모두 엄청난 피해를 입었다. 한편 오스트리아는 세르비아의 수도 베오그라드까지 진격했으나 세르비아군의 강력한 저항을 돌파하지 못하고 후퇴하고 말았다.

일본 등 참전국 증가

일본은 러·일 전쟁에서 승리하여 만주에서의 이권을 한층 더 확대하고 강제 합병한 한반도를 발판으로 중국으로의 진출을 모색하고 있었다. 제1차 세계대전에 참전한 영국이 영·일 동맹을 근거로 일본에 참전을 요청하자, 일본은 독일에 선전포고를 하고 전쟁에 뛰어들었다. 영국은 당초에 아시아에서 독일 무장상선을 수색하는 일에 한정해서 일본의 개입을 요구했지만 일본은 영국의 제한적 참전 요구를 무시하고 전면적인 참전을 주장했다. 이에 영국은 참전 요구를 취소했으나 일본은 영일동맹을 명분으로 참전을 강행했다.

일본은 동아시아에서의 세력 확대를 위하여 독일의 조차지租借地였던 산둥반도의 청두成都를 점령하였다. 그리고 세계대전으로 열강이 아시아에 눈을 돌릴 여유가 없음을 확인하고, 1915년 1월 중국 위안스카이 정부에 '21개조 요구안'을 강요하였다.

그 주요 내용은 산둥반도에서의 독일의 이권을 전부 일본에 이양할 것, 랴오둥 반도遼東半島의 뤼순(여순)·다롄(대련)의 조차기간을 99년 연장할 것, 남만주와 동 몽골에서 일본인의 토지소유권을 인정할 것, 일본인 고문관과 경찰관을 채용할 것, 일본에서 무기를 구입할 것, 철도부설권을 일본에 줄 것 등이었다.

'21개조의 요구안'은 단지 경제적 이권의 요구에 그치지 않고 중국의 주권을 현저하게 침해하는 내용이었다. 중국인의 맹렬한 반대와 미국의 견제에 의해 난항을 거듭했으나 일본 측이 일부(일본인 고문 채용, 치안 공동유지)를 삭제하고 최후통첩을 보내자 중국은 어쩔 수 없이 승인하였다.

당시 중국은 1911년 신해혁명辛亥革命 후 청조의 마지막 황제가 퇴위하고 위안스카이가 총통이 되었으나 혁명세력과의 갈등과 각 지역 군벌 등의 할거로 정치·사회적으로 매우 혼란한 시기였다. 중국정부가 '21개조의 요구안'을 수용하자 중국 국민이 강하게 반발하고 배일운동이 고조되었으며 미국 등 열강도 반대하였다.

한편, 발칸반도의 국가들은 자국의 이익에 따라 양측으로 나뉘어 전쟁에 뛰어들었다. 1914년 10월 러시아가 발칸반도와 투르크 영내로 진입하자 투르크가 동맹국의 일원으로 참전함으로써 전장은 더욱 확대되었다. 게다가 전쟁의 장기화 양상을 띠게 되자 중립국을 자기편으로 끌어들이려는 외교전이 활발하게 전개되었다.

이에 따라 개전 후, 중립을 지켜오던 이탈리아는 1915년 4월에 영국 및 프랑스와 런던밀약을 맺고 전쟁이 끝나면 아드리아해 연안과 아프리카 등지에서 영토를 획득한다는 조건으로 독일·오스트리아와의 3국동맹을 이탈하고 오스트리아에 선전포고를 하였다. 이탈리아는 군사적으로 약했으나 남쪽에서 오스트리아를 견제하여 간접적으로 동부전선의 러시아를 지원하였다.

제2차 발칸전쟁에서 고배를 마신 불가리아는 독일 및 오스트리아로부터 전후 영토 획득을 약속받고 10월에 동맹 측에 가담하였다. 루마니아는 독일 및 오스트리아와 교섭하여 중립을 지키는 대가를 요구했다가 거절당하자 연합국 측에 가담하였다. 그리스는 중립파와 연합국 참전파의 주장이 맞서다가 결국 연합국에 가담 참전하였다.

참호전의 장기화

우리는 누구를 위해 싸우는 거죠?
조국Fatherland을 위해 싸우는 거지.
그럼 프랑스 놈들은 누구를 위해 싸우는 거죠?
모국Motherland을 위해 싸우는 거지.
그럼 누가 옳은 거죠?
그야 이긴 놈이 옳은 거지.

- 소설, <서부전선 이상 없다> 중에서

제1차 세계대전이 시작된 후 2년 동안 동맹국 측의 승리가 계속되자 사람들은 대체로 동맹국 측의 승리를 예상하였다. 그러나 독일은 동부와 서부전선에서 연합국의 공격과 저항에 직면해 있었으므로 이에 대한 타개책이 필요하였다. 그 타개책의 하나로 감행한 것이 베르됭Verdun 요새(프랑스 동북부의 로렌에 있는 지역)에 대한 집중 공격이었다(1916.2). 연합국도 프랑스 페탱(1856~1951) 장군의 지휘 아래 전력을 다해 사수함으로써 전투는 6개월이나 지속되었으며, 요새는 초토화 되었다. 그러나 전력을 보강한 프랑스군은 그해 10월 다시 반격을 가하여 12월에는 베르됭을 탈환하였다. 이 전투가 제1차 세계대전에서 가장 길고 격렬한 전투로 유명하며, 이 전투에서 독일군 정예 50만, 영국군 40만, 프랑스군 30만의 병력을 소모하여 베르됭 요새에는 '시체의 언덕' 이라는 이름이 붙여졌다.

다시 독일군이 프랑스로 진격하자, 영국·프랑스 연합군은 솜Somme(프랑스 북동부 피카르디 지방의 강)강 부근에서 신무기인 탱크를 동원하여 반격을 가하고 독일군은 참호 속에서 대응하였다. 상호 공방전 속에 엄청난 폭우가 쏟아져 어느 쪽도 더 이상 진격하지 못하였으나, 연합국 측은 독일의 주력군을 서부전선에 묶어 두는데 성공했다. 이 솜강 전투에서도 양측 모두 50만이 넘는 병사가 사상하는 엄청난 피해가 발생했다.

3. 전쟁의 종결

독일의 잠수함 작전과 미국의 참전

한편 독일은 개전 전 서둘러 해군력을 강화하였으나 개전 시의 해군력은 영국에 비해 열세였다. 영국 해군은 독일을 해상에서 봉쇄하고 독일의 해외함대를 격파하여 독일의 해외 식민지를 점령하였다. 독일은 영국의 해상 봉쇄를 돌파하기 위해 북해의 제해권 확보를 두고 영국과 해전을 벌였으나 실패한 후 잠수함 작전으로 군수 물자를 수송하는 선박을 공격하여 연합국의 전력을 약화시키려 하였다.

이러한 독일의 잠수함 공격은 미국의 여론을 악화시키는 결과를 초래했으며, 특히 1915년 5월 영국의 호화 여객선 루시타니호가 격침당했을 때 미국인 128명이 익사하여 미국의 여론이 비등하였다. 1917년 2월 독일은 교전국이나 중립국의 선박을 가리지 않는 무제한 공격을 선언하였다. 이 무제한 잠수함 공격으로 미국 상선이 침몰당해 많은 미국인들이 희생되었다. 이에 따라 그 동안 중립을 지키며 군수 물자의 공급 등으로 경제적 이익을 누리던 미국의 여론이 극히 악화되자 드디어 독일에 선전포고를 하였다(1917.4).

전쟁은 중동으로 확산되었다. 영국은 수에즈 운하의 경제적 이권을 보호하고 동맹국에 가담한 투르크를 배후에서 공격하기 위하여 이집트로 전선을 확대하였다. 그리고 영국은 아랍인이 전쟁에 협력할 경우, 전쟁이 끝나면 투르크 지배 아래 있는 팔레스타인을 아랍인에게 넘기겠다는 이른바 「맥마흔 선언Mcmahon Declaration」을 발표했다(1915.10.3). 영국군은 1917년 이라크의 바그다드와 팔레스타인의 가자지역을 점령하고 12월에는 예루살렘을 점령하였다.

이 무렵 영국 외상 발포어는 미국에 있는 유대인의 협력을 얻어 미국을 전쟁에 끌어내려고 팔레스타인에 이스라엘 국가의 수립을 지지하는 「발포어 선언Balfour Declaration」을 발표하였다(1917.12). 이러한 영국의 외교전과 적극적인 공세에 밀리던 투르크는 더 이상 전쟁을 계속 할 의욕을 잃고 영국과 협상한 후 평화조약에 서명함으로써 중동에서의 전쟁은 종식되었다(1918.10).

전쟁 중 영국은 맥마흔 선언으로 아랍 민족주의를 자극하고, 발포어 선언으로 시온주의 이스라엘 민족에게 불씨를 던짐으로써 결과적으로 중동을 오늘날의 화약고로 만드는 원인을 제공하였다.

전쟁의 종결

독일의 무제한 잠수함 작전을 계기로 참전한(1917.12) 미국은 200만이 넘는 군대를 유럽 전선에 파견하고 풍부한 군수 물자의 공급과 막대한 재정지원으로 연합국을 지원하였다. 이에 반해 독일의 정세는 점점 악화되어 식량과 연료 등 생활필수품의 결핍의 심화되고 미국의 참전으로 국민의 사기는 크게 저하되어 반전 기운이 일어나기 시작하였다. 이런 가운데 러시아 10월 혁명 후 레닌 정부의 강화조약으로 동부전선에서 해방된 독일군을 서부전선으로 이동시켜 최후의 대공세를 취했으나 연합군의 완강한 저항으로 공세가 둔화되었다.

1918년 7월 독일군은 필사적인 공격을 다시 시도하였으나 무위로 끝나고, 연합군의 반격에 후퇴할 수밖에 없었다. 이미 전력이 고갈되고 사기가 저하되어 더 이상 싸울 힘이 없어진 독일은 9월에 강화교섭을 연합국에 제의하였으나 거절당하였다. 한편 1918년 봄부터 서부전선의 공세에 발맞추어 발칸 전선에서도 오스트리아·불가리아가 대공세를 취했으나 9월에 들어서자 패색이 짙어졌다. 이에 따라 불가리아가 항복하고, 투르크도 휴전에 응하여 동맹군의 발칸 전선이 무너지자 오스트리아도 항복하였다(1918.11.초).

이 무렵 독일의 국내정세는 극도로 악화되고 있었다. 서부전선에서의 총공격이 실패로 돌아간 8월에는 군부도 패배를 자인할 수밖에 없었고 국내의 동요는 더욱 악화되었다. 10월에 연합국에 대한 강화 제의가 거절되자 독일 참모본부는 마지막 공세를 계획했으나 오스트리아가 항복함으로써 그마저 어렵게 되었다.

이러한 와중에 러시아 혁명사상이 유입되어 혁명 기운이 빠르게 확산되었다. 1918년 10월 28일 발트해의 킬Kiel 군항에서 수병들이 해군 수뇌부의 자포자기적인 자살공격계획에 반항하면서 출항을 거부하고 폭동을 일으켰다. 이어서 11월 3일에는 체포된 동료들의 석방을 요구하며 수병과 노동자 수천 명이 시위를 벌였다. 이 시위에는 육군 병사들도 참가해 독일 혁명의 도화선에 불을 당겼다. 다음날에는 노동자·군인 평의회(소비에트)가 조직되어 군함의 지휘권과 킬 시의 실권을 장악하였다.

이러한 혁명의 물결은 북부·서부 독일의 여러 도시로 확대되어 마침내 수도 베를린까지 파급되었다. 독일 사회민주당과 스파르타쿠스단의 지도 아래 혁명화한 군중들은 가두로 진출하였다. 국회의사당 앞을 매운 군중들 앞에서 사회민주당은 독단으로 공화국의 수립을 선포하였다. 이러한 사태의 진전 속에 11월 10일 빌헬름 2세 황제가 네덜란드로 망명함으로써 독일 제2제국은 무너졌다. 이와 동시에 정권을 인수한 사회민주당 정부가 11월 11일 연합국에 무조건 항복함으로써 4년여 동안 계속된 제1차 대전도 막을 내렸다.

제1차 세계대전은 많은 인명 손실을 가져왔다. 전사자 약 940만 명, 부상자 약 2천3백만 명 등 약 3천 3백만 명의 장병이 사상되었으며, 민간인도 사망자만 약 천 9백만 명에 이르렀다. 참으로 참혹한 전쟁이었다.

IX

러시아의 공산혁명

산업혁명으로 중세 봉건제도는 붕괴되고 자본주의 체제로 전환되었다. 자유 방임주의 사상을 기본원리로 하는 자본주의 경제체제에서 기업주는 자유주의 이름 아래 무자비한 착취로 무제한의 이익을 추구하였다. 그 결과 자본가와 노동자의 빈부의 격차는 심화되고 경제적 불평등이 심각한 사회문제로 부각되었다.

이러한 시기에 칼 마르크스Karl Marx(1818~1883)와 프리드리히 엥겔스Friedrich Engels(1820~1895)는 자본주의 사회의 붕괴와 그 후에 평등한 사회주의 사회가 도래할 것이라고 주장하는 이론을 제시하였다.

1917년 러시아에서 일어난 10월 혁명은 마르크스 신봉자인 레닌이 이끄는 볼쉐비키에 의한 공산주의 혁명이었다. 레닌은 러시아와 주변 국가를 통합하여 소비에트 사회주의국가연방 즉 소련이라는 공산주의 국가를 성립시키는 한편, 코민테른을 만들어 공산주의 운동을 세계로 확산시켰다.

삼팔선, 국토분단, 민족분열, 6·25전쟁, 군사분계선 등으로 흐른 역사의 강의 한 줄기의 연원은 10월 혁명으로 공산주의 국가인 소련의 출현이다.

20세기의 역사는 러시아 혁명과 그것의 직접적, 간접적 결과 없이는 이해할 수 없다.

- 에릭 홉스봄Eric Hobsbawn(1917~2012)

1. 공상적 사회주의

18세기 유럽에서는 산업혁명이 일어나 자본가 계급과 노동자 계급이 대립하는 자본주의 사회가 형성되었다. 노동자들의 노동환경과 삶의 질은 열악하였다. 이것을 타개하기 위해 사유재산의 폐지를 주장하는 공상적 사회주의자들이 출현하였다. 그들은 사유재산 때문에 사회적 불평등이 생겼다고 주장하고 사유재산제도를 폐지하여 각자의 재능, 연령, 필요에 따라 재화가 분배되어야 한다고 주장하였다.

19세기 초에 활약한 공상적 사회주의자들도 마찬가지였다. 생시몽Saint-Simon(1760~1825)과 푸리에Fourier(1772~1837) 등은 자신들의 이상을 실현하기 위해 부자들에게 재산을 포기하도록 설득하였으나 실현되지 않았다. 영국의 박애주의자인 로버트 오웬Owen(1771~1858)은 1825년 미국의 인디애나 주에 세운 협동사회인 New Harmony Company를 설립하여 생산수단의 공유화를 통한 이상사회를 시도하였으나 곧 실패하고 말았다. 그 원인은 놀고 먹으려는 '무임승객'의 문제를 해결할 수가 없었기 때문이었다. 이들은 노동을 하지 않고 공동체가 수확한 것에서 자신들의 몫을 챙기려고만 하였다. 사유재산이 없이 모든 재산을 공유하는 사회는 말 그대로 이상향에 불과한 것이었다.

2. 칼 마르크스의 공산주의共産主義

프롤레타리아트Proletariat는 속박 이외에는 잃을 것이 없다.
그들에게는 싸워 얻을 세상이 있다.
전세계의 노동자들이여, 단결하라!

- 칼 마르크스의 <공산당 선언> 중에서

18세기 중반부터 시작된 산업혁명으로 봉건적 생산 관계가 자본주의적 생산 관계로 전환되고, 부의 축적으로 신흥 중산층이 부르주아 계급을 형성하게 된 자본주의 경제체제가 영국·프랑스·독일·미국의 순으로 성립되었다. 자유 방임주의 사상을 기본원리로 하는 자본주의 경제체제에서 기업주는 자유주의 이름 아래 무자비한 착취로 무제한의 이익을 추구하였다. 그 결과 빈부의 격차는 심화되고 경제적 불평등이 심각한 사회문제로 부각되었다.

이러한 시기에 칼 마르크스Karl Marx(1818~1883)와 프리드리히 엥겔스Friedrich Engels(1820~1895)는 자본주의 사회의 붕괴와 그 후에 평등한 사회주의 사회가 도래할 것이라고 주장하는 이론을 제시하였다. 19세기는 자연과학의 방법들이 신뢰를 받고 있던 시기인 만큼 이들은 그들의 주장을 이론화하기 위하여 자연과학으로부터 차용한 이론을 사용하여 과학적 사회주의라는 이론을 고안했다. 그 이론에 따르면 사유재산이 없는 평등한 사회는 반드시 생겨야 할 뿐만 아니라, 경제의 자연 진화에 의해서 필연적으로 생길 수밖에 없는 현상이라는 것이다.

사회진화라는 개념은 찰스 다윈의 1859년 발표한 『종의 기원』에서 밝힌 이론의 영향을 받아 태어났다. 그에 따르면 생물의 종은 자연도태를 통해 적대적인 환경 속에서 생존할 수 있는 능력을 향상시킨다. 역동적인 도태과정을 통해서 생물 종들은 확정된 법칙에 따라 낮은 단계에서 높은 단계로 진화한다. 마르크스도 이 진화론을 수용하여 자본주의 사회가 사회주의 사회로 필연적으로 진화한다는 이론을 구성하였다.

진화론과 함께 마르크스주의에 영향을 미친 것은 독일의 관념철학자인 헤겔Hgel(1770~1831)의 변증법과 포이어바흐Feuerbach(1804~1872)과 무신론, 프랑스의 공상적 사회주의자 생 시몽Saint-Simon(1760~1825), 러시아의 바쿠닌Bakunin(1814~1876)의 유토피아적 사회주의 사상과 무정부주의론, 그리고 영국의 고전경제학자인 리카르도Ricardo(1772~1823)의 임금이론 등의 영향을 받아 공산주의 사상을 이론화하였다.

마르크스주의의 바탕이 된 변증법적 유물론辨證法的 唯物論은 역사의 필연성과 인간사회에서의 기본이 물질이라는 주장이다.

변증법이란 어떤 명제나 개념 정립을 정正, 반反, 합合이 반복되는 논리적 패턴을 말하는 것이며, 유물론은 인간사회의 기본요소를 정신이 아니라 물질이라는 것으로 정치·사회·문화·사상·법률 등의 상부구조는 하부구조인 생산수단과 경제 관계에 따라 변하므로 경제 관계가 궁극적으로 사회 전체를 지배하게 된다는 이론이다. 따라서 생산수단의 변화에 따라서 사회제도가 변화하는 과정이 변증법적 법칙에 의해서 전개된다고 주장하였다.

마르크스에 의하면 변증법의 근원은 착취계급과 피착취계급 간의 끊임없는 계급투쟁이며 그러한 계급투쟁의 결과는 유물사관 법칙에 따라 어쩔 수 없이 노동자의 승리로 공산주의 사회가 실현된다는 것이다. 즉 인간의 역사는 인간의 의지와는 상관없이 타율적 법칙에 따라 사전에 정해진 방향인 공산주의 사회로 발전하는 필연성을 갖고 있다고 주장하였다. 또한, 최후의 공산주의 사회가 도래하면 인간의 욕구가 완전히 충족되는 단계이므로 역사의 변증법적 과정도 정지된다고 하였다.

마르크스의 계급투쟁론은 지금까지 존재한 모든 사회의 역사는 계급투쟁의 역사이며 공산혁명이 이루어질 때까지 계속된다는 것이다. 과거 고대사회는 자유인과 노예, 중세사회에서 영주와 농노 등이 착취계급과 피착취계급 간의 갈등 현상과 자본주의 사회에서의 부르주아 계급과 프롤레타리아 계급간의 투쟁이 그런 주장을 뒷받침한다는 것이다.

마르크스는 "산업혁명 이후 노동자의 수가 증가하면서 초기에는 임금 인상, 노동시간의 단축 등을 요구하는 정치적 투쟁에 중점을 두다가, 자본주의가 발전하면서 대중의 빈곤과 경제적 공황으로 노동자층인 프롤레타리아 계급이 단결하여 투쟁하는 2단계를 맞이하게 된다. 이 때 중산층이 프롤레타리아 계급에 합세하여 마지막에는 극소수의 부르주아 계급과 다수의 프롤레타리아 계급 간의 갈등이 본격화 된다. 그러므로 이 계급투쟁은 자본주의 생산 관계가 존속하는 한 더욱 심화되므로 유일한 해결책은 프롤레타리아 계급이 혁명을 통하여 생산수단의 공유화를 성취하는 것뿐"이라고 하였다.

마르크스는 공산주의 혁명의 원인은 생산 관계의 모순과 충돌에 의한 계급투쟁이며, 혁명의 목적은 계급 없는 새로운 사회의 건설이고, 혁명의 방법은 폭력이라는 폭력혁명론을 주장하였다. 그리고 공산주의 혁명은 정치혁명이 아니고 사회구조 전반에 변혁을 가져오는 사회혁명이라는 것이다. 1948년에 발표한 〈공산당 선언Communist Manifesto〉에서도 사회질서의 폭력적 정복만이 목적달성을 가능케 한다고 선언하였으며, 신사회의 피 묻은 탄생의 고통을 단축시키는 방법은 오직 혁명적 테러리즘이라고 명시하였다. 즉 프롤레타리아 계급의 정치 권력 장악을 목표로 하는 폭력수단을 정당화 하였다.

3. 레닌의 10월 혁명

러시아 혁명운동의 태동

사회민주주의가 러시아에 수입된 때는 1890년대였다. 당시 러시아는 급속한 산업화 과정을 겪고 있었고 그 속도로 보아 곧 자본주의 경제로 진입할 것이 확실해 보였다. 그와 더불어 마르크스의 『자본론』에 요약된 것처럼 자본주의에 수반하는 문제점이 나타날 듯 했다. 당시 대학에는 사회민주주의를 신봉하는 학생들의 연구모임들이 있었으며, 그들은 러시아가 결국 자본주의에 내재된 모순들을 경험하고 그 뒤에 터지는 혁명을 예상하고 있었다. 이것은 마르크스와 엥겔스가 주장한 전략과 같은 것이었다.

1894년 10월 러시아 황제 알렉산더 3세의 사망으로 니콜라이 2세가 황제의 자리에 올랐다. 새로운 황제의 즉위에 사회개혁을 원하는 대다수의 국민들은 큰 기대를 가지고 있었으나 니콜라이 2세는 더욱 전제체제를 강화하였다. 이에 따라 국민들의 정치적 불만과 사회적 동요는 심화되고 반정부 세력은 더욱 확대되어 혁명 분위기가 조성되기 시작하였다. 게다가 산업혁명이 진전됨에 따라 노동자의 계급의식이 고양되어 노동운동의 조직화가 진행되었다. 이러한 시대적 상황을 배경으로 마르크스 신봉자들은 노동자 계급의 혁명적 사명과 계급투쟁의 중요성을 강조하는 선전·선동 활동을 전개하면서 1903년 러시아 사회민주노동당을 창립하여 혁명 활동 세력을 결집하였다.

러·일전쟁과 1905년 혁명

이렇게 국내에서 혁명 기운이 고조되고 있을 때 니콜라이 2세는 대외적으로 제국주의 정책을 추진하여 극동지역으로의 진출을 가속화 하였다. 특히 부동항을 확보하기 위해 한반도로 남하하던 러시아는 일본과 충돌하게 되었다. 러시아는 국내의 혁명 분위기가 고조되자 일본과의 전쟁으로 국민의 관심을 외부로 돌리려 하였으나 전쟁에서 대패하고 말았다(1905). 일본을 작은 섬나라로 얕잡아 보았던 러시아는 국제적 망신을 당하였고, 러시아 황실에 대한 국민들의 실망과 분노는 다시 혁명운동을 촉진하는 계기가 되었다.

1905년 1월 수도 상트페테르부르크St. Petersburg에서는 생산과잉으로 제품이 제대로 팔리지 않아 재고가 쌓였다. 자본가들이 생산을 줄이고 고용 인력을 해고하자 대규모 파업이 발생하였다. 게다가 전쟁비용 조달을 위한 세 부담 증가와 생필품 가격 상승에 따른 생활고 등으로 도시 빈민층의 불만은 고조되었다. 이러한 상황에서 친정부적인 주교인 가폰Gapon(1890~1977)이 주도하는 노동자들의 평화적 시위에 대하여 무자비한 탄압이 가해져 1천 명 이상이 죽고 4천 명 이상의 부상자가 발생하는 피의 일요일 사건Bloody Sunday이 발생하였다. 이 사건을 계기로 국민들은 차르(제정 러시아 때 황제의 칭호)를 자본가의 편이라고 생각하게 되었다. 1917년 10월 혁명의 주도자인 레닌은 이 사건에 대해 "프로레타리아 혁명교육이 몇 개월, 몇 년에 걸쳐서도 이루기 어려울 정도의 성과를 하루 동안에 거두었다"고 술회하여 '피의 일요일 사건'의 의미를 강조하였다.

1905년 10월에는 노동자들의 전국적 동맹파업이 일어났다. 이 파업에 지식인들과 전문 직업인·은행직원·정부 관료들까지 참여해 정부 기능이 마비되었다. 노동자들은 공장과 노동조합에서 대표자를 선출하여 이들로 구성된 노동자대표협의체Soviet를 구성해 혁명의 추진체로 삼았다. 혁명의 소용돌이에 몰린 정부는 헌법을 제정하고 민선 의회 구성을 약속하는 '10월 선언'을 발표했다. 파업은 중지되었으나 차르는 계속 혁명운동을 억압하고 전제정치를 강화하였다. 이에 노동자들이 무장봉기하고 정부는 강경 진압하면서 사회는 더욱 혼란하였다.

레닌의 혁명 활동

당원 스스로가 자질을 향상시켜 시야를 넓혀야 하며 이를 통해 당이 프롤레타리아proletaier를 지도하고, 프로레타리아가 국민을 이끌어 가며, 더 나아가 국제적 프로레타리아를 형성해야 한다.

- 레닌의 『무엇을 할 것인가』 중에서

1870년 레닌이 태어났을 때는 알렉산더 3세 치하로 사회모순이 고조되어 혁명 기운이 일고 있을 때였다. 고등학교 시절 형이 알렉산더 3세 암살사건에 가담하였다가 체포되어 사형을 당한 후부터 레닌은 차갑고 말 없는 학생이 되었다. 대학에서는 법학과 경제학을 공부했고 역사·철학·자연과학에도 관심을 기울였다. 레닌이 마르크스의 『자본론』을 읽고 마르크시즘을 연구하게 된 것은 대학 시절(1888)이었다. 그는 농민을 계몽시켜 차르의 전제정치에 반기를 들도록 해야 한다는 인민주의자의 입장을 비판하고, 무산·노동계급을 혁명의 주체세력으로 보는 마르크스의 견해를 받아들였다.

1893년 수도 페테르부르크peterburg로 간 레닌은 지하조직을 순회하면서 마르크스주의 교리를 설교하는 집회와 토론을 이끌어 페테르부르크에서 마르크스주의자들의 지도자가 되었다.

1895년 레닌은 〈노동자 계급의 해방을 위한 투쟁동맹〉을 결성하고 〈노동자 대의〉라는 지하신문 발간을 준비했다. 이 문제로 경찰에 체포되어 14개월 동안 수감 생활을 하는 동안 많은 책을 읽고 평생의 역작 『러시아에 있어서 자본주의의 발전』을 집필하였다. 그 후 시베리아 3년 유배형을 선고받고 유배생활 중 『러시아에 있어서 자본주의의 발전』을 발간하고, 이 책을 통해 "혁명가의 당은 대중적 정당이 아니라 엄격하게 훈련된 직업 혁명가들의 소수정예 정당이어야 하며, 그들이 혁명가로서의 준비를 갖추었을 때만 혁명의 지휘본부로서 임무를 다할 수 있다"고 주장하였다.

유형 생활이 끝나자 레닌은 본격적으로 혁명을 위한 작업에 착수했으나 경찰의 감시활동이 심해 혁명운동을 진전시키기 위해 국외로 도피하여 제네바로 갔다. 1900년 불꽃이라는 뜻인 주간신문 〈이스끄라〉를 혁명동지들과 함께 발행하여 많은 논문을 발표하고 볼셰비즘Bolshevism(마르크스적 사회주의 혁명을 위한 활동이나 운동)의 이론을 발전시켰다. 또한 그는 『무엇을 할 것인가』라는 저서에서 당원 스스로가 자질을 향상시켜 시야를 넓혀야 하며 이를 통해 당이 프롤레타리아를 지도하고 프롤레타리아가 국민을 이끌어 가며, 더 나아가 국제적 프롤레타리아를 형성해야 한다고 주장하였다. 레닌의 이런 사상은 볼셰비키의 혁명뿐 아니라 국제공산주의 기구인 코민테른Comintern 창립의 바탕이 되었다.

1903년 러시아 사회민주 단체 대표들이 모여 러시아 사회민주노동당이 결성되는 과정에서 당원 자격을 둘러싸고 의견 대립이 있었다. 레닌은 소수정예의 당원이 노동자를 이끄는 당을 만들자고 주장했고, 마르토프Martov(1873~1923) 등은 개방적인 민주적 정당을 주장했다. 투표 결과 레닌의 주장이 많은 지지를 받아 다수파란 뜻의 볼셰비키Bolshevik로 불리게 되었고, 마르토프 등 소수파는 멘셰비키Menshevik로 불리게 되었다.

볼셰비키와 멘셰비키는 혁명 전략에도 차이를 보였다. 멘셰비키는 러시아도 자본주의가 발달한 후에야 공산주의로의 이행이 가능하다는 마르크스의 이론을 고수한 반면, 레닌의 볼셰비키는 러시아의 자본주의가 발달할 때까지 기다릴 수 없으며 빠른 시일 내에 혁명에 돌입해야 한다고 주장하였다.

제1차 세계대전과 2월 혁명

1914년 제1차 세계대전이 발발할 무렵, 차르에 대한 불만세력이 여전하다고 여긴 니콜라이 2세는 이러한 국내의 불만을 진정시키기 위해 많은 병력을 파병하도록 하였다. 처음에 민중들은 애국심에 불타서 제1차 세계대전 참전을 지지하여 무려 1,500만 명이나 전선에 나가기를 지원하였다.

하지만, 지휘관들의 무능함으로 탄넨베르크 전투(1914)에서 자멸적인 대패를 초래했을 뿐만 아니라, 수많은 젊은이들이 군에 지원하여 러시아의 노동력은 급격히 감소함으로써 농촌에서는 인력이 부족하여 곡물 생산이 줄어들었다. 또한 민중의 복지에 써야 할 국가예산이 전쟁에 사용되면서 민중들의 생활은 오늘 먹을 빵과 우유조차 없을 정도로 아주 어려워졌다. 그럼에도 니콜라이 2세는 1915년부터 직접 전투지휘에 나서며 국정은 황후에 맡기고, 황후를 등에 업은 요승 라스푸틴을 중심으로 한 국정도 파탄지경에 이르렀다.

경제적 어려움이 가중되자 국민들 사이에는 차르 정부에 대한 불만이 더욱 높아져 전쟁 초기의 애국심은 혁명운동으로 변해갔다. 혁명의 기운이 커지면서 노동자들의 전국적인 동맹파업과 농민봉기가 일어나고 심지어 굶주린 병사까지 봉기하였다.

1917년에 들어서자 러시아의 국내 상황은 더욱 악화되어 제대로 먹지도 못하고 장비도 부족한 러시아 군대는 거듭된 패전 속에 사망자 수가 증가하였으며, 기본적인 생계가 해결되지 않은 노동자들의 시위와 파업이 증가하였다. 2월에 접어들면서 식량 공급은 더욱 악화되어 배급제를 실시하였으나 그마저도 곧 끊기고 말았다. 굶주림에 직면한 가정주부들이 빵 가게와 식료품 가게를 습격하자 방직공장의 여공들이 합세하여 무정부 상태가 되었다.

"빵을 달라!"는 시위는 전쟁 종식, 정부 타도로 발전해 나갔다. 2월 26일 아침부터 노동자들이 도시로 집결하자 이에 대비해 군 병력도 배치되었다. 병사들은 시위 군중에 공감하고 동정적이었으나 장교들은 달랐다. 장교들의 발포 명령에 병사들이 하늘을 향해 공포를 발사하자 장교들이 시위군중을 향해 발포하였다. 이 사건을 계기로 병사들이 발포거부가 확산되고 병사들은 무기고를 탈취하여 시위 군중들에게 무기를 나누어 주었다. 무장한 노동자와 병사들은 행정기관을 점거하고 겨울 궁전으로 달려가 황제의 깃발을 내리고 붉은 깃발을 올렸다. 이때 니콜라이 2세는 전선에서 전쟁을 지휘하고 있었다.

1917년 2월 26일 수도에서 일어난 혁명은 식량문제에 시달리던 민중이 자발적으로 일으킨 것이며, 이에 노동자와 군인들이 합세하여 이루어진 것이었다. 그러나 혁명은 끝난 것이 아니었다. 러시아 미래를 위해 누가 이 사태를 어디로, 어떻게 끌고 가느냐가 문제였다. 정부의 지도자들은 국회인 두마Duma를 중심으로 친 차르적 극우파를 제외한 두마의 모든 정파 지도자 12명으로 임시 집행위원회를 구성하였다.

한편 혁명이 진행되는 동안 병사·노동자·농민들은 1905년의 혁명의 경험을 되살려 군부 소비에트·공장노동자 소비에트·농민 소비에트를 새롭게 구성하였다. 이로써 러시아에는 소비에트와 두마의 임시집행위원회라는 이중 지배구조가 형성되었다.

이러한 이중 지배 구조하에서 사회적 대립은 심화되었다. 임시집행위원회의 지지기반은 주로 서구화된 자유주의적 전문 지식인과 관료 그리고 상공업에 종사하는 중산층이었기 때문에 계속되는 혼란보다는 안정적인 방향으로의 왕정 유지를 지지하였다. 그러나 소비에트의 지지기반인 노동자·농민·병사들은 물가 안정과 토지개혁을 요구하였다. 소비에트의 사회주의자들 사이에서도 볼셰비키와 멘셰비키의 혁명노선에 대한 갈등이 여전하였다.

이러한 가운데 소비에트와 임시집행위원회는 새로운 정부 구성에 합의하고 임시정부 구성을 발표하였다. 새 정부가 니콜라이 2세의 퇴위를 결정하고 임시정부 대표가 전선에 있는 차르를 찾아가 퇴위를 권하자 니콜라이 2세는 시대의 흐름을 실감하고 퇴위를 발표함으로써 제정 시대帝政時代는 막을 내렸다. 이로써 로마노프 왕조는 300년 만에 문을 닫았다(1613~1917.3).

10월 혁명

사랑하는 동지, 병사, 노동자 여러분!
혁명을 승리로 이끈 여러분이 무척 기쁩니다.
여러분은 전 세계 프롤레타리아 군대의 전위입니다.
강도들의 제국주의 전쟁은 전 유럽 내전의 시작입니다.
머지않아 유럽의 자본주의는 깡그리 무너질 것입니다.
러시아 혁명은 그 시작입니다.
전 세계의 사회주의 혁명 만세!

- 망명지에서 돌아온 직후의 레닌의 성명서 중

로마노프 왕조의 전제정치가 막을 내리자 외국에서 활동하던 반체제 혁명가들이 귀국하기 시작하였다. 레닌도 다른 혁명가들과 함께 독일이 제공하는 밀봉열차를 타고 스위스에서 독일을 통과하고 스웨덴을 거쳐 페테르부르크로 입국하였다. 레닌은 도착 다음 날인 1917년 4월 4일 볼셰비키 간부 회의를 소집하여 〈4월 테제〉를 발표하였다. 레닌은 이 발표를 통해 부르주아 민주주의 혁명을 사회주의 혁명으로 전환하는 구체적인 계획을 제시하였다.

그 내용은,

① 전쟁을 종식시키려면 자본주의를 타도해야 한다.

② 당은 현재 상태와 같은 과도기에는 전술에 신축성을 가져야 한다.

③ 임시정부를 더 이상 지원하지 말 것이며 소비에트의 권력을 확장하고 소비에트 내의 볼셰비키의 세력을 확대시킨다.
④ 의회제 공화국을 지지하는 사람을 받아들일 수 없으며 군대, 경찰 및 관료제도는 폐지한다.
⑤ 모든 토지는 국유화하고 은행들은 소비에트의 통제를 받는 단일 국립은행으로 통합해야 한다.
⑥ 생산과 분배에 대한 소비에트의 통제를 강화한다.
⑦ 당의 강령을 새로운 사정에 맞게 개정하며 당의 명칭을 사회민주당에서 공산당으로 바꾸어야 한다.
⑧ 새로운 혁명의 국제조직을 창설한다. 등이었다.

〈4월테제〉가 발표되자, 당내 우파와 멘셰비키는 난색을 표하고 반기를 들었다. 특히 혁명이 자본주의적 단계를 거치지 않고 노동자·농민의 국가인 사회주의 체제를 수립할 수 있다고 하는 것은 마르크스의 이론을 벗어나는 것이라고 반대했다.

〈4월 테제〉 발표 후, 무력해진 임시정부는 연합국에 "승리의 순간까지 연합국에 대한 의무를 준수하겠다"는 각서를 보내고 전쟁에의 계속 참전을 다짐하였다. 이 소식에 볼셰비키는 전쟁 반대를 선동함으로서 10만여 명의 노동자·병사들이 전쟁 반대 시위를 벌였다. 임시정부는 이런 사태의 해결을 위해 소비에트와 연립정부를 구성하였다.

케렌스키(1881~1970) 임시정부의 무능이 표면화되고 혼란이 계속되자 안정을 원하는 자유주의자들과 우익정당의 부추김을 받은 참모총장 코르닐로프가 쿠데타를 일으켰다. 볼셰비키가 폭동을 일으킨다는 헛소문을 퍼뜨리고 이를 진압한다는 이유를 들어 군대를 이끌고 페테르부르크로 진격하자, 케렌스키는 볼셰비키에게 도움을 요청하였다. 이에 응하여 볼셰비키가 '반동주의자들의 음모에 대항하자'고 호소하자, 6만여 명의 사람들이 무기를 들고나와 쿠데타 세력에 맞섰다.

이리하여 쿠데타는 실패로 끝났으며, 레닌이 피신 후 침체되었던 볼셰비키가 힘을 회복하고 활동을 강화하는 계기가 되었다. 한편 노동자들의 요구가 점차 과격해지자 자본가들은 공장폐쇄로 맞섰으며, 이에 대응하여 노동자들은 공장점거와 파업투쟁을 전개하여 정치·경제·사회적 혼란은 혁명 분위기를 한층 고조시켰다.

1917년 8월 1일 페테르부르크 소비에트 대표자 회의에서 볼셰비키가 멘셰비키를 누르고 다수파가 되어 소비에트의 실권을 장악하였다. 그리고 케렌스키Kerenskii(1881~1970)에 의해 체포되어 구금되어 있던 또 한명의 혁명가 트로츠키Trotsky(1879~1940)가 석방되어 소비에트의 의장이 되었다. 트로츠키는 멘셰비키에 소속되어 있었으나 석방 후 레닌의 노선을 지지하며 레닌을 대신하여 볼셰비키를 이끌었다.

드디어 레닌과 트로츠키가 손을 잡은 것이었다. 이에 따라 모스크바 소비에트에서도 볼셰비키가 다수파가 되고 군부 내에서도 병사 소비에트의 90%가 볼셰비키를 지지하였다. 10월 9일에는 우익 반란과 군사 쿠데타에 대비하여 소비에트에 군사혁명위원회를 설치하였다. 군사혁명위원회는 트로츠키가 지휘하였다.

10월 10일 몸을 피해 있던 핀란드에서 귀국한 레닌이 무장봉기를 주장하자 반대파는 이를 반대하고 거사계획을 폭로하였다. 임시정부가 레닌 체포 작전에 들어가자 볼셰비키는 군사혁명위원회를 중심으로 무장 노동자·수도 수비대·발트함대 수병 등으로 구성된 혁명군을 조직하였다. 혁명이 시작되자 군사혁명위원회는 주요 철도역을 점거하고 전신국 등 정부 기관을 접수하기 시작하였다. 혁명군과 정부군이 대치하는 가운데 임시정부는 항복을 선언하였다.

이와 같이 10월 혁명은 레닌과 그의 주변의 소수에 의해 주도되었다. 정권 장악을 주저하던 다른 정파들과는 달리 권력에 대한 집요한 야심과 조직력을 갖춘 레닌과 명연설가이며, 리더십을 발휘한 트로츠키, 그리고 볼셰비키에 의해 혁명은 이루어졌다.

무장봉기를 통해 큰 저항 없이 집권에 성공한 볼셰비키 정부는 권력 기구를 '인민위원회 소비에트'로 정하고 의장에는 레닌, 외무담당 트로츠키, 소수민족 담당에 스탈린 등을 임명하였다. 바야흐로 세계최초의 노동자국가가 탄생하는 순간이었다.

이어서 전시 공산주의 체제를 만들어 소비에트를 중심으로 사회경제적 개혁을 추진하였다. 농민에게는 지주의 토지를 몰수하여 분배하고, 공장의 실권은 노동자 소비에트에 넘겼다. 나아가 은행 등 모든 산업시설을 국유화하고 기존의 귀족 칭호와 신분 계급을 폐지하고 재산의 재분배를 감행하였다. 이러한 격변 속에서 자본가, 고급관료 등 상류층이나 중류계급에 속했던 사람들은 재산을 몰수당했다. 농촌에서는 식량과 가축 등을 빼앗긴 부농들의 불만이 고조되어 볼셰비키와 적군에 대항하기 시작하였다.

레닌은 헌법제정의회에서 볼셰비키가 다수 의석을 차지하지 못하자, "권력은 일하는 대중, 즉 노동자·병사·농민의 대표가 만든 소비에트에 있어야 한다"며 의회를 강제 해산시켰다. 이런 사태 속에서 보수 우익인 입헌민주당, 사회민주당, 그리고 일부 볼셰비키 당원까지도 그들의 정책을 반대하자 비밀경찰인 〈체카Cheka〉를 만들어 반혁명 세력을 설득하거나 제거하였다.

1918년 여름에 접어들어 공산주의 체제가 공고해지면서 산업 국유화 조치는 더욱 확대되어 사기업은 거의 사라지고 민간 상거래도 없어지면서 정부에 의한 배급제로 바뀌었다. 토지국유화가 공포되어 모든 토지는 국가의 소유가 되었고 실제로 경작하는 사람만이 토지를 사용하게 되었다.

반혁명 세력의 반란과 내전

볼셰비키 집권세력이 공산주의 체제를 강화함에 따라 이에 불만을 가진 세력들이 점차 늘어났다. 군대의 장교와 코사크 기병대·지식인·부르주아·사회혁명당 그리고 1차 대전에 참전한 군인들 중 일부도 볼셰비키 적군赤軍의 러시아 통치에 반기를 들고 공산주의 체제 전복을 위해 반란을 일으켰다(1917년).

1918년 여름 내전이 발생한 초기에는 백군白軍의 세력에 반사회주의 반란을 일으킨 체코군단(제1차 대전시 오스트리아 군대에 속하여 있던 체코의 병사 가운데 러시아 군대에 투항하여 독일과 싸웠으나, 10월 혁명 후 공산주의자들과 충돌함)이 가담하면서 백군이 유리하게 전투를 전개하였다.

백군이 승승장구하자, 소비에트에 적대적인 태도를 가졌던 연합군도 병력과 무기를 백군에 지원하였다. 백군은 수적으로 우세하였으나 조직적인 면에서는 적군이 훨씬 우세하였다. 특히 전쟁 인민위원이었던 트로츠키의 통솔력과 제1차 대전용으로 준비한 무기 등의 우세한 장비로 적군은 백군을 압박하였다.

1919년 백군의 지도자였던 콜자크 제독이 참패를 당하고, 1920년 연합국이 군대를 철수시키자 백군의 세력은 급격히 약화되어 결국 적군의 승리로 내전은 마무리 되었다. 내전에서 상류·중류계급은 백군을 지지했으나, 대부분의 농민과 노동자는 적군을 지지하였다. 특히 농민들은 10월 혁명으로 토지를 가질 수 있었기 때문에 구질서가 회복되는 것을 두려워했고 내전 중 백군의 수탈로 피해를 입은 농민들은 백군을 적대시 하였던 것이다.

X

한국의 공산주의

제1차 세계대전 중 독일과 싸우던 제정 러시아가 몰락한 후, 레닌의 볼셰비키 정부는 독일과 강화조약을 맺고 제1차 세계대전에서 발을 빼었다.

혁명 후 공산주의 정책에 반대하는 반혁명 세력과의 내전이 발생하였다. 제1차 대전 중 러시아와 함께 독일과 싸우던 연합국은 반혁명 세력인 백군을 지원하였다. 특히 일본은 대규모 병력을 시베리아에 파견하여 반혁명군을 지원하였다. 이에 따라 혁명정부는 시베리아 지역에서 일본을 견제할 목적으로 한인 독립운동가들에 접근하였다.

당시 시베리아 지역에 살면서 독립운동을 하던 한인들은 레닌 정부의 지원을 기대하고 볼셰비키와 손을 잡았다. 이리하여 한국의 공산주의 운동이 시작되었다.

동부 시베리아에서 시작된 한인 공산주의 운동은 상해임시정부로, 만주로 확산되고, 국내로 들어와 조선공산당이 형성되었다.

이때의 한국 공산주의 운동은 철저히 소련이 주도하는 코민테른의 정책과 지령에 따라야 했다. 그러나 일제의 탄압으로 그 활동은 위축되었다.

해방과 더불어 소련이 북한에 진주하고, 한국의 공산주의 운동조직이 다시 재건되어 활발한 활동이 전개되면서 남한에서 좌·우익 간에 정치적 대립이 격화되었다.

마침내 북한에 공산주의 정권이 수립됨으로써 삼팔선을 경계로 남북에 두 개의 정부가 수립되었다.

1. 한국 공산주의의 기원

10월 혁명과 러시아 거주 한인들의 활동

1917년 러시아에서 볼셰비키가 10월 혁명을 일으키고 집권했을 때 한반도는 일본의 식민통치하에 놓여 있었다. 침략에 항거하는 의병을 제압한 일본은 한국의 언론을 통제하고 집회를 금지하는 등 극도의 무단정치로 한국인을 통제하였다. 이런 상황에서 볼셰비키 혁명은 국내의 한국인에게 별다른 영향을 주지 못했지만, 동부 시베리아와 만주에 산재하는 많은 한인 이주자들은 혁명의 소용돌이 속으로 휘말려 들었다.

당시 러시아에는 레닌의 공산혁명에 반대하고 일어난 내전에 연합군이 개입하여 반혁명군인 백군을 지원하였고, 일본도 연합군의 일원으로 대규모 병력을 시베리아에 출동시켰다. 이에 따라 시베리아에서 동맹군을 절실히 필요로 했던 볼셰비키들에게 한인 이주자들은 대단히 중요한 존재였다. 일본으로부터 직접적인 위협을 받았던 러시아인들로서는 일본에게 나라를 빼앗겨 쓰라린 아픔을 겪고 있는 한국인보다 적극적으로 일본과 맞서 싸울 수 있는 사람은 없다고 생각하였던 것이다.

이리하여 볼셰비키가 한국인의 민족주의를 이용해 시베리아에 거주하는 한인들을 동원함에 따라 사상 처음으로 붉은 깃발 아래 움직이는 한국의 정치 운동이 시작되었다.

한인 민족주의자들은 일본과의 독립전쟁에 적극 나서면 레닌 정부가 지원해주리라 생각했으며 특히 볼셰비키 지도자들이 극동 피압박민족의 해방을 열렬히 주장하는데 깊은 감동을 받았다. 한인들로서는 볼셰비키가 강력한 반제국주의자들이라는데 전혀 의심이 없었으며, 일본군이 러시아 영토의 일부를 점령하고 있었기 때문에 그들이 일본을 적대하는 것도 당연하게 생각되었다. 이에 따라 혁명정부도 반혁명군인 백군에 대항해 제2전선을 구축할 수 있는 한국인들에게 자연스럽게 접근하게 되었다.

러시아에 살고 있던 한인들은 대략 두 가지 유형에 속했다. 러시아에 이주한 지 오래되어 상당 부분 러시아인이 된 한인들과 이들과는 달리 새로 온 이주민이나 정치적 망명자로 구성되어 사고방식이나 충성심에서 철저히 한국인이라고 할 수 있는 사람들이었다. 문화와 행동방식에서 상당한 차이를 가진 서로 다른 유형들이 집결한 한인 단체들은 볼셰비키의 노력에도 불구하고 손잡고 같이 일할 수가 없었다. 그러나 소비에트 대표자들은 차르 정권 타도 직후의 중요하고 혼란한 시기에 모든 부류의 한국인과 관계를 맺고자 하였다.

한인사회당 조직

한인사회당韓人社會黨[21)]은 이 시기에 조직되었는데 군사지도자이며 애국자로 명성을 얻은 이동휘李東輝가 위원장에 선출되었다. 한인사회당은 선전, 정치조직, 군사활동을 3대 주요기능으로 하는 볼셰비키의 모델을 따라 만들어졌다. 새로 조직된 당은 볼셰비키당의 지도로 시베리아 지역 전역에 걸쳐 한인과 중국인 사이에서 지원부대를 조직하는데 주력했으며, 특히 연해주에서 광범위한 활동을 전개했다. 그러나 이 당의 주요지도자들은 국내에서 망명한 자들이어서 이 지역에 살고 있던 농민들과의 유대가 상대적으로 부족한 것이 취약점으로 드러났다. 볼셰비키와 손잡고 조직 활동을 벌인 것은 한인사회당만이 아니었다. 1919년 3월에 창설된 대한국민의회大韓國民議會는 좀 더 광범위한 기반을 갖고 있었다.

볼셰비키 세력이 강화되면서 시베리아의 두 지역, 즉 연해주(특히 블라디보스토크 지역)와 이르쿠츠크가 한인 급진세력의 중심지로 등장했다. 1919년 1월 이르쿠츠크에 있는 한인 일부가 이르쿠츠크 공산당 한인지부를 조직하기 위한 회합을 갖고 이후 몇 주간 당헌과 당칙 제정, 간부를 선임했다. 이런 당 조직은 다른 도시에서도 많이 생겨났다.

21) 한인사회당: 1918년 하바로프스크에서 만들어진 독립운동단체.

몇 달 후인 4월 25일에는 블라디보스토크 교외의 신한촌新韓村에서 이동휘의 주도로 여러 갈래의 친親볼셰비키적 한인들이 모여 회의를 가졌다. 당시는 한국에서 3·1운동이 일어난 직후였고, 모스크바에서는 코민테른Comintern(공산주의 인터내셔널, 공산주의 국제연합)이 막 출범한 때였다. 이 회의에서는 다음과 같은 사항이 결정되었다.

'한인 사회주의 단체 간의 조정위원회를 설치하고 그 본부를 블라디보스토크에 둔다. 극동 러시아 지역 내에서 활동하고 있는 모든 한인 무장조직체에 대해 단일한 지휘체계를 세우는 한편, 소비에트 정부 및 코민테른의 지원을 받기 위해 대표단을 모스크바에 파견한다.'

1919년 중반 모스크바에 도착한 대표단은 코민테른 측으로부터 자금을 지원받았다. 한인 대표단은 그에 대한 보답으로 자신들의 당이 조선을 해방하고 공산주의 대의를 전파하기 위해 노력하겠다고 맹세하는 협정을 레닌 정부와 체결했다. 이동휘는 8월 말 상해 임시정부의 국무총리로 취임하기 위해 상하이로 떠났으며, 당 본부도 그를 따라 상하이로 이전했다.

1919년 1월에 이미 공산당 조직을 만들었던 이르쿠츠크의 한인 지도자들은 9월 코민테른 극동국의 지원을 받고 '전로한인공산당全露韓人共産黨'을 발족시켰다. 그리고 자신들이 한인사회당의 정통성을 계승했다고 주장하면서 모스크바에서 돌아온 대표단에게 코민테른의 지원자금을 내놓으라고 강요했다.

한국 공산주의 운동사에서 이르쿠츠크파와 상해파간의 알력은 실제로 이때부터 시작되었다고 볼 수 있다. 이미 그들 사이의 차이는 분명했다. 모든 면에서 소비에트연방 내의 공산주의 운동의 한 부분이 되려고 했던 '러시아 된 한인'들과 한국의 독립을 획득하기 위해 소련의 도움을 얻고자 했던 '민족주의자' 간에는 실로 상당한 거리가 존재했던 것이다.

상해파와 이르쿠츠크파 공산당의 분열

1919년 3·1 독립만세운동 이후 상하이에 대한민국임시정부가 수립되었다. 초창기의 임시정부에는 다양한 색채의 정치세력이 망라되어 있었다. 보수주의에서 공산주의에 이르기까지 여러 가지 이념을 신봉하는 사람들 간의 유일한 공통점은 민족주의였다. 이에 따라 초기의 임시정부는 서로 다른 이념을 지닌 채 서로 다른 전술을 선택하고 각기 다른 나라로부터의 지원을 바라는 사람들로 구성되었으므로 파벌투쟁은 어쩌면 당연한 것이었다. 주된 실질적 문제는 일본에 대항해 즉각적인 행동을 취하자는 주장과 우선 실력을 배양해야 한다는 주장 간의 대립이 가장 컸다. 이러한 대립과 갈등의 기간은 한국의 공산주의 운동에 있어서 매우 중요한 기간이었다.

연해주 지역에서 한인사회당의 대표였던 이동휘가 임시정부의 국무총리로 취임한 후 그의 추종자들이 임정 내의 요직에 기용되었다. 한편 모스크바에 갔다 돌아온 대표단으로 부터 이르쿠츠크 사건에 대해 보고받은 이동휘는 크게 격노하였다. 이동휘는 임시정부와 한인사회당은 사실상 같은 조직이라고 생각하고, 한국인들 사이에서 공산주의를 전파할 책임을 지겠다는 것을 약속하는 탄원서를 코민테른에 제출하였다. 코민테른은 대표단에게 준 지원금은 이동휘계의 한인사회당에 가야 하며 시베리아를 제외한 지역에 있는 모든 한인에 대한 선전과 조직활동을 맡도록 하였다. 이와 동시에 코민테른은 임시정부를 한인사회당이 장악한 도구로 간주했다.

극동 지역에서 코민테른의 활동이 확대되고, 특히 코민테른이 상하이에 원동국遠東局을 설치하면서 상해임시정부와 소련 간의 유대는 강화되었다. 이 시기에 이동휘파는 자신들의 당을 재조직 했다. 1919년 블라디보스토크에서 조직하였던 한인사회당을 1920년 5월 고려공산당이라는 명칭으로 재건하였다. 선언문에서는 한국 인민의 즉각적인 해방을 요구하면서 한국에서의 자본주의 타도와 소비에트 정부 수립을 주장했다.

1921년 봄, 한인 공산주의 내의 불협화음이 절정에 달하였다. 이르쿠츠크의 공산당은 상해의 공산당이 민족주의자와 기회주의자의 결합체에 지나지 않는다고 공격을 재개했다. 이렇게 되자 마침내 코민테른이 개입하여 '통합된 당'을 만들기 위해 1921년 3월에 시베리아와 만주, 중국에 있는 한인 대표들에게 회합을 가질 것을 지시했다. 이르쿠츠크에서 열린 회의에서 이동휘파는 제거되고 이르쿠츠크파가 고려공산당이라는 명칭을 차지했다. 이동휘파는 하바롭스크에서 한족공산당韓族共産黨을 재건하고, 당 본부는 극동 공화국 수도인 치타로 이전하였다.

1921년 중반 이후 이르쿠츠크파와 상해파는 모스크바와 코민테른이 지지를 얻기 위해 가능한 한 많은 당원을 모집하기 위한 필사적인 경쟁에 들어갔다. 그 결과 이동휘파는 상하이 공산당원의 다수를 확보했으며 중국, 만주, 시베리아, 한국 본토, 일본에까지 침투하면서 선전과 당원 모집에서 중요한 역할을 수행하였다.

이런 과정에서 상해파와 이르쿠츠크파의 자금이 1921년 국내로 들어왔으며, 이것이 한국 내에서의 공산주의 운동이 시작점이 되었다.

2. 식민지 시대의 조선공산당의 성립과 활동

제1차 조선공산당

조선공산당은 국제공산당이 그러함과 마찬가지로 그 한 지부로서 폭력 혁명에 의거하여 공산주의 건설을 목적으로 하는 것임은 물론이다.

조선 문제로서는 공산당 지도 아래에 노동자 농민의 결합에 의하여 공동전선을 전개하고, 일본제국의 통치를 변혁하여 그 사유재산제도를 부인하려는데 있다.

- 조선공산당 창당 선언문 중

3·1 만세운동 후 일제는 지금까지의 무단정치를 문화정치로 바꾸었다. 이에 따라 식민지 조선에서의 자유주의적·민족주의적 또는 진보적 단체들이 활발하게 결성되었다. 이런 단체들은 크게 언론·출판 단체, 농민·노동·사회운동 단체, 지식인들이 연구모임인 사상단체 등이었다.

문화정치로 조선, 동아 등 신문이 창간되고, 신천지, 신생활, 개벽 등의 잡지가 발행되었다. 지식계급 중 상당수를 차지하는 언론인들은 정치적 상황에 가장 민감한 부류로서, 이들의 상당

수는 열렬한 민족주의자들이었으며 일부는 공산주의 운동에 가담하였다. 1921년 이동휘파의 자금이 한국 언론에 전해진 것도 이러한 이유 때문이다. 한국의 진보적 단체 중 두 번째 범주로는 노동·청년운동 단체들이었다.

한국 최초의 노동단체는 1920년 4월의 조선노동공제회朝鮮勞動共濟會였다. 1923년 9월부터는 다양한 노동조합을 통합하려는 노력이 시작되었고, 그 결과 1924년 조선노동총동맹이 발족했다. 청년단체 역시 같은 시기에 동일한 과정을 밟아, 1924년 4월에 창립된 조선청년동맹은 그 주요 구성 부분이었던 서울청년회가 떨어져 나감으로써 분열되었다.

국내에 공산당을 창설하려는 진지한 노력은 블라디보스토크에 코민테른 집행부인 꼬르뷰로高麗局가 설치된 후인 1923년에 시작되었다. 그리고 한국의 청년지식인들의 전위단체인 신사상연구회新思想研究會는 1923년 7월에 조직되었다. 신사상연구회는 이듬해 마르크스의 생일인 11월 19일을 기해 화요회火曜會로 개칭했는데, 그의 생일이 화요일이었기 때문이다. 공산주의운동의 주요조직인 화요회에는 급진주의자인 김찬, 김재봉, 조봉암, 김단야, 박헌영, 임원근 등이 가담했다.

한편, 김약수金若水(1893~1964)가 이끄는 도쿄지역의 한인 유학생들은 1923년 11월 사회주의를 신봉하는 또 다른 단체인 북성회北星會를 조직했다. 북성회는 후에 국내에서 조직된 건설사

동맹과 병합해 공산주의 운동의 또 다른 계파인 북풍회北風會로 발전했다. 이 시기 일본은 마르크스주의가 크게 고조되어 진보적 학생단체가 수없이 조직되었으며, 일본의 급진주의자들로부터 한국인 청년들이 많은 영향을 받았고, 한인 공산주의자들이 양성되었다.

점진적으로 공산주의 세포는 노동단체, 독서회, 신문사 등을 중심으로 한국의 여러 도시에 부식되었다. 해외에서와 마찬가지로 상해파와 이르쿠츠크파는 국내에서도 싸움을 계속했으며, 여기에 '서울파'라는 새로운 집단까지 가세해 상황은 더욱 복잡해졌다.

1925년 4월 17일 서울에서 제1차 조선공산당이 결성되었다. 제1차 공산당은 화요회 회원이 주도했던 관계로 이 당은 화요회 공산당이라 불리기도 하였다. 고려공산청년회는 조선공산당이 창립된 다음 날인 4월 18일 정식으로 출범했다. 조선공산당은 조선노동총동맹을 지배하기 위한 투쟁에 착수하는 것을 비롯해 기관지 발간, 조선공산당 만주총국 설치 등을 첫 과제로 삼는 등 정책을 결정하였다. 그러나 조선공산당이 채 뿌리를 내리기도 전인 1925년 11월 말 신의주사건(신의주의 한 음식점의 결혼피로연에서 일어난 폭행사건을 조사 중 공산당 관계문서가 다수 발견)이 발생하여 대부분의 당원이 검거됨으로써 제1차 조선공산당은 출범하자마자 물거품처럼 사라지고 말았다.

제2차 ~ 제4차 조선공산당

1925년 11월 검거 이후 조선공산당은 더는 과거처럼 비밀의 장막에 가려질 수 없었다. 당원과 그 지지자들은 일단 경찰에 파악 당하면 형기를 마친 뒤에도 끊임없이 감시를 받아야 했다. 이러한 감시하에서도 비밀리에 재건 공작을 추진하여 1926년 3월 코민테른에 146명의 당원과 119명의 후보당원으로 제2차 조선공산당이 재건되었다고 보고할 수 있었다. 당의 책임비서는 1차의 김재봉(1891~1944)에 이어 2차에는 강달영(1887~1942)이 선임되었다. 2차 조공은 사회단체로서의 합법적 지위를 갖고 있던 화요회의 통제 아래 있었다.

그러나 제2차 조공은 계속하여 극도의 내분에 시달려야 했다. 화요회와 북풍회는 서로 상대방의 조직 내에 프락치를 심어 놓고, 매수나 구타, 밀고 등으로 서로 주도권을 잡기 위한 투쟁을 벌였다. 그런 가운데 1926년 4월 25일 대한제국의 마지막 황제 순종이 승하하였다. 3·1운동 때처럼 순종의 인산일은 공산주의자들이 활동할 수 있는 절호의 기회였다. 계획의 골자는 국장행렬을 비롯한 전국의 각지에 독립을 요구하는 전단지를 대량으로 살포하고 민중이 '대한독립만세'를 외치게 하는 것이었다.

그러나 국장일 이전에 일제 경찰은 공산주의자들의 모든 계획을 파악하고 인쇄된 격문의 대부분을 압수했다. 제2차 조공을 파멸로 이끈 일련의 검거사건은 한 여인의 호기심에서 비롯되었다. 천도교에서 발행하던 잡지 『개벽』에서 일하던 여공이 인쇄된 격문 두 장을 호기심으로 집에 가져간 것이 화근이 되어 조공이 연루되었음이 밝혀짐으로써 조공 당원과 공청회원에 대한 검거가 이루어져, 6개월간 존속된 2차 조선공산당은 붕괴되고 말았다.

이 사건은 미숙한 한국 공산주의 운동에 막대한 영향을 끼쳤다. 여러 가지 취약점이 있었음에도 최초 두 차례의 조공과 공청은 당시의 헌신적이고 유능하며 활동적인 마르크스주의자 지식인들 대부분을 포함하고 있었으므로 지도력에 큰 타격을 받게 되었다. 대부분의 전위분자들은 투옥되거나 망명해야 했고, 과거와 같은 활동적 역할을 수행할 수 없었다. 설사 일부 공산주의자가 검거를 모면하고 국내에 남아 있었다 해도 일본 경찰이 세세한 부분까지 파악하고 있어 그들이 정치적 활동을 한다는 것은 거의 불가능하였다. 이로써 장래 공산주의 운동의 잠재적 지도력은 크게 위축되었으며, 이는 비단 공산주의 운동뿐 아니라 다수의 합법적인 농민, 노동, 학생단체의 활동에까지 미쳐 민족운동에도 심대한 타격이 되었다.

1926년 여름 분산된 공산주의 운동 내부에서 서울청년회(서울파)와 일월회一月會라는 두 개의 경쟁 세력이 대두하였다. 도쿄에 기반을 두고 본래 북풍회와 연관을 맺고 있었던 일월회의 회원 다수가 1926년 여름을 전후해 대거 귀국함으로써 이들 두 집단은 주도권 쟁탈을 위한 새로운 기회를 맞게 되었다. 조공에 참여하기를 거부했던 서울파는 6·10만세 사건에 연루되지 않았고, 일월회도 마찬가지였다. 왕년의 지도자 등이 사라져 버린 이 때 마르크스-레닌주의에 깊이 빠진 도쿄의 급진적인 유학생들이 한국 공산주의 운동의 지도적 위치를 노리게 된 것은 당연한 일이었다. 이들은 거의 예외 없이 당시 일본 공산주의 운동의 지도자 후지모토 가즈오福本和夫로부터 큰 영향을 받았다.

1926년 12월 일월회와 서울파가 중심이 되어 제3차 조선공산당이 출범했고 공산청년회도 새롭게 복원되었다. 조공은 학생, 노동자, 소작인을 비롯해 특히 어린 학생들에게 관심을 집중했다. 당원과 공청회원들은 마르크스주의 경향의 강연회를 개최하거나 세미나를 개최하며 좌익성향의 학생조직과 지방의 청년회를 고무했다.

그러나 일월회와 서울파 간에 파벌대립 문제가 다시 대두하였다. 재조직된 조공에서 요직을 차지하지 못하게 된 서울파는 도쿄에서 귀국한 유학파는 전혀 한국 사회에 대한 구체적 지식도 없이 추상적인 이론만 숭배하는 자들이라고 비난하였다. 반면 일월회는 서울파가 이론적인 면에서 마르크스-레닌주의를 전혀 이해하지 못하고 있으며, 따라서 공산주의 운동을 지도할 자격이 없다고 비난하였다. 일월회계는 후쿠모토 가즈오의 '결합과 분리'란 교의에 따라 일월회원들과 그들이 설득한 일부 서울파와 함께 '마르크스-레닌동맹(ML동맹)'이라는 이데올로기의 순수성을 신봉하는 집단을 형성했다. 이런 이유로 3차 조공의 중앙집행위원회는 후일 이 단체의 머리글자를 따서 ML파라 불렀다.

파벌투쟁이 가열되자 당의 지도부가 수차례 교체되는 가운데 1927년 12월 서울청년회는 서울파 만으로 구성된 새로운 조선공산당의 결성을 결의했다. 이들은 1928년 1월 별도의 공청을 조직하여 그들이 오랫동안 위협해온 대로 분리주의 운동을 공공연히 실행했다. 서울파 공산당의 출현으로 파벌투쟁은 절정에 달하여 서로 상대방에 대한 정보를 경찰에 제공하였다. 1928년 2월 3차 조선공산당의 당원 다수를 검거한 경찰은 조사가 진행됨에 따라 더 많은 사실을 밝혀내어 검거범위를 확대했다. 마침내 4월에는 서울파 공산당원들 역시 일망타진되고 말았다.

3차 조공의 지도자들이 투옥된 후 3주 후에 서울에서 공산주의자 대표가 모였다. 이들은 한국의 8도, 일본총국, 만주총국, 전 당 중앙 간부의 대표들이었다. 그러나 그 다음 날 중앙집행위원회를 구성할 권한을 가진 전형위원 3인 중 2인이 체포되었다. 체포된 전형위원 2명은 옥중에서 중앙위원회의 간부를 인선하여 그 명단을 석방되는 동료를 통해 밖으로 내보냈다. 이로써 제4차 조선공산당이 옥중에서 조직되었다.

신임 중앙집행위원회는 총사퇴를 결의한 1928년 7월 4일까지 적어도 명목상으로는 당무를 집행했으나, 경찰의 감시 때문에 당이 더 이상 활동하기는 불가능했다. 당이 내부분열로 시달리자 스파이와 밀정은 점점 더 경찰의 유효한 무기가 됨으로써 중앙집행위원회의 활동을 계속하다 가는 당이 일망타진 될 뿐이므로 총사퇴를 결의했다.

이 같은 총사퇴 결정도 4차 중앙집행위원들을 검거에서 구해주지는 못했다. 최초의 검거자로부터 얻은 정보를 토대로 8월에는 전국적인 검거를 단행하여 약 175명을 체포했다. 8월의 일제 검거를 모면한 사람들도 얼마 버티지 못하고 가을이 되자 줄줄이 검거되었다. 그 해 말로 한국의 공산주의 운동은 사실상 마비되었다.

1928년 이후 국내의 공산주의 활동

1928년 중반 4차 조선공산당이 일제의 탄압으로 해체된 후 당 재건 운동은 중단되었다. 게다가 코민테른 6차 대회 당시 모스크바에 가 있던 경쟁적 관계에 있던 두 파벌 집단의 어느 쪽도 승인하기를 거부한 코민테른은 전반적인 한국 상황을 검토할 것을 지시했다.

1930년 이후 코민테른과 프로핀테른Profintern(공산주의 노동조합 국제조직)의 방침에 따라 당 재건운동을 중지하고, 그 대신 '노동자와 농민에 대한 공산주의적 교양 훈련을 실시'하는데 주력하기로 결정했다. 그러나 계획에 착수하자마자, 일본 경찰에 의해 검거되어 1931년 겨울에 완전히 붕괴되고 말았다.

이후 만주, 일본 등 해외 망명지로부터 코민테른의 지시를 받고 국내에 진입하여 활동하다가 적발되는 일이 계속되었으며, 소련으로부터도 수많은 공작원이 파견되었다. 소련이 직접 파견한 공작원들 대부분은 모스크바 동방노력자공산대학東方勞力者共産大學 출신이었다. 이로써 한국 역시 중국이나 일본과 마찬가지로 '귀환 유학생 시대'를 맞이하게 되었다. 이들 청년의 대부분은 모스크바에 유학하기 전 국내나 만주에서 실제 운동에 종사한 경력을 가지고 있었다.

프로핀테른이 파견한 이들 공작원들의 활동은 무엇보다도 도시 노동자, 특히 흥남과 함흥, 평양 등 북부지역에 집중되었다. 이들은 노동운동에 집중했지만 그렇다고 해서 학생운동이나 지식인 운동을 등한시한 것은 아니었다. 이 시기의 한국에서 특기해야 할 사건은 경성제국대학 일본인 교수 미야케 시카노스케三宅鹿之助가 젊은 프로핀테른 공작원의 은신처를 제공해 주었다는 사실이다. 미야케 교수 사건은 식민지 한국의 지식인 사회와 관료사회에 커다란 파문을 야기하였다.

1937년 중일전쟁이 발발했을 당시 한국 공산주의 운동은 다시 한번 퇴조기에 들어갔다. 거의 모든 지도적 공산주의자는 투옥되거나 망명하거나 침묵을 지켰다. 코민테른이 부르주아와 연합해 반파쇼인민전선을 결성하라는 새로운 요구는 한국에서는 아무런 의미를 갖지 못했다. 그런데 또 다른 주목할 만한 사태가 발생하였다. 미야케 교수 사건의 핵심인물인 이재유李載裕(1903~1944)의 친구 이관술李觀述(1902~1950)은 자기 누이동생과 함께 콤그룹Com Group(1939~1945)을 조직했다. 콤그룹의 조직책인 김삼룡金三龍(1908~1950)이나 출옥 후 콤그룹의 지도자가 된 박헌영 등 이 조직의 인물들은 훗날 한국공산주의 운동에서 뚜렷한 자취를 남기게 되는 인물들이다. 이 콤그룹은 화요회파, ML파, 상해파 등 과거의 모든 파벌에서 정예분자를 흡수하였으나 1941년의 대대적인 검거로 모든 활동은 종식되었다.

3. 해방 직후의 한국 공산주의

해방 직후의 국내외 상황

해방 직후 국내외의 여러 상황은 공산주의자들에게 우호적인 분위기였다. 국내에서는 특히 학생과 지식인들 사이에서 급속히 좌경화 바람이 불고, 구질서는 와해되고 구시대적 사고방식도 크게 동요하였다. 더욱이 저명한 한국 인사들 가운데 대부분은 과거의 경력 때문에 전적으로 혹은 부분적으로 불신을 받았다. 일본 통치 질서의 돌연한 붕괴가 국내의 민족주의적 노력의 결과가 아니라 전적으로 외부적 힘의 산물이었음에도 좌익이 만들어낸 정치적 상징들이 큰 영향을 발휘하는 '해방'의 열띤 분위기가 조성되었다. 식민지 시대를 '특권, 착취, 억압'의 시대와 동일시하고 해방으로 이런 해악을 일소할 수 있기를 기대하였다.

당시 한국 사회를 괴롭히던 심각한 경제적 문제들은 좌익의 활동을 더욱 용의하게 하였다. 일제의 통제가 사라지자 인플레이션은 걷잡을 수 없었고 온갖 상품의 품귀현상이 일어났다. 식량부족 문제는 1945년에 닥친 심한 가뭄으로 더욱 심각하였다. 특히 학생과 지식인 사회에는 좌익에 유리한 다른 요인들이 존재했다. 고등교육을 받은 한국인은 극소수에 불과했는데, 그나

마 대부분의 학벌 좋은 지식인은 일본과의 협력으로 이름을 더럽혔다. 반면 좌익 활동가들은 일제의 압제에 대항하여 투쟁한 혁명가로 평가받게 되었다. 한때 공산주의 활동을 하는 게 무척 위험스러워 보였으나 해방이 된 이제는 아무 해가 없을 뿐 아니라 심리적으로 깊은 만족감을 가져다주는 행동이 되었다. 하지만 지식층 내에서 조차 공산주의와 민주적 사회주의, 자유주의의 차이점을 제대로 이해하는 사람이 드물었다.

외부적으로는 그동안 한국에 영향을 미쳤던 주변국 중 일본이 물러나고, 중국은 10년간의 전쟁으로 피폐한 상황이었으며, 미국은 멀리 떨어져 있었고 동아시아에 대한 관여 여부도 아직 불분명한 상황이었다. 그러나 소련은 한국과 국경을 접하고 있었으며, 동북아 전체에 대한 소련의 관심은 누가 보아도 확실한 상태였다. 따라서 소련과 제휴한 정치 운동은 당연히 성공할 것처럼 보였다.

해방 직후 대부분의 한국인은 소련이 북한뿐 아니라 남한도 점령할 거라고 예상했다. 일본세력이 축출되고 소련군이 대규모로 진주함으로써 정치적 지향을 가진 한국인들, 특히 좌익 성향의 사람들은 논리상 소비에트의 정치형태가 당연히 영향력을 행사하리라고 기대하였다.

공산당의 재건 및 활동

조선공산당은 노동자·농민·도시 빈민·병사·인텔리겐차 Intelligentsia[22] 등 일반 근로인민의 이익을 옹호하며, 민족의 완전한 해방과 봉건적 잔재의 일소, 혁명적 민주주의 인민 정부 수립, 프롤레타리아트Proletariat[23]의 독재를 통한 공산주의 사회건설을 최후의 목적으로 한 인류사적 임무를 수행한다.

- 박헌영의 조선공산당결성 선언문 중에서(1945.9.11)

해방 후 건국준비위원회가 정부 형태로 바뀌어감과 동시에 공산주의자들은 통일전선뿐 아니라 독자적인 활동도 힘을 기울이기 시작하였다. 당의 재조직은 옛 서울계와 화요계 공산주의자의 주도로 일본의 항복 직후부터 시작되어 8월 18일 재조직을 선언하였다. 다음 날 서울 중심가에 위치한 장안長安빌딩에는 '조선공산당 서울시당부'라는 간판이 내걸렸고, 이런 연유로 그들은 그 후 '장안파'로 불리었다.

이 시기에 남한의 공산주의 운동에서 가장 중요한 지도적 역할을 하게 되는 박헌영이 전면에 나타났다. 박헌영은 일제의 탄압 속에서 신분을 숨기고 광주지역에서 막노동자로 일하다가 해방을 맞았다. 박헌영과 소수의 옛 동지는 8월 19일 성명을 발표

---

22) 인텔리겐차: 지적 노동에 종사하는 사회계층.
23) 프롤레타리아트: 부르주아지에 대비되는 무산계급.

하여 조선공산당재건위원회 결성과 이미 존재하는 당의 해체를 요구하였다. 그리고 앞으로 추진해 나갈 공산주의 노선을 밝혔다.

박헌영과 그의 동료들은 2단계 혁명의 필요성을 강조했다. 오늘의 한국은 부르주아 민주주의 혁명, 즉 낡은 형식의 부르주아 혁명이 아니라, '특수한 신민주주의적 혁명'을 수행해야 한다고 강조했다. "혁명의 첫 단계는 공산당의 지도 아래 '광범한 민주주의적 인민전선'이 만들어져야 한다. 이 전선은 노동자와 농민, 혁명적 인텔리겐치아 그리고 모든 소자본가와 민족자본가를 포함해야 한다. 당의 주요한 임무는 적을 고립시킴으로써 사회주의 단계로의 길을 열어주기 위해 가능한 한 빨리 부르주아 단계가 완성에 이르도록 지도하는 것이다"고 하였다.

이제 공산주의자들은 역사상 처음으로 국내에서 공개적인 활동을 시작했다. 그러나 해묵은 분파주의가 다시 고개를 들어 장안파와 재건파 사이에 갈등이 벌어졌다. 장안파는 현재 조공이 엄연히 존재함에도 박헌영이 다시 당을 조직하려는 것이며, 일국일당 원칙을 무시하고 있다고 비난하였다. 그러나 공산주의자들이 모인 회의에서 재건파가 투표에서 승리함으로써 장안파는 중심 무대에서 사라지고 말았다.

9월 11일 박헌영은 조선공산당의 결성을 공식적으로 선언하고, 기관지인 〈해방일보〉를 통해 4개 항으로 된 강령을 발표했다. 요점은 "조선공산당은 노동자, 농민, 도시 빈민, 병사, 인텔리겐차 등 일반 근로 인민의 이익을 옹호하며, 민족의 완전한 해방과 봉건적 잔재의 일소, 혁명적 민주주의 인민 정부 수립, 프롤레타리아트의 독재를 통한 공산주의 사회건설을 최후의 목적으로 한 인류사적 임무를 수행한다"는 것이었다.

소련이 박헌영을 중심으로 한 새로운 조선공산당의 입장을 완전히 승인했는지는 확실치 않지만, 9월 15일 평양에서는 현준혁玄俊爀(1945.9.28. 암살됨)을 의장으로 하는 조공朝共 평남지구 확대위원회가 개최되었다. 이는 당시 북한의 주요한 공식적인 공산주의 조직이었고, 소비에트 당국의 직접적인 통제 아래 있었다. 현준혁파는 '9월 성명'을 발표하여 과거 조공은 민주주의 진영의 일부라기보다는 제국주의의 일부였다고 비난하고, 앞으로 일제의 잔재 세력만을 배제한 채 가능한 한 광범위한 기초위에 '민족적 통일전선' 결성을 강조했다.

남쪽 파벌들에게 '9월 성명'이 함축하는 바가 무엇이었든 간에 한국공산주의의 중심은 아직 서울에 있는 것으로 간주되었다. 남북 모두에서 서울은 조공 중앙본부의 소재지로 인식되었을 뿐 아니라 9월 중순 현재 박헌영은 평양에서도 당의 전국적 지도자로서 인정되었으나 궁극적인 권위의 중심은 평양, 즉 모스크바에 있었다.

왜냐하면 최종적인 정책 결정이 소련 권위의 두 축을 이루는 평양과 모스크바에서 이루어졌기 때문이었다. 게다가 남한을 지배한 것은 소련이 아니라 미국이었기 때문에 당의 성장과 전략이 불가피하게 이로부터 영향을 받았다. 이후 소련이 김일성을 북한의 지도자로 내세우고 그들의 속내를 드러내기 시작하면서 한국의 공산주의의 중심은 평양으로 이동하였다.

XI

대한제국(조선)의 멸망 - 일본의 침략과정

지금까지 삼팔선을 만들어낸 역사의 강물의 시원始原을 찾아 해방과 동시에 미·소 양국의 한반도 진주와 분단, 미·소 양국의 한반도 진주를 가능케 한 제2차 대전과 일본의 패망, 미·소 양국으로 대표되는 민주주의와 공산주의 간의 체제대결인 6·25전쟁과 군사분계선이 형성되는 과정, 러시아 10월 혁명과 한국의 공산주의에 이르기까지 시공時空을 넘나들며 살펴보았다.

이러한 역사의 강이 삼팔선으로 흐르게 한 근본 원인은 한국사의 절단을 가져온 역사적 지각변동이었다.

그것은 곧, 조선의 멸망, 즉 대한제국이 일본에 합병되어 일본의 식민지가 되었기 때문이다.

조선이 일본에게 패망한 근인은 19세기 중엽 이후 전개되는 근대화과정에서 국력이 차이가 발생했기 때문이다.

한 마디로 요약하면, 일본은 명치유신을 통해 부국강병을 이루었지만. 조선은 외세에 의존하여 자주적인 부국강병을 이루는데 실패하였다.

부국강병을 이룬 일본은 운요호 사건을 일으켜 강화도조약(조일수호조규)이라는 불평등 조약을 맺음으로써 조선을 침략하기 시작하였다.

일본은 청·일 전쟁에서 승리하여 중국을, 러·일 전쟁에서 승리하여 러시아를 한반도에서 밀어낸 후 을사조약으로 외교권을 빼앗고 이어서 통치권 마저 앗아감으로써 조선(대한제국)은 일본의 식민지가 되고 말았다.

1. 일제의 한국 강점

헤이그 만국평화회의와 고종의 퇴위

일제는 1905년 러·일 전쟁에서 승리하여 한반도에서 독점적인 지위를 확보하고, 같은 해 11월 17일 을사늑약을 체결하여 한국의 외교권을 강탈하였다. 그리고 일본은 통감부를 설치하여 조선통감이 한국을 지배하기 시작하였다. 한국은 실질적으로 이때부터 일본의 식민지가 되었다.

외교권을 빼앗긴 대한제국 황제 고종은 1907년 네덜란드 헤이그에서 제2차 만국평화회의萬國平和會議가 열린다는 소식을 전해 들었다. 고종은 한국 대표가 평화회의에 참석해 열강을 상대로 을사늑약 체결의 불법성을 알리고 헤이그 만국재판소萬國裁判所에 일본의 만행을 제소하는 방안을 추진하였다.

그러나 한국은 외교권이 박탈되어 참가자격이 없었다. 이에 고종은 전 의정부 참찬 이상설李相卨(1870~1917)·평리원 검사 출신 이준李儁(1859~1907)·전 러시아주재 공사관 참사관 이위종李瑋鍾(1887~?)을 밀사로 파견하였다. 이상설은 을사조약 체결당시 을사오적을 처벌하라는 상소를 올린 인물이고, 이준은 평리원平理院 검사시절 을사늑약을 반대하다 투옥된 인사들을 석방하라는 고종황제의 명을 어긴 직속상사를 고발할 정도로 기개가 높고 소신이 뚜렷한 사람이었으며, 이위종은 아관파천을 주도한 이범진李範晋(1852~1910)의 아들이었다.

대표단은 1907년 6월 헤이그에 도착해 회의참석을 위해 열강의 대표들과 교섭하였으나 외교권이 일본에 위양되었다는 이유로 회의 참석이 좌절되었다. 대표단은 성명서를 발표하여 일본을 규탄하는 세 가지 이유를 밝혔다.

"일본인들은 황제의 재가 없이 한일협약을 체결하였고, 그들의 목적 달성을 위하여 대한제국의 조정에 무력행사를 했으며, 모든 국법과 관례를 무시하였다"는 것이었다.

하지만 이 같은 호소에도 불구하고 특사들의 회의 참석은 끝내 무산되고 말았다.

일본이 평화회의 참가국에 한국 특사들이 대표성이 없다고 방해하였을 뿐만 아니라 당시 평화회의는 제국주의 국가들이 세력 확장 과정에서 상호간에 불필요한 충돌이나 마찰을 예방하려는데 목적이 있었기 때문에 한국 특사의 청원은 무시될 수밖에 없었다. 이준은 밀사로서의 뜻을 이루지 못하자 분사憤死하고 말았다.

헤이그에서 특사들이 고군분투하고 있은 때 일본은 이를 구실로 고종의 퇴위를 압박하기 시작하였다. 7월 6일 통감 이토 히로부미는 내각 총리대신 이완용李完用에게 "황제가 협약을 무시하고 일본에 적대적인 행위를 하였으니, 일본은 한국에 대해 전쟁을 일으킬 이유가 분명하다"고 하면서 고종에게 퇴위를 촉구할 것을 주문하였다. 이에 따라 이완용이 경운궁에서 내각회의를 소집하자, 농상공대신 송병준은 고종에게 이번 일은 폐하에게 책임이 있으니 친히 동경에 가서 사죄하든지 하세가와 주둔군 사령관을 대한문 앞에서 맞이하라"고 윽박질렀다.

일본 각의에서도 이번 기회를 놓치지 말라며 한국에 대한 모든 권력을 장악하라는 지침을 이토 통감에게 내렸다. 이에 따라 일본군 포병중대가 남산에 6문의 대포를 설치하여 경운궁(지금의 덕수궁)과 종로를 겨냥하고, 보병 1개 연대는 경운궁을 포위한 가운데 고종을 위협하였다.

고종은 7월 18일 "이 후 군국의 대사를 황태자로 하여금 대리케 한다."라며 퇴위가 아닌 황태자의 섭정攝政을 승인하였다. 그러나 일본은 계속 고종이 퇴위하도록 위협하여 결국 7월 19일 강제 퇴위하였다. 이로써 대한제국 제2대이자 마지막 황제 순종이 황제위에 올라 연호를 융희隆熙로 정하였다. 그러나 나라의 운명은 거의 기울어지고 있었다.

한·일 병합 - 일제의 식민지가 되다

일본이 무력으로 위협하는 가운데 고종의 양위 조서가 내려지자 민심은 극도로 악화되어 격분한 국민들은 일진회一進會(송병준, 이용구가 조직한 친일단체, 1904~1910)의 기관지인 〈국민신보사〉를 습격하여 파괴하고 일본인을 곳곳에서 습격하였다. 그러나 무력으로 이를 진압한 일본은 고종의 양위에 만족하지 않고 더욱 압박의 정도를 가중시켰다.

일제는 한국의 내정을 장악하기 위하여 한·일신협약(정미7조약, 1907.7)을 강제하고, 통감이 한국의 내정에 일일이 간섭할 수 있는 권한을 정식으로 가지게 되었다. 협약의 내용은 시정개선에 대하여 통감의 지도를 받아야 하고, 법령의 제정이나 중요한 행정상의 처분을 할 때 통감의 사전 승인을 받아야 하며, 고위 관리의 임명과 외국인 초빙은 통감의 동의를 받도록 하고, 통감이 추천한 일본인을 관리로 임명하도록 하였다. 이에 따라 제1차 한일협약(1904)으로 시작된 각부의 고문을 없애고, 각 부에 차관이하 다수의 일본인 관리를 임명하여 이른바 차관정치次官政治가 시작되었다.

한일신협약을 체결하여 한국의 내정을 장악한 일제는 더 나아가 한국의 군대를 해산하였다. 당시 수도 서울에 시위대 4천 명, 지방에 진위대 4천8백 명으로 대한제국의 군대는 9천 명 미만이었다. 일제는 이 작은 규모의 군대마저 재정이 어렵고 징병제가 실시될 때까지 잠정적 조치라는 핑계로 해산하여 버렸다.

이제는 국가를 방위하는 군대마저 없는 나라가 되었다. 이러한 일제의 조치에 분개한 군인들이 봉기하였다. 1907년 8월 1일 일제가 군대해산을 강행하는 것을 본 시위보병 1대대장 박성환朴星煥이 분하여 자살하자 제1대대 장병이 무기를 들고 일어나고, 제2대대의 장병들도 이에 호응하여 일본군대와 시가전을 전개하였다. 그러나 지휘체계가 미비하고 장비도 부족하여 지방으로 밀려나 각지의 의병과 합세하여 무력항쟁을 계속하였다. 이러한 의병활동은 일본군의 강력한 대응으로 점차 약화되었으며 1910년 일본의 강점 후에는 만주 등 국외로 탈출하여 항일 무장독립투쟁으로 발전하였다.

또한 일제는 기유각서己酉覺書(1909.7.12)를 교환하여 사법권마저 강탈해 감으로써 국가 통치의 모든 권력은 일제의 손으로 넘어갔다. 1909년 이토 히로부미(초대총리, 1841~1909.10.26)가 안중근에게 저격당하여 죽자 일제는 이를 구실로 한국의 강점을 서둘렀다. 융희 4년(1910) 일제는 한국을 합방하기 위하여 육군대신 테라우치 마사다케寺內正毅(1852~1919)를 3대 통감으로 임명하였다. 그는 부임하기 전 동경에서 한국의 경찰권을 이양 받는 조약을 체결하고(1910.6), 통감으로 부임하여 일본 헌병 2천명을 증원해 헌병 경찰제도를 실시하였다.

모든 국가통치권을 빼앗은 일제는 〈황성신보〉, 〈대한민보〉, 〈대한매일신문〉 등 언론매체를 정간시켜 국민의 눈을 가리는 작업을 한 후 총리대신 이완용과 더불어 한일 합병안을 만들어 8월 22일에 조인하였다. 합방조약을 만드는 데 문제가 된 것은 황족과 매국분자들의 신분 보장에 관한 것뿐이었다.

조약은 조인되었으나 국민의 여론이 무서워 감히 발표를 못하고, 애국단체를 해산하고 애국지사 수천 명을 무단 검거하는 등 발표를 위한 사전 준비를 한 후 1910년 8월 29일 순종 황제로 하여금 병합조서를 발표하게 하였다. 이로써 대한제국은 종말을 고하고 한국인은 주권을 빼앗긴 채 일제의 식민통치하에 들어가게 되었다. 일제의 침략에 의한 국권의 박탈은 한국사에 있어서 가장 비극적인 사건이었다.

500년 왕조가 무너지고 수천만 한국인들이 일제의 핍박을 당하도록 한 망국의 근본적 이유는 무엇보다도 나라의 힘이 약했다는 사실이다. 그렇다면 나라의 힘을 약하게 만든 원인은 무엇인가. 조선은 부국강병의 기회를 놓쳤고, 그 사이에 일본은 나라의 부와 군사력을 키웠다. 그 국력의 차이가 조선 망국의 결과를 초래했다.

2. 일본의 메이지 유신明治維新과 부국강병

미국의 포함외교砲艦外交와 개국

일본의 근대사는 1853년 6월 미국 태평양함대 사령관 페리Perry(1794~1858)가 4척의 흑선(검은색을 칠한 군함)에 80문의 대포를 앞세우고 에도(동경)만에 나타나면서 시작되었다. 페리가 필모어Millard Fillmore(미국 제13대 대통령, 1800~1874) 미 대통령의 친서를 쇼군將軍(당시 일본 에도바쿠후 의 최고 책임자, 실질적인 통치자)에게 전달하겠다며 쇼군과의 면담을 요구하였으나 거절되자 페리제독은 대포 몇 발을 발사하여 위협을 가한 후 친서를 전달하고 1년 후에 다시 오겠다고 통고하고 돌아갔다.

1840년의 아편전쟁에서 중국이 영국에 패배한 것을 알고 있는 에도바쿠후江戸幕府는 강대국인 중국을 단번에 무너뜨린 강력한 군사력에 대한 두려움과 일본도 서양 열강에 짓밟힌 중국과 같은 운명에 처할지도 모른다는 절박한 위기감에 휩싸였다. 미증유의 위기 앞에 자신감을 잃은 바쿠후는 미국의 개국요구를 천황에게 보고하고 전국의 다이묘大名(번의 영주)들에게 미국의 요구에 어떻게 대응할 것인가에 대해 자문을 구하였다. 자문에 응한 다이묘들 다수는 미국의 통상요구도 거절하고 전쟁도 피해야 한다고 주장했으나 결국 다음 해인 1854년 가나가와神奈川(日米和親条約)조약을 맺어 개국하였다.

이와 같이 페리가 끌고 온 쿠로후네黑船에 의한 개국으로 일본의 근대화가 시작됨과 동시에 천황과 유력한 다이묘들이 정치의 전면에 등장하면서 이후 메이지 유신의 길로 나아가는 계기다 되었다.

일·미 수호통상조약 체결

미국은 가나가와조약(일미화친조약)으로 일본을 개항시켰지만 일본시장에 침투할 수 있는 통상조약을 맺지는 못하였다. 1856년 시모다下田(도쿄 인근 시즈오카현에 소재)에 부임한 해리스 미국 총영사는 바쿠후 관리에게 통상이 가져오는 현실적 이익을 설명하는 한편, 중국에서 벌어지고 있는 애로호사건24)Arrow(1856, 제2차 아편전쟁의 계기가 됨)을 거론하면서 통상조약 체결을 강요하였다. 이번에도 바쿠후가 다이묘들의 의견을 묻자 다이묘들은 통상조약의 체결은 반드시 천황의 칙허를 받아야 한다고 주장하였다. 통상조약 체결에 대한 반대가 심해지는 가운데 바쿠후가 천황의 허가를 요청하자 천황이 반대함으로써, 바쿠후는 예상 밖의 상황에 직면하게 되었다.

한편 중국에서는 영국·프랑스 등의 연합군이 베이징을 점령

24) 애로화건: 1856년 청나라와 영불 연합군 사이에서 일어난 전쟁.

하고 불평등 조약을 강요한다는 소식이 전해지자 해리스 미국 영사는 청을 굴복시킨 이들 함대가 통상조약을 거부하는 일본을 정벌하기 위해 준비 중이라고 위협했다.

진퇴양난에 빠진 바쿠후幕府는 천황의 칙허 없이 일·미 수호 통상조약의 조인을 강행하였다. 이 조약에서 일본은 이미 개항한 두 항구 외에 가나가와·나가사키·니가다·효고를 추가 개방하고, 에도와 오사카에 외국인 거주를 허용하였으며, 협정관세·치외법권·최혜국 대우를 약속하였다. 이는 일본에게 불리한 불평등 조약으로 서구 제국주의 국가의 침략 위협에 굴복한 것이었다.

조약내용이 발표되자 일부 사무라이侍들을 중심으로 조약 체결에 반대하고 외국인을 살해하는 등 서양세력을 배척하는 양이洋夷(서양 오랑캐)운동이 일어났다. 또한 당시 현안이었던 쇼군의 후계자 문제를 둘러싸고 바쿠후와 반反바쿠후파 사이에 갈등이 벌어졌다.

바쿠후는 더 이상 밀리 수 없다고 생각하여 반대파와 비판파를 뿌리 뽑으려고 대옥사大獄事를 일으켜 조약체결에 반대했던 다이묘들에게 칩거를 명하고 노골적인 바쿠후 비판자들을 처형했다. 이 과정에서 훗날 메이지유신을 주도한 사무라이들의 정신적 지주였던 요시다 쇼인吉田松陰(1830~1859) 등이 목숨을 잃었고 100여 명이 처형되었다.

반 바쿠후反幕府운동

천황의 칙허 없이 통상조약에 조인하고 공포정치로 반대파를 탄압한 바쿠후의 강경조치는 격심한 반발을 낳아 바쿠후에 대한 반대운동 즉 반反바쿠후 운동이 일어났다. 통상조약으로 외국과의 무역이 자유로워지면서 경제에 혼란이 일어나고 외국인이 일본의 중심도시를 활보하는 것을 보며 많은 사무라이들은 무기력한 바쿠후와 이질적인 외국인에 대해 분노를 느꼈다.

반면 통상조약에 분명한 반대의사를 표했던 천황은 혼란하고 무기력한 시대의 위기를 극복할 수 있는 강력한 표상으로 떠올랐다. 이러한 상황에서 존황양이尊皇攘夷(천황을 받들고 서양을 배격함)는 사무라이들의 대의명분이 되었다. 이러한 추세는 폭넓게 사무라이 계층으로 확산되었으며, 사쓰마薩摩·조슈長州·도사土佐번의 하급 무사들을 중심으로 전개되었다. 그들은 통상조약 체결에 반대하여 바쿠후의 탄압을 받으면서도 사무라이 정신을 행동으로 보여주고 죽어간 요시다 쇼인에게서 많은 영향을 받았다.

요시다 쇼인은 쇼군이나 다이묘 같은 기존 통치자들은 무능하여 외국의 위협에 굴복하고 권위를 상실했으므로 오직 천황만 믿고 존경해야 하며, 일본을 구원하기 위해서는 부나 권력에 물들지 않은 깨끗하고 결연한 의지를 가진 소수의 사무라이가 봉기하여 천황에 대한 충성심으로 통합해야 한다고 가르쳤다.

즉, 소수정예의 사무라이의 봉기와 천황에 대한 충성이 요시다 사상의 정수였다.

존황양이파는 암살과 테러를 전술로 삼아 천황의 칙허 없이 통상조약을 체결한 바쿠후 관료에 대한 암살과 테러를 감행하고 외국 상인과 관원들을 습격하는 한편, 서양과 대결하여 통상조약을 파기시키려 했다. 존황양이파의 거점인 조슈번은 1863년 5월 시모노세키下關해협을 통과하는 미국·영국·네덜란드 함선을 공격하였으며, 1864년에는 바쿠후 타도를 위해 에도로 쳐들어갔으나 실패했다.

이를 계기로 바쿠후는 존황양이파의 거점인 조슈번을 토벌하기 위해 각 번의 군대를 모아 원정에 나서고, 영국·프랑스·네덜란드 연합함대는 조슈번의 시모노세키 포대를 공격하였다. 조슈번의 바쿠후에 점령당하면서 존황양이 운동은 무너지고 말았다.

메이지 유신明治維新

폭력적인 방법으로 통상조약에 반대하고 외국인에 적대적인 태도를 보이던 존황양이파는 양이洋夷가 불가능하며 개국이 불가피함을 인정하고 그 운동 방향을 바쿠후 타도로 전환하였다. 1866년 3월 도사번土佐藩 출신의 사카모토 료마坂本龍馬의 주선으로 사쓰마번과 조슈번이 비밀동맹을 맺고 도막倒幕(막부 타도) 운동의 기반을 마련한 후, 1867년 사쓰마번의 사이고 타카모리西鄕隆盛·조슈번의 기도 다카요시木戸孝允·도사번의 사카모토 료마(1836~1867) 등 도막파의 지도자들은 천황측 인사들과 공동으로 바쿠후의 통치권을 천황에게 돌려줄 것을 요구하는 대정봉환大政奉還을 주장하면서 새 국면으로 들어섰다.

1868년 사쓰마·조슈·도사번은 바쿠후 타도의 기치를 내세우고 군대를 동원하여 천황이 있는 황거皇居(교도에 있었음)의 출입을 봉쇄한 가운데 천황의 정치로 돌아간다는 황정복고령皇政復古令을 발표하였다. 이어서 천황군은 바쿠후군과 싸움을 벌여 쇼군의 근거지인 에도(동경)를 점령함으로써 260여 년간 지속된 도쿠가와 바쿠후德川幕府의 사무라이 통치시대는 막을 내리고 메이지 천황의 통치시대가 열렸다.

바쿠후를 타도하고 집권한 메이지유신 정부는 지방분권적 봉건적 지배체제를 중앙집권적인 지배체제로의 전환을 추진하였다. 1869년 판적봉환版籍奉還을 단행하여 각 번의 영주, 즉 다이묘가 영지 지배권과 백성 지배권을 천황에게 바치게 하고, 천황이 영주들을 지사로 임명하여 번의 행정을 담당하도록 했다. 이로서 토지를 매개로 하여 충성과 보호의 의무관계인 봉건제도는 폐지되었다.

1871년에는 다이묘 출신 지사들을 소환하고 번藩을 폐지하여 새로이 현縣을 설치하는 폐번치현廢藩置縣을 시행하여 중앙에서 파견한 지사가 현의 행정을 담당하게 했다. 이로서 유신정부가 단행한 판적봉환과 폐번치현으로 바쿠후체제의 봉건적인 지방행정체제를 청산하고 실질적인 중앙집권화가 이루어졌다.

유신정부는 또한 사무라이들의 특권을 폐지하는 정책을 시행하였다. 1873년 징병령을 발표하여 20세 이상 모든 남자는 3년 이상 현역에 복무하고 4년간 보충역으로 근무하는 국민개병제國民皆兵制를 시행하였다. 이로서 사무라이만이 갖고 있던 군사적 특권이 사라지게 되고, 아울러 폐도령廢刀令이 내려져 사무라이들이 칼을 휴대하는 것이 금지되어 평민과 구별되던 사무라이의 특권은 모두 없어지게 되었다.

1872년 근대식 교육제도를 확립하여 소학교 6년, 중학교 6년, 대학교 4년의 학제를 마련하고 소학교를 의무교육으로 하였다. 그리고 근대적 자본주의 체제를 도입하여 부국강병책을 추진하였다. 근대적 은행제도·통화제도를 도입하고, 산업진흥책을 수립하여 주요산업을 보호하고 장려하는 등 다양한 개혁을 추진하였다.

이와 같이 중앙집권체제의 확립과 근대적 자본주의 제도의 도입을 위하여 광범한 정치·경제·사회개혁을 단행하여 근대적 국가체계의 기반이 구축되었다. 그러나 전 시대의 주역이었던 사무라이들의 경제적·사회적 몰락과 개혁에 필요한 비용이 농민의 부담으로 전가됨으로써 개혁과정에서 희생된 사무라이와 농민의 불만이 점차 고조되었다.

한국 정벌론征韓論의 대두

1873년 메이지정부 지도자들은 불평등 조약의 시정과 서양의 선진국을 직접 시찰하기 위해 2년 동안 미국과 유럽 시찰에 나섰다. 정한론은 이때 국내에 남아 있던 사람들로부터 나왔다. 국내에 남아 유신 정부를 이끌고 있던 육군 대신 사이고 다카모리 (1828~1877) 등은 개혁과정에서 경제·사회적으로 특권을 상실하여 유신 정부에 적대감을 갖고 있는 사무라이들을 달랠 방법을 모색하였다. 그 방법의 하나가 사무라이들에게 외국 침략의 기회를 줌으로써 국내에서 박탈당한 특권을 보상해 주려는 한국 정벌론 즉 정한론이었다.

당시 조선은 대원군이 정권을 잡고 있던 시기로 메이지유신 직후 일본 정부가 보낸 메이지유신을 알리는 외교문서 수취를 거절한 바 있었다. 그 이유는 조선과 일본은 상호 대등한 교린 관계인데 '천황'이라는 용어를 사용하는 것은 부적합하다는 것이었다. 이에 사이고 다카모리는 자신을 조선에 파견해 줄 것을 요청했다. 만일 조선이 일본의 요구를 거절하면 구실을 만들어 조선을 정벌하겠다는 생각이었다.

이 무렵 서양을 시찰하고 돌아온 일행은 우선 서양에서 배워 온 것을 국내개혁에 적용하여 힘을 기른 후에 전쟁을 일으키는 것이 타당하다며 정한론을 반대하였다. 결국 정한론은 미루어지고 주창자는 모두 사임하였다.

정한론의 뜻을 이루지 못한 사이고 다카모리는 고향인 사쓰마로 내려가 정부의 정책에 반기를 들고 그곳의 사무라이들과 무장봉기를 하였으나 실패하고 자살하였다. 그러나 그의 정한론은 수면 아래서 살아 있다가 1875년 수면 위로 올라와 운요호雲揚號사건을 일으키고 조선 침략을 시작하였다.

3. 조선의 쇄국정책

조선으로 밀려오는 제국주의 물결

조선에서 세도정치勢道政治(극소수의 권세가를 중심으로 국가가 운영되던 정치형태)가 실시되던 19세기, 서양에서는 산업혁명을 거쳐 자본주의 경제체제를 고도화하고 독점자본주의 시대로 접어들었다. 그들은 상품시장·원료공급지 그리고 자본의 투자처를 확보하기 위해 군함을 앞세워 아시아 여러 나라로 침입해 왔다.

영국은 아편전쟁에서 승리하여 중국과의 통상조약을 체결하여 문호를 개방시키고(1842), 이어 애로호 사건을 계기로 영·불 연합군이 베이징을 점령하였다(1860). 이를 계기로 러시아는 연해주 일대를 그 영토로 확보하여 조선과 국경을 맞대게 되었다. 또 미국도 일본을 위협하여 문호를 개방하고 통상조약을 체결하였다(1858).

조선에도 제국주의의 물결이 밀려왔다. 서양의 선박은 이미 18세기부터 조선 연해에 나타나 처음에는 탐험과 측량을 목적으로 하다가 19세기에 들어와서는 통상을 요구하기에 이르렀다. 1832년(순조 32) 영국 상선 암허스트 호Lord Amherst가 충청도 해안에 나타나 통상을 요구하였고, 1845(헌종 11년)에도 역시 영국 군함이 남해안에 이르러 측량을 하고 돌아갔다. 이듬해에는 프랑스의 군함이 충청도 연안에 출현하였으며, 1854(철종 5년)에는 러시아 선박이 함경도 해안에 나타났다. 이들 이양선異樣船의 출몰은 조선의 조야에 커다란 위협을 주었다. 특히 중국에서 벌어진 아편전쟁과 영·불 연합군의 베이징 점령 소식은 이들 서양세력이 조선에도 침공할지 모른다는 우려를 자아냈던 것이다.

대원군의 집권과 쇄국정책

중국과 일본이 서양 열강의 압력으로 문호를 개방하던 엄중한 시기인 1863년, 조선 25대 철종이 재위 14년 만에 후사 없이 죽자 고종이 12세의 어린 나이로 즉위하고 그의 생부인 흥선군 이하응興宣君 李昰應(영조의 증손)이 대원군大院君(1820~1898, 종친 중에서 왕위를 계승할 때 신왕의 생부를 호칭하던 말)으로 정치의 실권을 잡게 되었다.

전통질서를 재정비하고 조선 왕조의 집권체제를 강화하려는 대원군의 개혁정치에 있어서 서양세력의 통상요구는 일단 저지해야할 대상이었다. 게다가 대원군의 집권 이전부터 프랑스 선교사가 국내에 잠입하여 선교 활동을 함으로써 천주교 신자가 나날이 늘어나고 있었으며, 의주·동래의 국경무역을 통해 서양화물이 들어와 사용됨으로써 당시 조선에서는 이러한 서양세력의 침입에 대한 위기의식이 고조되고 있었다.

따라서 천주교를 금압禁壓하고 서양 물품의 유입을 엄금하여야 한다는 여론이 강하게 일어났다. 이와 같은 여론에 힘입어 대원군은 통상거부의 쇄국정책을 고수하여 서양의 통상요구에 불응하고 서양 물품의 금단을 명하는 한편, 천주교에 대한 탄압을 단행하였다.

당시 조선에는 베르뇌Berneux(張敬一), 리델Ridel(李福明) 등 12명의 프랑스 선교사가 활동하고 있었고 신도가 2만여 명에 이르고 있었다. 대원군은 처음에는 천주교에 관용적인 편이었다. 또한 1860년 이후 두만강을 넘나들며 위협적인 대상이 된 러시아를 견제하기 위하여 프랑스의 선교사를 이용하려고 까지 하였다. 그러나 그 교섭이 이루어지지 않고 유생과 양반들이 강력한 주장이 일어나 결국 천주교를 탄압하게 되었다. 이리하여 9명의 프랑스 선교사와 남종삼南鍾三 등 수천 명의 신자들을 처형하는 병인사옥丙寅邪獄이 일어났다(우리나라 최대 규모의 가톨릭 박해사건, 1866, 고종 3년).

프랑스군의 강화도 침공 - 병인양요丙寅洋擾

병인사옥 후 쇄국정책이 강화되고 서양제국과 통상관계를 맺은 일본마저 경계의 대상이 되면서 오직 청국과의 교섭만이 허락되었다. 이에 따라 대원군 치하의 조선과 평화적인 교섭에 의해 통상관계를 맺는 것은 어렵게 되었다. 이에 서구 제국주의 국가는 무력적인 위협으로 통상관계를 맺으러 시도하였고 그러한 움직임은 서구 열강의 강화도 침입으로 나타났다.

첫 번째 침략은 1866년(고종3) 병인년에 있었다. 병인사옥 때 조선에 와있던 12명의 신부 중 9명이 체포되어 처형되었으나 3명은 탈출하여 중국으로 갔다. 그들 중 한 명인 리델 신부가 탄압의 사실을 청국주재 프랑스 공사에게 알리자, 프랑스 공사는 청의 외교부서인 통리아문統理衙門에 조선을 치겠다고 통고하였다.

당시 프랑스는 나폴레옹 3세 치하로 선교사를 먼저 보내 선교활동을 펴게 하고 문제가 발생하면 군대를 보내 침략하는 제국주의 정책을 추진하고 있었다. 청국주재 프랑스공사 벨로네Bellonet와 극동함대의 로즈G.Rpze 사령관은 이 사건을 빌미로 무력으로 조선을 개항시키고자 하였다. 1866년 8월 산동성 지부항을 출발한 프랑스 군함 2척은 한강을 거슬러 양화진에 이르러 정세를 살피고 돌아갔다. 조선에서는 연안경비 강화, 함선수리 등 침략에 대비하고, 유생들은 오랑케를 배격하자고 목소리를 높였다.

한 달 뒤 다시 강화도 앞바다에 나타난 프랑스군은 군함 7척에 600여 명의 병력을 동원하여 한강 하류를 봉쇄하고 강화부江華府를 점령하였다. 조선 측은 프랑스군에 물러나라고 격문을 보냈으나, 프랑스 측은 선교사를 살해한 주모자를 처벌하고 전권대사를 파견하여 통상조약을 체결하라고 맞섰다. 프랑스군은 문수산성을 정찰하고 경기수영京畿水營을 포격하는가 하면 정족산성에 정찰대를 보내기도 하였다.

대원군은 강화 수비군을 강화시키는 한편, “오랑캐를 몰아내 나라를 지키자”고 호소하여 국민의 적개심을 고취시키고 지방에서 모집한 호랑이 사냥꾼 500여 명을 정족산성에 잠복시켰다. 로즈 제독은 조선군을 얕잡아 보고 160여 명의 병력을 보내 정족산성鼎足山城[25)]을 공격하게 하였다.

조선군의 기습사격을 받은 프랑스군은 6명이 현장에서 즉사하고 30여 명이 부상을 입었다. 전투에서 패배한 프랑스군은 겨울이 다가오고 조선의 병력이 늘어나자 당장 통상조약 체결요구가 수용되기 어렵다고 판단하고 강화도에서 퇴각하였다. 퇴각 직전 프랑스군은 강화부에 불을 질러 파괴한 뒤 외규장각外奎章閣(정부의 문서 서적 등을 보관하던 기관)의 서적·금·은괴 등을 약탈하였다. 그 중에는 조선의궤朝鮮儀軌(국가적 행사의 내용과 절차 등을 그림과 글로 설명한 책) 등 중요한 문서와 서적이 포함되어 있었다.

25) 정족산성: 인천광역시 강화군 길상면 鼎足山에 있는 古城.

신미양요辛未洋擾와 척화비斥和碑

대원군의 용기와 결단력은 높이 평가할 만하다. 그러나 해외 사정에 대한 무지와 그릇된 세계정세 판단으로 역사의 물줄기를 거스르며 나라의 정책 방향을 이끌어간 것은 더 할 수 없는 실책이다. 참으로 애석하다.

- 독립운동가이며 역사학자인 박인식朴仁植의 「한국통사」에서

1866년 미국 상선 제너럴 셔먼Genmeral Sherman호가 대동강을 거슬러 올라 평양에 이르러 교역을 요구하다 장마로 불어난 강물에 밀려 만경대에까지 이르렀다. 비가 그치고 물이 빠져 운항이 어려워지자 불안한 승무원들은 대포를 쏘아 조선인 병사와 일반인을 다치게 하였다. 이에 대응하여 조선군 측에서 화공을 가하자 셔먼호는 불에 타고 선원들은 사망했다.

미국은 이 사건을 빌미삼아 조선을 무력으로 개항시키려 하였다. 1871년 미국의 아시아 함대 사령관 로저스는 콜로라도호Colorado號를 기함으로 군함 5척에 군사 1,200여 명, 대포 85문을 탑재하고 조선 원정에 나섰다. 로저스는 인천 앞바다에 도착하여 수로를 측정한다고 조선 측에 통보한 뒤 강화해협으로 진입하였다. 4월 20일 상륙부대와 포병대·공병대·의무대 등을 동원하여 초지진을 점령하였다. 이날 미 해병이 광성보廣城堡로 진격해 들어오자 어재연魚在淵(1823~1871)이 600여 명의 병력으로 결사 항전하여, 남북전쟁에 참전했던 막강 미군과 화승총을 든

조선군 사이에 치열한 전투가 벌어졌다. 한 시간여의 공방전 끝에 광성보는 미군에 함락되었다. 조선군 피해는 어재연을 포함하여 전사자 350명, 부상자 20여 명인 반면 미군은 전사자 3명, 부상자 10여 명이었다.

광성보를 점령한 로저스는 다음날 본 함대로 돌아가 조선 정부의 항복 선언 의사표시를 기다렸으나 도착한 서신은 미군의 침략행위를 규탄하는 내용이었다. 로저스는 보유병력만으로는 조선 전체를 상대로 군사행동을 할 상황이 못 된다는 것을 알고 중국으로 돌아가고 말았다.

프랑스와 미국을 물리친 대원군은 의기양양하여 쇄국정책을 더욱 강화하였다. 대원군은 쇄국정책의 결의를 다지기 위해 척화비를 만들어 종로와 지방 각지에 세워 전 국민의 결속을 다짐하였다. 척화비에는「양이침범, 비전즉화, 주화매국洋夷侵犯 非戰則和 主和賣國(서양 오랑캐가 침범하는데 싸우지 않으면 화친하는 것이며, 화친을 주장하는 것은 나라를 팔아먹는 것이다)를 전면에 새기고, 후면에는 자손만대에 경계하기 위하여 병인년(1866)에 만들어 신미년(1871)에 세우다」라고 새겨 놓았다.

사실 프랑스와 미국이 물러난 것은 각각 자국이 처한 상황 때문이었다. 프랑스는 당시 베트남 경략에 힘을 집중할 때였으며, 미국은 남북전쟁(1861~1865) 후 국내 혼란을 수습하는 과정에 있었기 때문에 조선 문제에 적극적일 수 없었다. 또한 영국의 경우는 인도 경영으로, 러시아는 새로 획득한 연해주 개척으로 조선 문제에 대한 관심을 크게 가질 여유가 없었으므로 조선의 통상 거부 정책은 당분간 더 유지될 수 있었다.

이와 같이 조선은 그 자체의 복고적 체제 강화에 노력을 기울이고 서양세력의 문호개방 요청에 대해 쇄국정책을 고수함으로써 새로이 펼쳐지는 역사적 상황에 대처하는 보다 적극적이고 능동적인 정책을 마련하지 못하고 말았다.

4. 조일수호조규朝日修好條規와 개항
- 일본의 침략 발판 마련

대원군의 실각과 외교정책의 변화

대원군의 전제적인 개혁정책이 추진되는 과정에서 점차 그의 정책에 반대하는 세력이 형성되고 있었다. 혁신적인 개혁정책의 성과가 적지 않았지만, 서원의 철폐나 조세정책의 개혁에 따른 양반·유생들의 반발이 일어났다. 또한, 경복궁 중건에 따른 경제적 혼란과 농민들의 강제노역 등은 일반 백성들로부터도 원성을 듣게 되었다.

정치적으로는 대원군에 의해 실각된 안동 김金 씨 일문, 그리고 원래 대원군과 손을 잡았으나 점차 그의 독선적 정치에 대해 불만을 품게 된 풍양 조趙 씨 일문 등이 대원군에게 적대하게 되었다. 또한, 강경한 대외정책에 대해서는 통상 개화론자에 의한 비판의 소리가 제기되고 있었다. 이에 따라 본래부터 정치적 기반이 없었던 그는 고립무원의 상태에 빠지게 되었다. 이러한 때 은연중 고종의 왕비 민 씨閔氏의 세력이 성장하여 마침내 대원군을 실각시키기에 이르렀다.

앞서 대원군은 외척세도의 폐단을 재현하지 않기 위해서 고종의 비妃를 정할 때 집안이 한미寒微한 민 씨閔氏 가문을 택하였다. 그런데 오히려 민비는 대원군의 독단에 반감을 품고 반反 대원군세력을 규합하여 고종 10년(1873) 국왕의 친정을 주장하면서, 대원군의 실정을 공격하는 유생 최익현崔益鉉의 상소를 계기로 대원군을 실각시키는데 성공하였다. 이로써 고종의 친정체제가 수립되었지만 정치 권력은 왕비의 집안인 민 씨 일문에게 돌아가게 되었다. 이러한 대원군의 하야와 민 씨 일파의 집권은 조선의 국내외정책에 커다란 변화를 가져오게 하였으니, 그 하나가 바로 개항정책이었다.

일본 군함 운요호雲揚號의 영종도 점령사건

조선에서 대원군이 실각하였다는 소식을 접한 일본은 조선에 대한 개항을 강요하는 정책을 추진하였다. 1874년 11월 일본 외무성 관리 모리야마 시게루森山茂가 당시 조선과의 교섭창구인 부산 동래에 와서 메이지유신 사실을 알리고 국교 수립을 요청했으나 외교 문서상의 문구(皇帝라는 용어)와 정한론征韓論에 대한 조선 정부의 경계 분위기 때문에 거절당했다. 일본으로 돌아간 모리야마는 조선을 무력으로 정복할 것을 정부에 건의하였다.

1875년(고종 12) 9월 20일 두 척의 이양선異樣船(조선후기에 한반도의 연해에 나타났던 외국 선박)이 인천 앞바다에 나타났다. 이 이양선은 강화도 동남방 난지도 앞바다에 닻을 내리고 수십 명의 해병이 식수보급을 명목으로 보트에 분승하여 해로를 탐측하면서 강화도의 초지진에 접근하였다. 이곳을 경비하던 조선 수비병이 수차례 경고하였지만, 이들이 듣지 않자, 수비병은 포격을 가하였다. 포격을 받은 보트가 모함母艦으로 철수한 뒤 모함은 초지진에 맹렬한 포격을 가하였다. 여기에 그치지 않고 이 함대는 방향을 돌려 영종도에 병력을 상륙시켜 살륙, 약탈, 방화를 자행한 뒤 철수하였다. 이 이양선은 일본으로부터 온 군함인 운요호雲揚號였다.

다음 해 1월 일본은 운요호 사건에 대한 책임을 묻고 왜관의 거류민을 보호한다는 구실로 육군 중장인 구로다 기요타카黑田淸隆(1840~1900)를 특명전권대사로 임명하여 군함 6척과 군사 400여 명을 조선에 파견하였다. 이들은 강화도에 상륙해 무력시위를 벌이며 협상을 강요하였다. 이는 자신들이 미국의 군함을 앞세운 위협으로 개국을 한 경험을 활용한 것이었다.

조·일수호조규(강화도조약) 체결과 개항

조선 정부에서는 일본의 무력위협 행위에 대해 척왜斥倭의 소리가 높았지만 당시 우의정이던 박규수朴珪壽가 통상관계를 맺는 것이 유리하다는 주장을 펼쳤다. 이에 조정에서는 신헌申櫶(1811~1884)을 전권대신으로 강화도에 파견하여 일본과 수호조약을 체결하기에 이르렀다(1876).

전문 12조로 되어 있는 이 조약의 주요한 내용은, 조선은 자주지방自主之邦으로 일본과 평등한 권리를 보유한다(1조), 일본은 15개월 후 사신을 서울에 파견한다(2조), 부산과 그밖에 두 개의 항구를 개항한다(4조), 일본은 조선의 연해를 자유로이 측량할 수 있다(7조), 일본인이 조선에서 범죄를 저질렀을 때는 일본 관헌이 이를 심판한다(10조)는 등이었다.

이상의 내용을 보면, 이 조약은 한 마디로 불평등조약임을 알 수 있다. 즉 조차지租借地의 설정, 연해 측량의 자유, 치외법권 등은 조선에 일방적으로 불리한 내용들이며, 정치·경제·사회적으로 일본의 침략을 위한 발판을 마련한 것이었다.

5. 임오군란壬午軍亂
- 일본 공사관에 경비병 주둔 시작

개화정책의 전개

강화도조약 체결 직후에 조선 정부는 수신사修信使로 김기수金綺秀를 일본에 파견하였는데, 그는 일본에 머물면서 그들의 발전한 모습을 목격하고 그 견문을 기록한 『일동기유日東紀遊』를 국왕에게 바치었다. 한편 일본은 1879년에 하나부사 요시모토花房義質를 조선에 공사로 파견하고 조선 정부는 서대문 밖에 있는 청수관淸水館을 가공사관으로 하여 그를 머물게 하니 일본의 상주공관이 처음 설치되었다.

1880년(고종 17)에 두 번째의 수신사로 김굉집金宏集(뒤에 金弘集으로 개명)을 파견하였다. 그를 일본에 파견한 목적은 일본인들에 의한 쌀 유출문제와 인천 개항에 반대하는 정부의 입장을 전하려는 것이었으나 이는 일본 측의 무성의로 달성되지 못하였다. 김굉집은 일본에 머무는 동안 일본 정부의 고관으로부터 앞으로 조선이 계속 문호를 개방하는 것이 좋을 것이라는 의견을 들었고, 귀국할 때 청나라의 외교관 황준헌黃遵憲이 조선의 외교정책을 논한 『조선책략朝鮮策略』을 얻어와 이를 국왕에게 받쳤다.

『조선책략』의 내용은 조선이 부국강병하기 위해서는 서양제국과 통상하여 그 기술을 받아들이고 산업을 일으켜야 하며 외국에 유학생을 파견할 것 등을 권하는 것이었다. 동시에 조선의 외교정책으로는 '친중국·결일본·연미국親中國·結日本·聯美國'하여 러시아의 남하를 막아야 한다고 제안하였다.

이는 러시아의 남하에 직접 위협을 받고 있으면서, 한편으로는 조선에서의 독점적인 일본세력을 견제할 필요가 있었던 청의 입장에서 나온 의견이었다.

고종은 이 책에 깊은 관심을 가지고 여러 대신들에게 보이면서 개화에 관한 식견을 넓일 것을 권하기도 하였다. 이와 같이 조선은 일본에 파견한 수신사를 통해서 일본의 발전상과 세계정세에 대한 지식을 얻을 수 있었던 것이다.

1881년 조선정부는 외국의 새로운 문물을 수용하기 위해 일본에 신사유람단紳士遊覽團을 파견하고, 청나라에는 영선사領選使를 파견하였다. 신사유람단은 박정양朴定陽·조준영趙準永·어윤중魚允中·홍영식洪英植 등 12명의 정부 관리와 수행원을 합해 68명으로 구성하였다. 이들은 70여 일 동안 일본의 정부기관과 산업·세관·교육·군사 등의 시설을 살펴보고 귀국하여 국왕에게 보고서를 제출하고 정부의 개화정책 추진에 자료가 되게 하였다.

한편 청에 파견한 영선사는 군비강화를 위한 군기제조기술의 학습이 주된 목적이었다. 김윤식金允植이 인솔한 학도와 공장工匠 38명은 천진에 있는 기기국機器局에서 화약 및 탄약의 제조법·전기·화학·제련·기계 등과 외국어를 학습하였다. 그러나 근대 지식에 대한 기본지식이 부족하여 중도탈락자가 많았다.

게다가 정부의 재정지원이 부족하여 큰 성과를 보지 못하고 있던 차에 본국에서 임오군란이 일어나자 1년여 만에 전원 철수하였다. 그러나 이들은 귀국 시에 기기와 서적을 구입해 오고 또 천진의 기술자를 데리고 와서 서울의 삼청동에 기기창을 설치하는 등 부수적인 성과를 거두었다.

조선 정부는 보다 적극적인 개화정책을 추진하기 위해 행정기구의 개편을 단행하였다. 1880년 청의 제도를 본떠 통리기무아문統理機務衙門(조선 말 정치, 군사를 총관하던 관청)을 설치하고 그 아래에 사대事大·교린交隣·군무軍務 등 12사司를 두어 각각 해당사무를 관장하도록 하였는데, 이는 신문물의 수용과 부국강병을 보다 효과적으로 도모하기 위해 개편한 행정기구였다.

이와 더불어 군제도 개편하여 종래의 5군영(훈련도감, 어영청, 총융청, 금위영, 수어청) 대신 무위영武衛營과 장어영壯禦營 등 2영을 두었으며 군무사 아래에는 교련병대敎錬兵隊(속칭 倭別技)란 신식 군대를 별도로 조직하고 일본인 교관을 채용하여 신식 군사훈련을 실시하였다. 이 교련병대는 양반 자제로 편성된 100여 명의 사관생도와 일반 군졸로 편성되었는데 그 인원은 모두 400여 명이었다.

위정척사衛正斥邪 운동의 대두

문호개방 이후 개화사상이 고조되고 정부의 개화정책이 추진되는 과정에서 외세의 침략에 대한 위기의식을 바탕으로 존왕양이尊王攘夷(왕실을 높이고 오랑캐를 물리침)적인 위정척사운동(바른 것(正)을 지키고 사악한 것(邪)을 배척; 주자학을 지키고 외래문물 배척)이 전개되었다. 이 운동은 주로 성리학을 신봉하는 보수적인 유생들에 의해 주도되었는데, 이들은 일본의 침략과 정부의 개화정책을 규탄하였다.

1880년 김굉집이 『조선책략朝鮮策略(황준헌)』을 일본에서 들여와 왕이 개화의 필요성을 고취시키고자 이것을 관리뿐 아니라 유생들에게도 널리 돌려 읽게 하였는데, 이것이 오히려 역효과를 내어 격렬한 위정척사운동을 불러 일으켰다.

이러한 위정척사 운동은 당시 정부의 개혁정책이 외세의 침투에 직면하여 주체적으로 대처하지 못하는 것에 대한 비판에서 비롯한 애국운동적 성격의 것이었다. 뒷날 일본의 침략이 노골화되었을 때 이 위정척사 운동이 항일 의병운동으로 연장된 것은 바로 이러한 이유에서였다. 그러나 다른 한편으로는 이것이 주체적인 근대화를 위한 방법론을 제시한 것이 아니라 다만 조선왕조의 전통적인 정치체계와 경제·사회질서를 유지시키려는데 그 목적을 두고 있었다는 점에서 전근대적 성격이 강함을 부정할 수 없다.

실제로 위정척사 운동은 당시 정부로 하여금 적극적인 개화정책을 추진하지 못하도록 하는 장애물이 되었고, 그만큼 역사의 발전을 가로막는 보수적인 역기능을 가지고 있었던 것이다.

임오군란壬午軍亂 - 청의 내정 간섭 초래

개화운동과 척사운동의 대립은 개화파인 민 씨 세력과 수구파인 대원군 사이의 정치적 싸움에 얽혀 척사론을 바탕으로 하여 임오군란으로 발전하였다. 당시 서울에는 농촌이 피폐에 따른 농민이 도시 유입으로 도시 서민층이 증가하고 이들의 반정부적 분위기가 고조되고 있었다. 더욱이 정부의 급격한 개화정책과 그에 따른 일본세력의 침투에 대하여 국민들의 반감이 고조되는 가운데 군제개혁으로 천대를 받게 된 구식군인들의 불만이 폭발된 것이다(1882년, 고종19).

1881년에 개화정책의 일환으로 신식군대인 교련병대(별기군)가 창설된 후 이들은 특별히 우대받는데 반하여 구식군인들에 대한 정부의 차별대우는 극심한 것이었다. 더구나 개항이후 대량의 미곡이 일본으로 유출됨으로서 국내의 미곡이 부족해지자 구식군인들에게는 녹봉미가 제 때에 지급되지 못하였다. 1882년에는 13개월 치나 밀려 이들의 불만은 대단하였다. 때마침 밀린 급료 중 1개월 치를 지급하는 과정에서 이를 취급하는 선혜

청宣惠廳의 창고리들이 사리를 채우느라 쌀의 정량을 줄이고 쌀 속에 겨 등 불순물을 섞는 사건이 발생하여 이에 격분한 군인들과 창고리 사이에 충돌이 일어났다. 당시 선혜청宣惠廳 당상堂上이던 민겸호閔謙鎬가 군인 가운데 주동자를 극형에 처하려 하자, 드디어 평소에 누적된 군인들의 불만이 폭발하여 민겸호의 집을 습격, 방화하는 폭동을 일으키게 되었다. 이들은 대원군을 찾아가 도움을 요청하는 한편 일본 공사관을 방화하고 별기군 교관 일본인 호리모토 레이조掘本禮造를 살해하였다.

이러한 구식군대 군인들의 폭동을 수습하기 위하여 고종은 군인들이 지지하는 대원군에게 전권을 위임함으로써 1873년 민씨 일파에 의해서 실각했던 대원군이 다시 집권하게 되었다. 새로 집권한 대원군은 개화 정책으로 설치되었던 신제도를 즉각 철폐하고 구제도를 복구함으로써 개화 정책이 후퇴하게 되었다.

임오군란과 대원군의 재집권은 청·일의 새로운 움직임을 초래하였다. 일본은 군인들의 공격으로 공사관이 불타고 하나부사 공사가 간신히 탈출하여 본국으로 돌아가자 이를 기회로 이용하고자 하였다. 일본은 조선 정부에 대하여 군란으로 인한 피해의 보상과 주동자의 처벌을 요구하였다. 그리고 일본인 보호를 위한 군대의 서울 주둔을 주장했다. 이 요구를 관철하기 위해 일본 공사 하나부사花房義質는 육해군의 병사를 거느리고 서울에 와서 교섭을 벌이는 한편 사태의 진전에 대비하여 규수에 군함과 병력을 대기시켜 언제라도 출동할 태세를 갖추고 있었다.

그러나 이러한 일본의 의도는 제대로 이루어지지 못하였다. 그것은 당시 일본에 의해 조선에 있어서의 종주국의 위치에 위협을 받아오던 청이 임오군란을 세력만회의 호기로 판단하고 적극적인 태도를 취하였기 때문이었다. 청은 군란의 소식을 접하자 즉시 오장경吳長慶이 3척의 군함에 4천여 명의 병력을 싣고 남양만에 상륙하여 서울로 들어와 대원군을 군란의 책임자라 하여 청으로 압송하여 갔다. 또한, 군란을 피하여 충주에 숨어 있던 민비와 제휴하여 민씨 일파의 정권을 세우는 한편 원세개袁世凱가 이끄는 군대를 서울에 남겨 내정을 간섭하기 시작하였다.

한편, 일본은 조선과 제물포조약을 체결하여 군란 관계자를 처벌하고 50만 원의 배상금을 받으며 일본 공사관의 경비병 주둔 등을 인정받았다(1882).

6. 갑신정변甲申政變
- 일본, 한반도에 군대 파병권 확보

사대당과 독립당의 싸움

임오군란은 조선에서의 일본세력을 약화시키고 청의 지위를 상대적으로 강화시키는 결과를 초래하였다. 청은 종주국으로서의 지위를 내세워 조선에서의 권한을 확대하였으며, 정권을 다시 잡은 민씨 일파는 청에 의지하는 사대당事大黨으로 변화하였다.

이에 따라 임오군란 후에는 외교·군사·내정에 대한 청의 간섭이 강화되었으며 경제적 진출이 두드러졌다. 1882년 청은 조선과 상민수륙무역장정商民水陸貿易章程을 체결하여 청의 상인들이 조선에 들어와 거주·여행·영업 등에서 아무런 제약 없이 활동할 수 있도록 함으로써 청의 경제적 침투는 일본의 그것을 능가하기에 이르렀다. 이에 따른 청 상인의 급격한 증가는 조선 상인에게 커다란 타격을 주어 국민들의 반청 감정이 고조되었다.

이 때 개화사상을 가진 젊은 관료들은 청의 내정 간섭 및 청에 의존하는 정부의 사대 정책에 반발하였고, 청의 내정 간섭에 의해 정부의 개화 정책이 적극적으로 추진되지 못하는 것에 대해서 맹렬한 비판을 가하였다. 동시에 이들은 청의 간섭을 배제하여 완전한 자주 국가를 이룩하고 적극적인 개화 정책을 추진할 것을 주장하였다.

개화 정책 추진을 주장하는 인물들은 김옥균·박영효·서광범·홍영식 등이었다. 이들은 당시 민비를 중심으로 한 민영익·김홍집·어윤중 등 보수적인 집권세력에 대하여 점차 하나의 정치세력으로 성장하여 개화당開化黨(또는 독립당)을 형성하였다.

이들의 활동은 1882년(고종19)에 박영효朴泳孝가 임오군란의 뒤처리를 위해 수신사로 일본에 가게 된 뒤부터 활발히 전개되었다. 이때 김옥균·서광범 등이 동행하였는데 이들은 일본에서 견문한 내용을 고종에게 보고하고 여러 가지 개화 정책을 건의하였다. 이리하여 이들의 건의로 신식군사기술을 습득하기 위한 유학생 50명이 일본에 보내졌으며, 이 밖에 신문 발행을 위한 박문국博文局, 신 화폐 주조를 위한 전환국典圜局, 병기제조를 위한 기기국機器局, 우편제도의 실시를 위한 우정국郵政局 등이 설치되었다.

그러나 이와 같은 개화당의 활약은 보수적인 집권 세력에게는 달갑지 않은 것으로 은연중 대립이 커져 갔는데, 이는 마침내 당시의 국가재정 문제를 둘러싸고 표면화 되었다. 이때 재정적으로 궁핍했던 정부는 재정고문 묄렌도르프Möllendorff(1848~1901)의 건의로 당오전當五錢을 발행하려 하였지만 김옥균은 당오전과 같은 악화惡貨의 주조가 국민경제를 위협할 것이라 경고하면서 대신 일본으로부터의 차관借款 도입을 건의하였다. 이는 개화당의 정치자금 확보와도 관련이 있는 것으로 결국 고종은 두 가지 정책을 병행하기로 하고 300만 원의 차관을 들여오기 위하여 김옥균을 일본에 파견하였다. 그러나 일본의 비협조로 차관 도입은 실패하였고 이로써 개화당은 정치자금 조달이 어려워졌을 뿐 아니라 정치적인 입장도 매우 어려워지게 되었다.

차관 도입의 실패와 점차 심해져 가는 보수세력의 압박으로 개화당은 비상수단을 써서라도 보수 정권을 무너뜨리고 청과의 종속관계를 청산하려 하였다. 그들은 이를 위해 미국과도 교섭하였으나 그들의 불간섭 외교정책에 따라 요청을 거절하자 일본의 힘을 빌리려 하였다. 이는 당시 조선에서의 열세를 만회하려는 일본의 의도와도 일치하는 것이었다. 때마침 안남(베트남)문제로 청·불전쟁이 일어나자(1884), 청은 조선 주둔군 3천 명 중 1,500명을 귀국시켜 병력이 감소하였다. 일본은 조선에서 청의 세력을 배제할 좋은 기회로 판단하고 정변이 일어나는 경우 서울에 주둔하고 있는 일본군을 동원하여 개화당을 적극 지원할 것을 약속하였다.

갑신정변甲申政變의 실패 - 청의 내정 간섭 심화

1884년(고종 21) 개화당은 그 일원인 홍영식洪英植이 총판總辦으로 있는 우정국郵政局의 개국 축하연을 이용하여 정변을 일으켰다. 정변은 동년 10월 17일(양력 12월 4일)에 일어났다. 밤 10시 경 우정국 옆 민가 방화를 계기로 만찬장에 참석한 4영사(군대 4영의 지휘관)을 처치하고 궁성으로 들어갈 예정이었다. 그러나 계획에 차질이 생겨 영사중의 한 사람인 민영익閔泳翊(민비의 조카)만 중상을 입히고 궁궐로 들어간 김옥균 등은 고종에게 청군이 변을 일으켰다고 거짓으로 고하고 일본군의 호위를 요청하였다. 그리고는 청군의 공격에 대비하여 방어에 적합한 경우궁景祐宮으로 왕과 왕비를 모신 후, 개화당을 따르는 50명의 사관생도와 200명의 일본군으로 호위케 한 뒤 왕명으로 궁에 들어오는 민씨 일파와 4군영의 영사들을 살해하였다.

개화당은 18일 아침, 영의정 이재원·좌의정 홍영식 등 개화당 인사와 종친 등이 포함된 신정부를 구성하고 이를 각국의 외교관들에 통고하는 한편, 다시 국왕과 함께 창덕궁으로 돌아와 김옥균의 주도로 14개 조의 개혁정책을 논의하였다.

그러나 이 개혁안은 결국 실시되지 못하였다. 그것은 청군의 출동으로 개화당의 정변이 실패로 돌아갔기 때문이었다. 서울에 주둔하고 있던 원세개의 청군 1,500명이 고종이 환궁한 창덕궁을 공격하자 개화당과 국왕을 호위하던 일본군은 수적 열세로 곧 퇴각하고 말았다. 이에 따라 김옥균·박영효 등 중심인물이 일본공사를 따라 일본으로 망명함으로써 결국 정변은 3일천하로 끝나고 말았다.

이 개화당의 정변은 그들이 제시한 14개 조의 혁신 정강으로 보아 청으로부터 완전한 독립을 목표로 하였을 뿐만 아니라 양반 중심의 지배체제를 청산하여 근대적인 국민국가를 지향하는 최초의 정치개혁 운동이었다. 그러나 이것은 일반 민중에 뿌리박지 못한 일부 정치 엘리트의 위로부터의 개혁 운동에 불과하였기 때문에 결국 실패하고 말았다. 이 정변이 국민의 지지를 얻지 못하였던 것은 일본의 침투에 반발하고 있던 당시의 상황에서 일본의 지원을 받고 있었다는 점이 가장 큰 요인으로 작용하였다.

정변이 실패한 뒤 조선 정부의 청에 대한 의존도는 더욱 심화되었으며, 조선에서의 청의 지위는 더욱 강화되었다.

갑신정변의 실패로 더욱 열세에 몰린 일본은 조선에서의 청의 세력을 약화시키기 위해 조선으로부터 청·일 양국 군대 모두 철수할 것과 앞으로 조선에 군대를 파견할 경우에는 서로 통고할 것을 내용으로 하는 천진조약天津條約을 청·일간에 체결하였다(1885). 이로써 일본은 그들의 군대가 이미 쫓겨난 상태에서 청의 군대를 조선에서 철수시켰을 뿐 아니라 앞으로 조선에 군대를 파견할 수 있는 권리를 청과 동등하게 확보하여 장래에 조선에 대한 군사적 침략의 발판을 마련할 수 있었다.

7. 동학농민운동東學農民運動과 청일전쟁 - 일본의 세력 증대

일본과 청의 경제적 침투

갑신정변이 실패로 조선에서의 정치적 진출이 저지된 일본은 경제적인 침투를 강화하였다. 개항 이후 1880년대 초까지 일본은 조선과의 무역을 거의 독점하고 있었다. 이때 일본 상인들은 유럽의 제품, 그 중에서도 특히 영국산 면제품을 일본 중국 등지에서 싸게 구입하여 비싼 값으로 판매하는 중계무역을 주로 하고 있었다. 또한 조선으로부터는 쌀·콩·금 등을 가져감으로써 일본은 조선을 그들의 원료 공급지 및 상품시장으로 삼아 막대한 이득을 차지하고 있었다.

당시 일본 상인들은 부산·원산·인천 등에 설치된 일본 제일은행 지점의 금융지원을 받아가며 조선의 농촌에 직접 침투하여 입도선매立稻先賣(벼를 논에서 거두지 않은 채로 파는 일)의 방법으로 고리대의 수익을 올리고 다량의 쌀을 일본으로 유출시키고 있었다. 이 때문에 국내의 쌀값이 폭등하였고, 게다가 흉작까지 겹쳐 미곡수출은 커다란 사회문제가 되었다.

이에 조선 정부에서는 쌀의 반출을 금지하는 방곡령防穀令을 수차례에 걸쳐 내렸다. 그러나 그 때마다 일본이 1883년(고종20)에 체결된 조일통상장정朝日通商章程 가운데 '조선정부가 잠정적으로 미곡수출을 금지하려 할 때는 반드시 1개월 전에 지방관이 일본영사관에 알려야 한다'는 규정을 들어 항의해옴으로써 효과를 거두지 못하였고, 오히려 방곡령으로 피해를 입은 일본 상인에게 할 수 없이 배상금을 지급하는 경우도 있었다.

또한 일본은 조선 연해에서의 어업활동을 통해서도 많은 수익을 올리고 있었다. 일본 어민들은 1883년에 체결된 어로협정漁撈協定에 따라 조선의 경기·전라·강원·함경도의 연해에 출어할 수 있었고 울릉도·제주도에까지 진출하였다. 이에 조선어민들의 피해는 막대한 것이었고, 급기야는 제주도에서 일본어민의 출어금지를 요구하는 민란이 일어나기도 하였다(1891).

이와 같은 일본의 조선시장 독점에 대응하여 청은 임오군란 이후 우세해진 정치적 세력을 배경으로 조선과 상민수륙무역장정商民水陸貿易章程을 체결하고(1882) 본격적인 경제침투를 시작하였다. 이때 청의 상인들은 서울·경기를 중심으로 하여 전국적으로 활동 범위를 넓혀갔다. 이들은 일본 상인에 비해서 보다 우세한 자본을 소유하고 있었으므로 그 영업 규모가 클 뿐 아니라 월등한 금융지원과 정치적 후원을 받아 곧 일본 상인들을 위협하기에 이르렀다. 이들은 일본 상인과 마찬가지로 중계무역을 하였는데 주로 주단·석유·약재·면화 등을 가져와 팔고 인삼·우

피·황두 등을 사 갔다.

이리하여 1885년에 대일·대청 무역총액의 비율이 81:19였던 것이 1892년에는 55:45가 되었을 정도로 청의 경제 진출이 활발하였다. 이로써 일본은 조선과의 무역에 있어서 독점적 지위가 흔들리지 않을 수 없었고 이것은 자국의 공업발전에 커다란 위협이 되었다. 이에 일본은 조선에서의 청의 세력을 몰아낼 기회를 노리게 되었다.

동학東學의 발생

조선을 둘러싼 열강의 세력다툼이 치열해지고, 경제적 침투가 깊어짐에 따라 농민의 생활은 더욱 어려워졌다. 이러한 시기에 몰락 양반 출신의 최제우崔濟愚(1824~1864)가 제창한 동학사상이 농민과 몰락 양반들 사이에 퍼져 나갔다.

최제우는 조선인들이 세상의 중심이라 믿어 사대事大해 왔던 중국이 서방의 영국에게 패한 것을 보고 국제정세가 바뀌고 있음을 알았다. 게다가 말기 조선의 여러 사회적 모순을 기존의 지배 이념이었던 유교만으로 헤쳐 나가기가 힘들다는 것을 느끼고 있었다. 바야흐로 격동기 조선에서 구시대의 사대주의적 외래 학문인 유교(북학)도 아니고, 한때 융성하였으나 조선 시대에 와서는 숭유억불 정책 속에 쇠퇴한 불교(남학)도 아니며, 서방 선교사를 통해 들어와 침략전쟁을 대표했던 기독교(서학)도 아닌,

새 시대를 위한 개혁과 새로운 학문의 필요성, 즉 한민족 고유의 신앙을 통한 정신적 결집의 필요성을 느꼈다.

최제우는 제세구민濟世救民의 뜻을 품고, 1860년 서학西學(카톨릭교)에 대립되는 민족 고유의 신앙을 제창하여 동학東學이라 이름 짓고, 종래의 풍류 사상과 유儒·불佛·선仙의 교리를 토대로 후천개벽後天開闢(어두운 선천세계가 끝나고 밝은 새로운 세계가 온다는 사상)과 인내천人乃天(사람이 곧 하늘이므로 모든 사람은 멸시와 차별을 받으면 아니된다), 천심즉인심天心卽人心(하늘의 마음이 곧 사람의 마음이다)의 사상을 전개하였다. '인내천'의 원리는 인간의 주체성을 강조하는 지상천국의 이념 즉, 모든 사람이 사람답게 사는 새로운 세상을 세우자는 이념과 모든 사람이 평등하다는 인권과 평등사상을 표현하는 것이다.

동학교세의 확대

19세기 이래 각지에서 산발적으로 일어났던 민란은 개항 후에도 계속되고 있었다. 특히 개항 이후에는 근대문물의 수용에 따른 경비와 대외관계에서 오는 비용지출, 그리고 궁중의 예산 낭비 등 여러 요인으로 국가재정은 더욱 궁핍해졌으며, 따라서 이를 충당하기 위한 농민들의 세금부담이 증가하였다. 또한, 지방관들의 횡포도 여전하였으며 여기에 일본의 경제적 침투로 인해 농촌경제는 결정적으로 파탄되어 갔다. 그러나 정부는 외세 의존적인 자세를 버리지 못하고 자주권마저 상실한 상태에서 국내의 어려운 문제들을 해결하지 못하고 있었다. 이러한 상황에서 무능하고 부패한 정부에 대한 반항과 경제적 침투로 농촌경제를 해치는 일본에 대한 반감이 농민을 중심으로 국민들 사이에 일어난 것은 당연한 일이었다.

이 때 농민 동요의 중심체가 된 것이 바로 동학의 조직이었다. 동학은 교조 최제우가 사형(혹세무민의 죄, 1864)을 당함으로써 큰 타격을 받았지만 제2대 교주인 최시형崔時亨이 여러 난관을 극복하고 교세 확장에 노력하여 각지에 포包·접接과 같은 조직망을 설치하였다. 그리고 그 때까지 구전되어 오던 동학의 교리를 모아 『동경대전東經大全』과 『용담유사龍潭遺詞』 등의 경전을 마련하여 종교적으로 체계화 하는 등 교세를 확장하였다.

동학은 그 발생부터 서학에 대항하는 의식에서 비롯된 민족종교로써 서양과 일본에 대한 저항의식과 함께 조선 왕조의 전통적인 양반체제를 부정하는 성격을 가지고 있었다. 이러한 성격이 당시 지방관의 횡포와 일본의 경제침탈로 곤궁해진 농민층과 몰락 양반들 사이에서 환영을 받았던 것이다.

동학의 교세가 확대됨에 따라 동학교도들은 교조에 대한 신원伸寃(억울하게 사형당한 원한을 풀어줄 것)과 교도에 대한 지방관의 탄압을 금지할 것을 요구하는 일대 시위운동을 전개하였다.

1892년(고종 29) 수천 명의 교도들이 전라도 삼례에 모여 충청·전라감사에게 그들의 요구를 들어줄 것을 호소하였다.

그러나 양 도의 감사가 그들의 요구를 들어주지 않자 다음 해에는 교도 대표 40여 명이 서울의 궁궐 문 앞에 엎드려 교조의 신원을 상소하기에 이르렀다. 이는 결국 정부가 그들의 해산을 명하여 목표를 달성하지는 못하였지만 동학교도들이 공공연히 그들의 주장을 요구할 수 있을 만큼 교세가 만만치 않음을 과시하는 계기가 되었다.

왕궁 앞에서의 복합상소伏閤上疏에 실패한 동학교도들은 충청도 보은에서 대대적인 집회를 개최하였다. 이때에는 약 2만 명의 교도들이 참가하였는데, 여기서는 교조신원보다도 탐관오리의 숙청, 그리고 외세 배격의 '반왜양창의反倭洋倡義'를 요구하는 정치적인 내용이 부각되었다. 이에 대해 정부에서는 한편으로는 군대를 보내 무력으로 진압할 움직임을 보이고, 다른 한편으로는 탐학한 관리를 징벌하겠다는 약속을 함으로써 동학교도들을 해산시켰다. 이와 같은 몇 차례에 걸친 동학교도들의 집회·상소 운동으로 동학금령禁令은 사실상 무너진 것이나 다름없이 되었으며, 동학은 다수의 농민을 움직일 수 있는 하나의 세력으로 성장해 갔던 것이다.

동학농민 봉기

양반과 부호의 앞에서 고통받는 민중들과 방백 수령 밑에 굴욕받는 아전들은 우리와 같이 원한이 깊은 자다. 조금도 주저하지 말고 이 시각으로 일어서라. 만일 기회를 잃으면 후회를 하여도 미치지 못하리라.

- 고부군 백산면에서 봉기 당시 전봉준이 발표한 격문 중에서

1894년(고종 31) 1월 10일(양력 2월15일) 전라도 고부古阜에서 지방관의 탐학에 대항해 일어난 민란을 발단으로 동학혁명이 전개되었다. 고부군수 조병갑趙秉甲은 각종 명목으로 농민들을 수탈하여 원성이 높았는데, 특히 만석보萬石洑를 수축하는데 농민을 강제로 동원시켰을 뿐 아니라 이들로부터 고액의 수세水稅를 징수하여 착복하였다. 이에 분격한 농민들이 동학접주 전봉준全琫準의 지휘 아래 만석보를 파괴하고 고부관아를 습격하여 불법적으로 징수한 미곡을 풀어 농민에게 분배하였다.

조정에서는 안핵사按覈使(지방에서 민란 등이 발생했을 때 이를 무마·진정시키기 위해 파견되는 관리) 이용태李容泰를 보내 이들을 위로하고 탐관오리 처벌을 약속하자 고부군의 동학군은 해산하였다. 그러나 안핵사 이용태는 첫 봉기를 '동학도의 반란'으로 규정하고 "동비東匪들의 뿌리를 뽑겠다"고 선언하며, 동학과는 상관없는 전라북도·충청남도 지역의 농민들을 동학도로 몰아 역적죄로 처벌하였다.

이용태의 강경책에 분개한 전봉준과 농민들은 이에 굴복하지 않고 총기류와 농기구 등으로 무장한 뒤, 태인 대접주 김개남, 무장 대접주 손화중 등과 함께 봉기하였다. 이것이 '1차 봉기', '백산 봉기', '삼월 봉기' 등으로도 불리는 '동학농민혁명'의 시작

이다. 전봉준을 총대장, 김개남金開南, 손화중孫華中을 장령將領으로 삼은 농민군은 1894년 음력 3월 하순에 백산에 모여 궐기하였다.

동학농민군은 고부의 황토현(현재의 전라북도 정읍시 덕천면)에서 4월 7일(양력 5월 11일) 전주감영군을 격파했다. 이에 크게 놀란 조정에서는 전라도 병마절도사 홍계훈洪啟薰을 초토사로 임명하여 봉기를 진압하도록 하였다. 정읍, 흥덕, 고창, 무장 등을 점령한 동학농민군은 4월 23일 장성 황룡촌 전투에서 홍계훈이 이끄는 정부군을 상대로 승리하였다. 4월 27일 농민군은 전주성으로 입성하였다.

조정에서는 동학군의 세력이 강화되자 청에 구원병 파병을 요청하여 청군이 파병되었다. 일본도 텐진조약에 따라 거류민을 보호한다는 구실로 군대를 보내 인천에 상륙하였다. 이에 따라 정부는 하루 속히 사태를 수습하기를 바라게 되어 동학군의 요구조건을 들어 주겠다고 회유하였다. 동학군은 정부가 폐정弊政의 개혁을 약속하자 전주화약全州和約을 맺고(1894,5,7) 자진 해산하여 고향으로 돌아갔다.

동학농민군의 재봉기

동학군이 전주에서 관군과 화의하여 해산한 후에도 청·일 양국의 군대는 계속 증파되어 왔다. 정부는 난이 평정되었다는 사실을 양국에 알리고 철수할 것을 요청하였으나, 조선에서의 사태를 재침략의 기회로 이용하려고 한 일본은 서울을 군대로 포위한 상태에서 조선 정부에 대하여 내정개혁을 강요하는 한편 청에 대해서도 협조할 것을 요구하였다. 이때 청은 일본의 요구가 조선에서의 세력 확대를 꾀하려는 것임을 간파하여 이를 거절하고 공동 철병을 요구하였다. 그러나 일본은 전쟁을 통해서라도 자기주장을 관철시키기 위해 1894년 6월 21일 경복궁을 점령하고 대원군을 앞세워 내정개혁을 강요하는 한편, 청에 대하여 전쟁을 도발하여 청일전쟁(1894.6~1895.4)을 일으켰다.

이와 같은 일본의 침략에 대항하여 민족의 위급을 구하기 위해 동학군은 다시 집결하여 봉기하였다. 고부민란을 계기로 한 1차의 봉기가 전근대적인 정치·사회체제에 대한 개혁운동이었다고 한다면, 이번 2차의 봉기는 일본의 침략에 대항하는 항일구국운동의 성격을 띤 것이었다. 또한, 이번에는 1차 봉기 때에 종교적인 입장을 고수하여 적극적으로 가담하지 않았던 최시형 등 북접北接의 동학교도들도 합세하여 충청도 논산에 집결하여 북상하였다.

동학군은 우수한 무기를 가지고 정규 군사훈련을 받은 일본군 및 관군과 대접전을 벌였다. 그러나 우세한 일본군의 화력 앞에 수많은 사상자를 내며 1만 명에 이르던 동학군은 500여 명으로 줄어들었다. 이어서 전봉준·김개남·송화중 등 지도자들이 체포됨으로써 동학농민 전쟁은 결국 실패로 돌아가고 말았다. 1895년 4월 23일(음력 3월 29일) 전봉준은 손화중, 최경선, 김덕명, 성두한 등과 함께 사형에 처해졌다. 이로써 동학 농민봉기는 완전히 막을 내리게 된다.

때를 만나서는 천하도 힘을 합하더니
時來天地 皆同力
운이 다하니 영웅도 어쩔 수 없구나
運去英雄 不自謨
백성을 사랑하고 정의를 위한 길이 무슨 허물이야
愛民正義 我無失
나라를 위한 일편단심 그 누가 알리
愛國丹心 誰有知

- 사형 당하기 전 전봉준이 남긴 시

청·일전쟁 - 조선에 대한 청의 종주권 상실

일본은 전쟁을 통해서라도 자기들의 주장을 관철시켜 조선에서의 청의 세력을 몰아내기 위해 청·일 전쟁을 일으켰다. 일본군은 1894년 6월 23일 아산만 풍도에 정박 중인 청국 군함을 기습 공격하여 큰 타격을 입히고 2천 명의 청군을 수장시켰다. 이어서 청의 북양함대北洋艦隊를 괴멸시켜 황해에서의 해전은 일본의 일방적인 승리로 끝났다. 육지에서도 성환과 평양전투에서 승리하여 조선반도에서의 승리를 거둔 후, 랴오둥 반도의 뤼순과 웨이하이웨이를 함락하고 멀리 타이완을 점령하였다.

청은 군사적인 패배를 인정하고 일본에 화의를 요청하여 시모노세키조약下關條約(1895.4)을 체결하였다.

그 조약내용은,

① 청국은 조선이 완전한 자주국임을 인정한다.

② 청국은 랴오둥 반도와 타이완 및 펑후섬 등을 일본에 양도한다.

③ 청국은 일본에 배상금 2억 냥을 지불한다. 등이었다.

이로써 청은 오랫동안 누려오던 조선에 대한 종주권을 상실하게 되었고, 일본은 조선 침탈의 기틀을 굳히는 계기가 되었다.

8. 일본의 강요에 의한 조선의 근대적 개혁

갑오개혁甲午改革 - 일본의 한국침략 가속화

동학농민운동을 계기로 조선 침략을 계획한 일본이 군사적으로 조선 정부를 위협하여 내정개혁을 강요하였지만 정부는 스스로 내정개혁을 위해 설치한 교정청校正廳에서 이미 개혁을 추진하고 있음을 들어 이를 거절하고 일본군의 철수를 요구하였다. 이에 일본은 군대를 출동시켜 경복궁을 포위한 가운데 민비 세력을 몰아내고 대원군을 내세워 집정케 하는 한편, 김홍집을 수반으로 하는 중립적 인사와 친일적 인사들로 신정부를 구성하여 개혁을 추진하도록 하였으니, 이것이 갑오개혁이다.

그러나 당시 일본은 청과 전쟁 중에 있었으므로 개혁에 직접 관여할 여유가 없었고, 신정부가 거의 독자적으로 개혁정치를 수행할 수 있었다. 신정부는 우선 군국기무처軍國機務處라는 회의기구를 설치하고 김홍집을 총재관으로 하여, 박정양·김가진金嘉鎭·안경수安駉壽·유길준 등 17명의 위원을 중심으로 이곳에서 모든 개혁안을 의결하였다. 이 때 군국기무처는 국왕이나 대원군의 간섭을 받지 않았고, 따라서 기존의 정치세력에 의해 방해받는 일 없이 과감하게 개혁을 추진할 수 있었다.

1894년 7월에 설치된 군국기무처는 약 5개월 동안 존속하면서 208건의 개혁안을 의결하였는데, 그것은 정치·경제·사회의 각 방면에 걸친 광범한 것이었다.

정치면에서는 청과의 주종관계를 청산하고 개국 연호開國年號를 사용하여 자주권을 회복한다는 자세를 보였다. 또한 정부조직을 궁내부와 의정부로 나누어, 왕실 관계 기구를 궁내부라 하여 국가의 정무에서 제외시키고 의정부에서 국무를 담당하게 하였다. 의정부는 총리대신을 수반으로 하고 그 밑에 내무·외무·탁지度支·군무·법무·학무·공무·농상무 등 8아문衙門이 있어 각기 정무를 분담하였다. 또한 과거제도를 폐지하고 새로운 관리임용방법을 실시하여 반상班常(양반과 평민)이나 문무文武의 구별없이 인재를 등용하도록 하였다.

경제면에서는 우선 재정을 일원화 하였다. 갑신정변 당시 재정을 호조戶曹에서 총괄하도록 했던 예에 따라서 회계·출납·조세·국채·화폐·은행 등 재정에 관한 모든 사무와 왕실 관계의 경비까지도 탁지度支아문에서 일원적으로 관장케 하였다. 화폐제도에 있어서도 신식화폐장정新式貨幣章程을 정하여 은銀본위제를 채택하고 동화銅貨를 보조화폐로 삼았다. 한편 새로이 징세서徵稅署를 설치하고 조세의 금납제를 시행하였으며 도량형을 개정·통일하였다.

갑오개혁에서 특히 중요한 내용은 사회면의 개혁이었다. 양반과 평민의 신분을 타파하였으며 백정·광대 등 천민 신분의 폐지와 함께 공·사노비의 제도를 혁파하고, 인신매매를 금지하는 등 양반 체제하의 신분제도를 완전히 개혁하였다. 이러한 신분제의 철폐에 따라 관료의 등용과 대우에 신분상의 차이가 없게 되었고, 고관을 지낸 양반이라도 상업에 종사할 수 있게 되었다.

또한, 가족제도를 개혁하여 남자 20세, 여자 16세 미만의 조혼을 금지하고 과부의 재가를 허용하였으며, 양자養子는 적서嫡庶에 모두 자녀가 없을 때에만 들일 수 있도록 개정하였다. 이밖에 죄인의 처벌에 있어서 고문과 연좌법連坐法을 폐지하였으며, 의복제도를 간소화하는 등 여러 악습을 폐지하였다.

이러한 사회면의 개혁은 개항을 전후하여 계속 추진되어 온 개화운동의 연장으로서 갑신정변에서 계획하고 동학혁명에서 주장되었던 근대사회로의 전환이 이에 이루어질 수 있었던 것이다.

제2차 갑오개혁 - 일본 주도하에 진행

갑오개혁은 정치·사회·경제 등 각 방면에 걸친 대개혁이었지만 많은 문제점을 아울러 가지고 있었다. 그것은 이 개혁이 조선정부의 자체적인 필요성에서 보다도 일본의 강요에 의해 시작되었기 때문이었다. 당시 일본이 개혁을 강요하였던 것은 조선의 근대화를 위해서가 아니라 조선의 정치·경제·사회체제를 변화시켜 그들의 침략을 용의하게 하려는 의도에서였다.

따라서 개혁의 방향이 일본의 필요에 따라서 결정되는 경우가 많았는데, 궁내부를 배제시켜 왕실의 정치참여를 배제한 것은 당시 정치의 실력자였던 민비를 정치에서 소외시키려는 정치적 의도에서 나온 발상이었던 것이다. 또한, 당시 조선이 가장 절실하게 필요로 했던 군제의 개편을 고려하지 않은 것도 큰 문제였다. 근대국가로 발전하기 위해서는 국가의 자주권을 확보하는 것이 무엇보다 중요한 것이었고, 이를 위해서는 우선적으로 군사제도의 개혁과 군사력의 강화가 요구되었지만 실제로는 일본군 지휘 하의 훈련대 2개 대대와 궁내 시위를 위한 시위대侍衛隊 2개 대대를 설치하는데 그치고 말았다.

경제면에서의 개혁 역시 조선 사회를 일본의 자본주의가 침투하기에 좋은 경제체제로 바꾸어 놓았다. 은본위제의 화폐제도는 일본의 경제적 침투에 적합하도록 되었으며, 도량형의 개정·통일도 일본 상인들의 상행위를 편리하게 해주었다. 조세의 금납화도 아직 화폐가 널리 유통되지 못하고 있는 상태에서 농민들이 납세를 위해 미곡과 화폐를 교환해야 하는 절차를 거쳐야 했으므로 큰 곤란을 겪게 되었다.

이와 같이 갑오경장은 당시의 시대적 사회적 발전에 적응하는 것임에는 틀림이 없으나 한편으로는 일본의 편의에 따라 실시되었기 때문에 조선에 준 이익은 많지 않았다. 따라서 이 개혁은 일본의 침략적 성격과 결부되어 국민들로부터 지지를 얻지 못하고 오히려 심한 반발을 불러 일으키게 되었다. 그 중에서도 가장 불만이 컸던 사람이 대원군이었다.

대원군은 민 씨 세력을 밀어내기 위해 일본에 의해 집권하였지만 군국기무처의 개혁에 불만을 품고 고종을 폐위시키려는 정변을 획책하였다. 또한, 대원군은 당시 남쪽에서 일본군과 항전하고 있던 동학군 및 평양에 주둔하고 있던 청군과 연결하여 일본세력을 축출하려 하였다. 이와 같이 대원군의 반발로 개혁의 추진이 어려워지자 일본은 정계의 거물인 이노우에 가오루井上馨(1836~1915)를 주한 공사로 부임시켜 강제로 대원군을 정계에서 은퇴시키고 대신 일본에 망명 중인 급진개혁파인 박영효·서광범 등을 불러들여 김홍집·박영효의 연립내각을 구성케 함으로써 군국기무처가 폐지되었다.

고종은 일본공사와 김홍집의 권고에 따라 대원군과 세자 및 백관을 거느리고 종묘에 나아가 개혁정치의 추진을 서약하고 정치의 기본강령이라 할 수 있는 홍범洪範 14조를 반포하였다(1894.12.12). 이에 따라 개혁은 일본의 간섭이 강화되고 급진개혁파가 참여한 가운데 계속 추진되었다. 우선 일본공사 이노우에가 추천한 일본인 고문들이 임명되어 조선의 정치는 그들의 손에서 움직이게 되었다.

이 때 추진된 제2차 갑오개혁은 의정부를 내각이라 고치고 종래의 8아문衙門을 외부·내부·탁지부·법부·학부·농상공부·군부의 7부로 개편하였다. 그리고 지방의 행정체계는 종래의 8도를

23개부府로 개편하고 각부 아래에는 군을 두었으며, 지방관에는 종래의 사법권과 군사권을 부여하지 않고 단순히 행정관으로 그 권한을 축소시켰다.

또, 사법권을 행정권으로부터 분리 독립시켜 재판에 관한 것은 재판소에서만 다루도록 하였다. 이때 개정된 사법제도는 1심 재판소인 지방재판소와 개항장재판소, 그리고 2심인 고등재판소와 순회재판소로 이루어져 있었다. 또 경찰권을 일원화하여 서울에는 경무청警務廳을 두고 지방에는 경무관을 두어 치안을 담당하여 행정과 분리시켰다. 교육제도에 있어서도 신교육을 실시하기 위하여 한성사범학교漢城師範學校를 설립하고 외국어학교관제外國語學校官制를 공포하였으며, 서울에 소학교를 설립하였다.

을미사변乙未事變과 을미개혁 - 일본의 강요에 의한 개혁

1895년 10월 7일 밤부터 다음날 이른 아침에 걸쳐서, 대원군이 훈련대에게 호위되어 있는 동안 일본 수비대와 낭인의 무리가 칼을 빼 들고 경복궁으로 밀고 들어가서 민비를 참살하고, 그 사체를 능욕한 뒤에 석유를 뿌려 불을 질러버린 것이다.

- 한일병합사

조선에서 갑오개혁이 진행되는 가운데 청일전쟁은 일본의 승리로 끝나고 그 결과 양국 사이에는 시모노세키下關조약이 체결되었다(1895). 이 조약에서 일본은 조선에 대한 청의 종주권을 부인하여 조선에서의 우위를 확실히 하였을 뿐만 아니라 배상금과 함께 대만과 요동반도를 할양받음으로써 만주와 중국으로 진출할 수 있는 발판까지도 마련하였다.

이러한 시모노세키조약 내용이 발표되자 당시 중국에 진출하고 있던 서구 열강들이 반발하고 나섰다. 특히 남하 정책의 일환으로 만주에 커다란 관심을 갖고 요동 반도로 진출하려던 러시아는 역시 일본의 세력 확대를 경계하고 있었던 독일·프랑스와 함께 일본의 요동 반도 점유가 동양평화에 해롭다는 구실을 붙여 그의 반환을 요구하였다. 이때 일본은 청과의 전쟁에서 많은 국력을 소모하였으므로 이 요구에 굴복하지 않을 수 없었고 결국 요동 반도를 포기하였다(삼국간섭, 1895).

삼국간섭의 소식이 전해지자 조선 정부 안에서는 러시아의 힘을 빌려 일본의 간섭에서 벗어나려는 움직임이 나타났다. 이와 같은 배일·친러의 정책을 이끌어 간 것은 일본에 의해서 세력이 약화되어 있는 민비 일파였으며, 고종도 이에 동조하였다. 여기에 러시아 공사 베베르Wäber의 외교활동이 가미되어 드디어 민비는 정부 내의 친일세력인 박영효를 몰아내고 친러파 이범진李範晉·이완용李完用 등을 기용하여 새로이 친러시아 정부를 세우는데 성공하였다. 이로써 일본은 큰 타격을 받았으며, 그 동안 진행되던 개혁도 중지하지 않을 수 없었다.

일본은 청일전쟁이란 비싼 대가를 치르면서 청의 세력을 조선에서 축출하는데 성공하였으나, 이제 새로이 러시아가 경쟁 세력으로 등장하고 조선 정부가 친러노선으로 기울어지자 그들의 세력을 유지하려는 비상수단을 쓰게 되었다. 이노우에 공사의 후임으로 부임한 군 출신의 미우라 고로三浦梧樓(1847~1926)는 일본의 낭인과 군대를 앞세워 궁중에 침범하여 궁내대신 이경직과 호위대장 홍계훈을 살해하고 민비閔妃를 시해한 후 그 시신을 불태웠다(을미사변, 1895.10.8, 새벽).

그리고는 미우라 일본공사는 이 사건이 조선의 시위대와 훈련대간의 충돌로 발생한 일로써 일본군은 이를 진압하였다고 억지를 부렸다. 일본의 민비 시해 사건으로 온 국민이 크게 분노하고 열강도 이를 비난하자 일본은 미우라를 형식상 재판에 회부하고 증거 불충분을 이유로 무죄판결을 내리는 후안무치를 보였다. 을미사변으로 일본은 조선에 대한 영향력이 회복되었고 이에 따라서 조선 정부에서도 친러파가 대거 퇴진하는 가운데 새로운 친일내각이 수립되었다.

이 때 새로 개편된 김홍집 내각은 그동안 중지되었던 개혁을 재개하여 급진적으로 추진하였다(을미개혁). 이 개혁의 내용은 태양력을 사용하고 종두법을 시행하며, 개성·수원·충주·안동·대구·동래 등지에 우체사郵遞司를 설치를 결정하였다. 그리고 일세일원一世一元의 연호를 사용하기로 하여 1896년 1월부터 건양建陽이라는 새 연호를 쓰게 되었고, 군제를 변경하여 종래의 훈련대와 시위대를 합쳐 중앙에 친위대親衛隊 2개 대대, 지방에는 평양과 전주에 각각 진위대鎭衛隊 1개 대대를 두었다. 한편 단발령을 공포하여 국왕이 앞장서 시범을 보이면서 상투를 자를 것을 국민에 요구하였다.

결국, 을미개혁은 갑오개혁의 연속이라 할 수 있지만 일본의 강요에 의한 개혁이었기 때문에 이에 대한 반발이 뒤따르게 되었으며, 특히 단발령에 대한 강력한 반발이 의병義兵운동을 중심으로 전국적으로 일어나게 되었다.

9. 대한제국大韓帝國의 성립

아관파천俄館播遷과 열강의 이권침탈

고종은 민비 시해에 대해 크게 분노하면서도 아무런 조치도 못하고, 일본군의 감시 하에 불안한 처지에 놓이게 되었다. 마침 친위대 병력이 의병을 진압하기 위해 지방에 파견되어 왕궁의 경비가 소홀해지자 고종은 친러파 이범진과 러시아 공사 베베르의 도움을 받아 러시아 공사관으로 몸을 피신하였다(아관파천, 1896.2.11). 이 때 김홍집과 어윤중은 친일파로 지목되어 일반 민중들에게 살해되고 유길준 등은 일본으로 망명함에 따라 새로이 이범진, 이완용 등의 친러내각이 성립되었다.

이후 약 1년간 고종은 러시아 공사관에서 러시아 군대의 보호를 받는 처지가 되었고 정부는 자연히 러시아의 간섭을 받게 되었다.

이리하여 조선 정부의 각 부에 있던 일본인 고문과 일본인 무관 대신에 러시아인을 군사·재정의 고문으로 삼게 되었는데, 특히 탁지부의 고문 알렉세예프Alexee는 조선의 재정에 큰 영향을 끼쳤다. 이 때 각종의 이권이 러시아로 넘어간 것은 당연한 일이었다. 즉 러시아는 조선으로부터 함경도의 경원·종성의 광산

채굴권과 두만강·압록강 유역 및 울릉도의 산림 채벌권을 획득하였다.

그러자 이에 자극된 구미열강이 각각 기회균등을 내세워 이권을 요구하여 왔다. 그리하여 철도·광업·삼림 등에 대한 이권이 열강에게로 넘어가게 되었다. 1896년 미국은 서울·인천 간의 철도부설권과 평안도 운산 금광채굴권을 얻었고, 프랑스는 서울· 의주 간의 철도부설권을 획득하였으며, 이러한 이권 침탈은 그 후에도 계속되었다. 그러나 정부의 관리들은 무능하고 부패하여 개인의 안전과 권력의 유지에만 급급했을 뿐 이를 막지 못하였다.

독립협회獨立協會의 활동

고종 31년(1894) 동학혁명과 갑오개혁이 진행된 이래 조선의 정치· 사회는 대내외적으로 급격한 소용돌이 속에 빠져버린 상태였다. 1895년에는 일본에 의한 을미사변과 을미개혁이 있었고, 이에 반발하여 일어난 의병운동, 그리고 아관파천과 러시아의 간섭, 뒤이은 열강의 이권침탈 등의 혼란이 계속되었다. 그러나 당시의 집권층은 외세에 의존한 상태에서 적극적으로 자주권 확립의 방책을 찾지 못하고 있었다. 나라의 형편이 이와 같이 되자 일반 국민들 사이에서 정부의 무능을 비판하고 민족의 독립을 위한 운동이 전개되기 시작하였는데, 이 운동의 중심조직이 독립협회였다.

독립협회는 갑신정변이 실패한 뒤 미국에 망명하였던 서재필徐載弼이 귀국하여 1896년 서구의 근대사상과 개혁사상을 가진 인사들과 함께 조직한 단체로 그 중심인물은 서재필·윤치호·이상재李商在·남궁억南宮檍·이승만李承晩 등이었다. 처음에는 정부의 고관들도 참여하였으나, 독립협회의 회원 가입이 개방되어 있고 그 운영이 민주적인 방법으로 이루어졌을 뿐 아니라 활동내용이 정부의 정책을 비난하는 내용이 많았으므로 점차 고관들은 탈퇴하였다. 독립협회는 그 조직이 지방에까지 확대되어 함흥·평양·대구 등 전국 13개 도에 지회가 설치되었다.

독립협회의 활동은 자주독립自主獨立·자강혁신自强革新·자유민권自由民權의 세 가지 방향으로 전개되었다. 이것은 외세로부터 완전한 독립을 추구하고 스스로의 개혁을 지향하며, 개화된 자유민주주의를 주장하는 것이었다. 그리고 서재필이 귀국하여 창간한 〈독립신문〉(1896.4.7. 창간)을 독립협회가 설립된 후에도 계속 간행하여 이러한 독립협회의 활동을 홍보하고 국민을 계몽하였다.

독립협회의 세 가지 주장 가운데 첫째, 자주독립운동은 외세의 간섭으로부터 벗어나 국가의 자주권을 확립하기 위한 것이었다. 그 구체적인 활동으로 과거에 중국 사신을 접견하던 영은문迎恩門이 있던 자리에 국민의 성금을 모아 독립문獨立門을 세웠으며, 〈독립신문〉에 자주독립에 관한 각종 논설을 자주 실어 국민의 자주독립의식을 높이고, 모화관慕華館(조선시대 중국사신을 영접하던 곳)을 독립관獨立館으로 개칭하여 이곳에서 토론회를 열기도 하였다. 그리고 아관파천으로 러시아 공사관에 머물고 있던 고종의 환궁을 요구하고, 외국에 대한 각종 이권의 할양을 반대하는 동시에 이미 침탈된 이권을 되찾을 것을 주장하였다.

자강혁신운동은 자주독립을 이룩하기 위해 부국강병을 위한 여러 가지 내정을 개혁하자는 운동이었다. 여기서는 우선 전통적인 정치체인 전제군주제를 입헌군주제로 개혁하고, 행정제도와 재정제도를 근대적으로 개혁하며, 신교육과 함께 근대적 산업의 개발을 내세웠다. 각급 학교를 단계적으로 설립하여 국민을 교육시켜 민력을 배양하고 각종 공장을 건설하며, 또한 외세의 침략으로부터 스스로를 지키기 위해 근대적인 국방력을 기를 것을 주장하였다.

자유민권운동은 근대적 정치사상이 높은 수준으로 받아들여지고 있었음을 나타내는 것이었다. 즉, 이것은 국가의 자주독립과 부강의 기반이 국민의 권력 신장에 있으므로 서구의 천부인권사상天賦人權思想을 근거로 인간의 기본권인 생존권과 재산권 등을 보호하려는 운동이었다.

또한, 국민의 참정권운동을 전개하여 언론과 집회의 자유권, 국민평등권, 국민 주권론 등을 내세웠다. 특히 의회 설립을 주장하여 갑오개혁 때 내각의 자문기관으로 만들어진 뒤 유명무실한 채로 있던 중추원中樞院을 개편하여 관선의원과 민선의원으로 구성하되 독립협회의 회원을 민선의원에 선출하자고 하였다.

이 중추원을 개편한 의원 설립의 제안은 고종의 승낙을 받아 실현 단계에까지 갔었다.

독립협회의 활동이 가장 절정에 달한 것이 광무 2년(1898) 종로에서 열린 만민공동회萬民共同會의 개최였다. 만민공동회는 국정의 개혁을 실현시키기 위한 민중의 정치운동이었는데, 이 때 정부의 고관들까지도 참석한 가운데 여섯 항목의 '헌의 6조獻議6條'를 채택하고 고종에게 건의하여 그 실시를 약속받기까지 하였다.

그러나 독립협회의 급진적인 개혁요구와 그 세력에 당황한 보수적인 집권층이 오히려 독립협회 간부 10여 명을 체포하고 독립협회의 해산을 명하였다. 이에 독립협회 측에서는 연일 만민공동회를 열어 투옥 인사의 석방과 독립협회의 부활, 그리고 '헌의 6조'의 시행을 요구하여 그 기세가 꺾이지 않았다. 그러나 정부는 보부상褓負商을 중심으로 어용단체인 황국협회皇國協會를 조직하고, 이로 하여금 독립협회와 충돌하게 한 뒤 사회 혼란을 이유로 독립협회와 황국협회를 강제로 해산시키고 말았다.

대한제국大韓帝國의 성립과 광무개혁光武改革

독립협회를 중심으로 국민들이 환궁을 강력히 요구함으로써 마침내 고종은 1897년 아관파천 후 1년 만에 경운궁慶運宮(지금 덕수궁)으로 돌아오게 되었다(1897.2.21). 고종이 환궁하자 조선

정부는 독립국가로서의 면모를 내외에 선양하기 위하여 국호를 '대한제국大韓帝國', 연호를 '광무光武'로 하고 갑오개혁에서 '대군주'라 하였던 국왕의 칭호를 '황제'라 고쳐 독립제국의 새 체제를 갖추었다(1897.10.12).

이 대한제국의 성립은 안으로 자주독립의 근대국가를 이룩하려는 국민적 자각에 따른 것이었지만, 밖으로 조선을 둘러싼 러시아·일본의 세력이 어느 정도 균형을 이루고 있었고 기타 열강이 특정국가의 독점을 원하지 않았던 국제관계에도 힘입은 것이었다.

대한제국은 갑오개혁과 을미개혁에 뒤를 이은 또 한 차례의 근대적 개혁을 단행하였다. 이것을 그 연호에 따라 광무개혁이라 하였는데, 이 개혁의 방향은 '구본신참舊本新參' 즉 구법을 본으로 삼고 신법을 참고하는 데 두어졌다. 이것은 앞서의 갑오·을미개혁의 과오를 반성하고 전통적인 제도를 바탕으로 하여 새로운 제도를 받아들인다는 생각에서 비롯된 것이었다. 그러면서 특히 이용후생利用厚生에 관계되는 것은 외국의 제도를 적극 받아들이는 자세를 취하였다.

구법을 본으로 하는 광무개혁의 내용은 복고주의적 성격이 강하게 나타나고 특히 황제권의 강화가 강조되었다. 이것은 당시의 집권층이 보수적인 경향을 띠고 있었던 것과도 관련이 있다. 이와 같은 성격은 1899년(광무 3년)에 반포된 대한국제大韓國制에 그대로 나타나 있다.

대한국제는 황제의 통치권이 무한함을 강조하고, 황제가 입법권·행정권·사법권과 선전·강화 및 계엄·해엄에 관한 권한을 가지고 있음을 규정하고 있다. 이것은 독립협회에서 주장한 입헌군주제 및 의회정치제도와는 전적으로 다른 근대제국의 절대왕정제를 도입하여 황제의 전제권을 법제적으로 확립한 것이었다.

광무개혁기에 이루어진 가장 중요한 정책은 경제와 교육에 있다고 할 수 있다. 정부는 상공업의 진흥과 육성정책을 적극 추진하여 섬유·철도·농업·운수·광업·금융 부문에 근대적 회사들이 설립되었으며, 근대 과학기술을 응용한 생산시설이 들어서게 되었다.

이러한 상공업 진흥정책에 따라 교육에 있어서도 실업교육이 강조되어, 외국에 유학생을 파견하여 근대 산업기술을 습득하게 하였고 상인과 기술자 양성에 힘을 기울여 기예학교技藝學校·상공학교商工學校·광무학교鑛務學校 등의 실업학교와 의학교·외국어학교, 그리고 모범양잠소·공업전습소 등을 설립하였다.

이러한 정부의 정책은 민간에 확대되어 생산 공장이 민간의 힘으로 설립되기도 하였고 많은 사립 실업학교가 세워졌다.

10. 러·일전쟁과 을사늑약乙巳勒約 - 한국의 외교권 박탈

러·일 전쟁의 배경 - 한반도 지배권을 위한 다툼

짐은 우리가 대한제국을 차지하는 걸 원하지는 않소. 하지만 그렇다고 해서 일본이 차지하도록 놔둘 생각도 없소. 그건 전쟁의 원인이 될 것이오.

- 러시아 황제 니콜라이 2세

러시아는 청일전쟁과 3국 간섭(1895, 러시아·독일·프랑스가 일본에게 청나라의 요동반도를 돌려줄 것을 요구한 사건) 이후 청과 조선에 대하여 영향력을 확대시키고 있었다. 우선 청清으로부터 동청철도(하얼빈을 중심으로 동서로 연결하여 시베리아 횡단철도와 연결) 부설권을 이양받고(1896), 요동 반도의 여순旅順과 대련大連을 조차하였으며(1898), 조선으로부터는 마산포를 조차하여 극동함대의 기지로 삼으려다가 일본의 방해로 실패하였다(1899).

그런데 1900년 청清에서 외세의 침략에 대항해서 일어난 의화단義和團 사건을 계기로 청과 열강의 연합군(영국·러시아·독일·프랑스·미국·이탈리아·오스트리아·일본) 사이에 전투가 벌어지고 결국 열강은 북경을 점령하기에 이르렀는데, 이때 출병한 러시아는 사태가 수습된 후에도 군대의 철수를 거부하고 만주에 대한 침략의 의도를 노골적으로 드러내었다.

이와 같은 러시아의 적극적인 남하 정책에 대하여 일본은 커다란 위협을 느끼고, 이를 견제하기 위해 영·일 동맹英日同盟(1902)을 맺어 청에서의 영국의 이권을 인정해 주는 대신 조선에서의 일본의 이권을 승인받기에 이르렀다. 그러자 러시아는 프랑스와 동맹을 맺고 남진정책을 계속하여 1903년에는 압록강 하류의 용암포를 점령하고 그곳에 군사시설을 설치하더니 드디어 정식으로 조차租借를 요구하여 왔다.

이에 불안을 느낀 일본은 러시아에 대해서 만주에서의 군대철수와 한국에서의 일본의 이권에 대해서 승인해 줄 것을 요구하였다. 그러나 러시아는 만주에서의 철군을 거부하고 일본이 한국을 군략상의 목적으로 이용하지 않는다는 조건으로 정치적·경제적 우월성을 인정해 준다는 것과 북위 39도 이북의 한반도를 러·일 간의 중립지역으로 정할 것을 제의하였다. 이러한 양국의 요구는 수차례의 협상을 거치면서도 타결점을 찾지 못하자, 마침내 일본이 무력에 의해서라도 그들의 목적을 달성시키려 러시아와의 전쟁을 일으키게 되었다.

러·일 전쟁 - 일본의 정치·군사적 간섭 시작

러시아와 일본 사이에 전운이 감돌기 시작하자 대한제국 정부는 국외 중립國外中立을 선언하였다. 그러나 일본은 한국에 군대를 보내 서울과 전국의 군사적 요지를 점령하고 한국 정부와 한일의정서韓日議定書(1904.2)를 체결하였다.

이 한일의정서는 한국의 시정施政의 개선을 위해서 일본의 충고를 받아들일 것과 제3국의 침해나 내란으로 대한제국 황제의 안녕과 영토보전에 위험이 있을 경우에는 일본 정부가 필요한 조치를 취할 수 있으며, 이를 위해서 군략상 필요한 지점을 사용할 수 있다는 등의 내용이었다.

이는 일본이 한국에 대한 정치적·군사적 간섭의 길을 열어준 것이었다. 이와 함께 한국과 러시아 사이에 체결되었던 일체의 조약과 협정은 폐기되었다. 그리고 일본은 한국에서 경부선·경의선 철도부설권과 통신망 부설권, 연안에서의 어업권과 항행권 등의 이권을 획득하였다. 또한, 이때 일본은 황무지 개간권 마저 장악하여 영토를 강탈하려 했으나 이것은 한국 내의 심한 반발로 실패하였다.

한편, 러시아는 니콜라이 2세 차르 치하에서 정치적 불안과 사회적 동요 그리고 경제적 혼란이 계속되어 혁명 기운이 높아지고 있었다. 러시아 정부는 이러한 내부적 혼란을 극복하기 위하여 국민들의 관심을 외부로 돌리고자 하였다. 이런 가운데 전쟁을 일으킨 쪽은 일본이었다.

1904년 2월 8일 일본의 함대가 선전포고도 없이 랴오둥 반도에 있는 뤼순항의 러시아 함대를 기습 공격하였다. 불시에 공격을 받은 러시아 군함 3척이 침몰하고 거의 같은 시간에 한국의 제물포(인천)에서도 14척의 일본 군함이 러시아 군함을 공격하였다. 본격적인 지상전으로 돌입한 일본군은 랴오둥 반도에 상륙한 뒤 뤼순항을 포위하고 러시아 수비대와의 공방전 끝에 1904년 12월 뤼순항을 점령하였다.

이 전투에서 일본군은 11만의 사상자를 내고 러시아는 5천여 명이 전사하였다. 뤼순항을 점령한 일본군은 북상하여 펑톈奉天 부근 전투(1905.2)에서 러시아군을 대패시킴으로서 육상에서의 전투는 일본의 승리로 끝났다.

러시아는 태평양 함대가 일본의 기습공격으로 궤멸되자 발트함대를 극동으로 파견하였다. 발트함대는 1904년 9월 크론슈타트 항을 출발하여 7척의 전함과 38척의 함선을 이끌고 아프리카 남단을 거쳐 지구 반 바퀴를 도는 장거리 항해 끝에(영국이 영일동맹에 따라 수에즈 운하 통과를 막음) 1905년 5월 쓰시마 해협에 도착하였다. 러시아 함정은 구식이었고, 연료인 석탄을 많이 실어 기동력이 떨어졌으며 병사들은 8개월간의 항해로 매우 피곤한 상태였다.

그러나 일본군의 함정은 선체는 작지만 기동력이 뛰어났고 병사들은 사기가 높았다. 치밀한 작전계획을 세우고 러시아 함대의 도착을 기다리던 일본군은 러시아 함대가 쓰시마 해협에 이르자 1905년 5월 27일 새벽부터 공격을 개시하여 24시간 만에 러시아 발트함대를 궤멸시키고 대승을 거두었다.

제1차 한일협약 - 일본인 고문정치 시작

러일전쟁에서 점차 우세를 점한 일본은 한국에 대한 내정간섭을 구체화하기 위하여 한국 정부와 제1차 한일협약韓日協約(1904.8)을 체결하였다.

이것은 한국 정부가 일본의 추천을 받은 일본인 재정 고문과 외국인 외교 고문을 채용하고 주요 정책에 대한 협의를 한다는 내용이었다. 이에 따라 일본인 재정고문과 미국인 스티븐스 D. Stevens가 외교고문으로 각각 초빙되었다. 이 밖에 협약에도 없는 궁내부·군부·내부·학부에까지도 일본인 고문들이 들어와 이른바 고문정치가 시작되었으니, 이로써 한국의 정치와 외교는 일본의 손에 들어가게 되었다.

또한, 일본은 미국과 태프트Taft(미국의 육군장관)·카쓰라(桂, 일본의 수상겸 외무대신) 밀약(1905.7)을 맺어 미국이 스페인과의 전쟁을 통해 얻은 필리핀 지배를 인정해주는 대가로 일본이 한국에 대한 지배를 인정받았고, 곧이어 영국과 제2차 영일동맹을 맺어(1905.8) 한국에 있어 정치·경제·군사상의 특수이익을 보장받는데 성공하였다.

러일전쟁이 일본의 승리로 끝나고 미국의 중재에 의해서 채결된 포츠머스 강화조약(1905.9)은 일본의 한국에 대한 지배권을 확고히 해주었다.

이 조약의 가장 중요한 내용은 러시아는 한국에 있어서 정치·군사·경제 등에 관한 일본의 특수이익을 인정하고, 일본이 한국에서 필요하다고 인정하는 지도·보호·감리 등의 모든 행동을 러시아가 방해하지 않는다는 것이었다.

그리고 랴오둥 반도의 뤼순·다롄에 대하여 러시아가 갖고 있던 모든 권리를 일본에 양도하고 또 만주에서 러시아와 일본은 경제적으로 동등한 권리가 있음을 규정하였다.

포츠머스 강화조약은 한국에서 일본의 적대세력을 최종적으로 제거하는데 성공했음을 의미하는 것으로 일본은 이제 아무런 거리낌 없이 한국을 그들의 식민지로 만들 수 있는 바탕을 마련하였다.

을사늑약과 한국의 외교권 박탈

슬프다. 이 종사는 장차 무너질 것이요. 온 겨레가 남의 종이 되겠구나. 구차히 산다 한들 욕됨이 더할 뿐. 어찌 죽는 것보다 나으리오?

- 을사늑약 후 자결한 주 영국 서리공사 이한응의 유서 중에서

러일전쟁에서의 승리로 한국에서의 독점적 위치를 확고히 한 일본은 곧 한국을 보호국으로 삼기 위한 절차를 서둘렀다. 우선 친일파인 송병준宋秉畯·이용구李容九 등을 사주하여 일진회一進會(1904)를 만들고 보호조약의 필요성을 선전하도록 하였다.

그것은 보호조약이 일본의 강요에 의한 것이 아니라 한국인의 요청에 의한 것이라는 명분을 얻기 위한 일종의 음모였다. 따라서 일본군 사령부의 통역인 송병준과 친일 동학교도인 이용구 등이 일본의 재정적 지원을 받고 일본인 고문의 지도 아래 조직한 일진회一進會는 일본의 의사를 대변할 뿐 한국인의 의사와는 관계없는 조직이었다. 이러한 일진회에 대항하여 이준李儁·양한묵梁漢默 등이 헌정연구회憲政研究會를 조직하여 그 매국적 주장을 반격하고 보호조약의 부당성을 주장하였으나 상황은 악화되고 있었다.

1905년 9월 일본 각의閣議는 한국을 보호국으로 만들기 위한 구체적인 계획을 승인하였다. 11월 초를 목표로 보호조약의 체결을 추진하되 한국이 동의하지 않는다면 군사력을 동원하여 강제적으로 성사시키기로 하였다.

이를 위한 실무작업은 주한 일본공사 하야시 곤스케林權助가 맡고, 군부대 지휘는 한국 주둔군사령관 하세가와 요시미치長谷川好道가 담당하며, 총괄적인 정치교섭은 중추원 의장 이토 히로부미伊藤博文가 맡도록 하였다.

이토는 11월 9일 서울에 도착하여 11월 17일 일본군이 왕궁을 포위한 가운데 하야시 공사, 하세가와 사령관을 대동하고 궁궐로 들어가 고종과 대신들을 위협하여 조약에 서명할 것을 강요하였다.

그러나 고종이 끝까지 서명을 거부하자 일본 측은 가장 반대가 심했던 참정대신(수상) 한규설韓圭卨을 밖으로 끌어낸 뒤 외무대신 직인을 가져오게 하여 조약서에 날인해 버렸다.

대신들 중 참정대신 한규설, 탁지부 대신 민영기, 법부대신 이하영은 반대 의사를 표시했으나 내부대신 이지용, 군부대신 이근택, 외부대신 박재순, 학부대신 이완용, 농상공대신 권중현 등 다섯 명은 조약체결에 찬성하였다. 이들 5명의 찬성자를 을사오적乙巳五賊이라 불렀다.

5개 조항으로 된 제2차 한일협약은,

제1조 일본 정부는 동경에 있는 외무성을 통해 한국의 외국과의 관계 및 사무를 감리·지휘한다.

제2조 일본 정부는 한국과 타국 간 현존하는 조약의 실행을 완전히 하는 책임을 맡고 한국 정부는 금후에 일본 정부의 중재를 거치지 않은 국제적 성질을 가진 어떤 조약이나 약속을 맺지 않을 것을 약속한다.

제3조 일본 정부는 그 대표자로 하여금 한국 황제 폐하 아래 1명의 통감統監을 두되 통감은 오직 외교에 관한 사항을 관리하기 위해 서울에 주재하고 친히 한국 황제 폐하를 알현할 권리를 가진다. 그리고 일본 정부는 한국의 각 개항장開港場과 일본 정

부가 필요하다고 인정하는 곳에 일본 공무원을 주재할 수 있다.

제4조 일본과 한국 사이에 존재하는 조약 및 약속은 본 조약에 저촉하는 것을 제외하고 존속한다.

제5조 일본 정부는 한국 황실의 안녕과 존엄을 유지함을 보증한다.

이 조약으로 한국의 외교권은 박탈당하고 일본 통감이 한국을 지배하게 되었으며, 한국의 독립국가로서의 국제적 지위는 말살되었다.

을사조약은 불법으로 강요된 것이므로 늑약勒約이었다. 대한제국 국제國制는 황제가 조약권을 가진 것으로 되어 있었기 때문에 고종 황제가 재가하지 않은 조약은 당연히 무효이었다. 한국의 외부대신 박제순朴齊純과 일본의 특명전권공사 하야시 곤스케林權助 이름으로 체결된 조약에는 고종 황제의 위임장이 첨부되어 있지 않았을 뿐 아니라 조약의 명칭도 기재되어 있지 않았다. 때문에 고종은 이 같은 점을 들어 조약의 불법성과 무효임을 국제사회에 강력히 호소하였다.

을사늑약의 체결은 전 국민의 의열義烈투쟁과 항일운동을 불러 일으켰다. 전 현직 관리와 유생들이 조약폐기와 을사오적 처단, 국권회복 등을 주장하며 상소하거나 자결투쟁을 벌였다. 수천 명의 군중이 경운궁 앞에 집결하여 조약체결에 항의하는 등 각지에서 집단시위가 이어졌다.

고종의 시종무관장侍從武官長인 민영환閔泳煥은 조약 무효 등을 주장하며 유서를 남기고 할복자살하였으며, 전 좌의정 조병세, 전 참판 홍만식, 전 대사헌 송병선, 학부주사 이상철 등은 음독 자살하였다.

황성신문皇城新聞은 11월 20일자에 이토 히로부미를 비난하고 조약의 무효를 주장하는 장지연張志淵이 쓴 사설社說 〈시일야 방성대곡是日也 放聲大哭〉을 실었다고 무기 정간당하였다.

아! 원통하구나.
아! 분하다.
우리 이천만 동포여 살았는가 죽었는가.
단군과 기자 이래 4천 년 국민정신이 하룻밤 사이에
홀연히 망하고 말 것인가?
원통하고 원통하구나! 동포여! 동포여!

이런 가운데 일본은 당초의 계획대로 한국에 대한 준식민지準植民地적 침탈행위를 진행시켜 나갔다. 1905년 12월에는 〈통감부 및 이사청관제理事廳官制〉를 공포해 서울에 통감부를 두고 지방기관으로 개항장과 주요도시 13곳에 이사청을 기타 11곳의 도시에 이사청 지청을 설치하였다.

1906년 3월에는 이토 히로부미가 초대 통감으로 부임하여 통감정치를 시작하였다. 그는 한국 내 일본 경찰을 1,400명 정도

늘리고 철도·도로 등 기간산업을 장악해 나갔다. 광업법을 공포해 일본인 중심으로 허가를 내주고, 각급 학교에 일본인 교사를 배치해 식민지교육 정책을 펴나갔다.

11. 대한제국의 마지막 모습

이에 한국의 통치권統治權을 종전부터 친근하고 신임信任하던 이웃 나라 대일본 황제 폐하께 양여讓與하여 밖으로 동양東洋의 평화를 공고히 하고, 안으로 팔도 민생民生을 보전케 하노니, 오직 그대 대소신민大小臣民들은 나라의 형편과 시기의 적절함을 깊이 살펴서 번거롭게 동요하지 말고, 각각 그 생업에 편안히 하며 일본제국日本帝國의 문명신정文明新政에 복종하여 모두 행복을 받도록 하라.

- 한·일병합일의 융희황제의 칙유문 중에서

일본은 조선 병탄의 방침을 1909년 7월 6일 내각회의에서 결정하였다. 다만 부작용을 최소화하고 국제적 명분을 얻는 일만 남겨두었다. 일본 정부는 일진회 고문 스기야마 시게마루杉山茂丸에게 '병합청원'의 시나리오를 준비시키고 있었다.

송병준은 이에 앞서 1909년 2월 일본으로 건너가 매국흥정을 벌였다. 여러 차례 이토 히로부미에게 '합병'을 역설한 바 있었으나 일본 측의 병탄 계획 때문에 일이 늦어지게 되자 직접 일본으로 건너가서 가쓰라 다로桂太郎 수상 등 일본의 조야 정객들을 상대로 '합병'을 흥정하기에 이른 것이다.

한편, 이완용은 송병준의 이런 활동을 눈치채고 통감부 외무부장 고마쓰 미도리小松緑와 조선 병탄併呑 문제의 교섭에 나섰다. 이완용은 일본어를 할 줄 모르기 때문에 일본에 유학했던 이인직을 심복 비서로 삼아 미도리와 교섭에 나서도록 했다.

이 무렵 통감부에서는 이완용 내각을 와해시키고 그와 대립 관계에 있던 송병준으로 하여금 내각을 구성하도록 할 것이라는 소문을 퍼뜨리고 있었다. 두 사람의 충성 경쟁을 부추기려는 전술이었다. 송병준 내각이 성립된다면 보복당할 우려가 있을 뿐만 아니라, 합방의 주역을 빼앗길 것을 두려워한 이완용은 "현 내각이 붕괴되어도 그보다 더 친일적인 내각이 나올 수 없다"면서 자기 휘하의 내각이 조선 합방 조약을 맺을 수 있음을 자진해서 통감부에 알렸다.

일본 제국은 점차 '병탄'의 시기가 무르익어가고 있다고 판단, 시게마루를 내세우고 이용구·송병준 등을 이용하여 '합방청원서'를 만들도록 부추겼다. 일본은 조약이 누출되어 조약에 반대하는 소요 등이 일어날 것에 대비하여 나남·청진·함흥·대구 등에 주둔한 일본군을 밤을 틈타 서울로 이동시켰다. 조약 체결일인 8월 22일 응원병력과 용산에 주둔한 제2사단이 경비를 섰다.

이날 창덕궁 흥복헌으로 불려온 대신들 중 학부대신 이용직은 조약을 반대하다 쫓겨났고, 이후 이른바 경술국적이라고 불리는 내각 총리대신 이완용, 시종원경 윤덕영, 궁내부대신 민병석,

탁지부대신 고영희, 내부대신 박제순, 농상공부대신 조중응, 친위부장관 겸 시종무관장 이병무, 승녕부총관 조민희 등 8명은 친일파 대신은 조약체결에 찬성, 협조하였다.

그날 내각총리대신 이완용과 일본 통감 데라우치의 이름으로 이른바 한일병합조약이 조인되었다. 그러나 일본은 한국민의 반항을 두려워하여 조약체결을 숨긴 채, 사회단체의 집회를 철저히 금지하고 원로대신들을 연금한 뒤인 8월 29일 한일병합조약韓日併合條約이란 이름으로 이를 반포하였다. 이로써 대한제국은 망하여 일본의 식민지가 되었다. 그래서 이날은 국치일國恥日이라 부르고 있다.

대한제국 승정원承政院의 마지막 기록은 다음과 같다.

융희 4년 8월 29일 월요 맑음 / 음력 경술년 7월 25일 병인일

황제는 이르노라.

짐朕이 부덕不德으로 간대艱大한 왕업王業을 이어 받들어 임어臨御한 이후로 오늘에 이르기까지 유신정령維新政令에 관하여 속히 도모하고 여러모로 시험하여 힘써온 것이 일찍이 지극하지 않음이 없었으되 줄곧 쌓여진 나약함이 고질을 이루고 피폐疲弊가 극도極度에 이르러 단시일 사이에 만회挽回 할 조처를 바랄 수 없으니, 밤중에 우려憂慮가 되어 뒷갈망을 잘 할 계책이 망연茫然한지라. 이대로 버려두어 더욱 지리하게 되면 결국에는 수습을 하지 못하는 데에 이르게 될 것이니, 차라리 대임大任을 남에게

위탁하여 완전할 방법과 혁신革新의 공효功效를 이루게 하는 것만 못하겠다. 짐이 이에 구연瞿然히 안으로 반성하고,확연確然히 스스로 판단하여 이에 한국의 통치권統治權을 종전부터 친근하고 신임信任하던 이웃 나라 대일본 황제 폐하께 양여讓與하여 밖으로 동양東洋의 평화를 공고히 하고, 안으로 팔도 민생民生을 보전케 하노니, 오직 그대 대소 신민大小臣民들은 나라의 형편과 시기의 적절함을 깊이 살펴서 번거롭게 동요하지 말고, 각각 그 생업에 편안히 하며 일본 제국日本帝國의 문명 신정文明新政에 복종하여 모두 행복을 받도록 하라. 짐의 오늘 이 거조는 그대들을 잊어버린 것이 아니라 그대들을 구활救活하자는 지극한 뜻에서 나온 것이니, 그대 신민臣民 등은 짐의 이 뜻을 잘 체득하라.

마지막 황제의 말씀마저, 심히 부끄러운 국치일國恥日이다. 이날부터 일제의 식민통치가 시작되고, 36년 후 삼팔선이 韓半島를 분단시켰다.

에필로그

삼팔선이 남북을 분단한 지 80년에 가까운 세월이 흘렀다. 삼팔선이 만들어낸 두 개의 정부 아래 남북은 너무나 다른 세상으로 변하였다.

삶의 바탕이 되는 경제력은 하늘과 땅 차이라 할 만큼 격차가 벌어졌다. 국력을 나타내는 국민총생산GDP의 경우 통계청이 발표한 2020년 기준, 북한이 35조 3천억 원으로 남한(1천 919조원)의 1.8% 수준이다. 국민총소득을 인구수로 나눈 1인당 국민총소득GNI은 북한이 약 141만 원으로, 남한 3천 744만 원이 북한보다 27배가 많다.

북한의 대외무역 총액은 32억 4천만 달러로, 남한(1조 465억 달러)의 0.3%에 불과하다. 수출액은 북한이 2.8억 달러인데 비해 남한은 5천 422.3억 달러로 북한의 1,952배이다.

북한의 주요 수출품은 지하자원과 수산물 등 1차 산업 생산물이다. 식량의 자급률은 낮아 수입이 필요하나 외화가 없어 주민은 기아선상에서 고통을 당하고 있다. 해방 직후 남한까지 보내던 북한의 발전량은 815만 kw, 남한은 1만 2,534kw로 북한의 15.4배이다. 인구는 남한이 북한의 2배이다.

한 마디로 말하면, 북한은 경제적 후진국을 벗어나지 못하고 있으나, 남한은 경제규모 세계 10~12위권, 무역규모 8~9위권, 1인당 국민총소득GNI은 3만 5천 달러(2021년 기준)로 세계무역개발위원회는 2021년 대한민국을 선진국으로 분류하였다.

영국의 시사주간지 이코노미스트의 부설기관인 EIU가 발표한 "민주주의 지수 2020"에 따르면 한국의 민주주의 성숙도가 전 세계 167개국 중 23위로 '완전한 민주국가'로 분류되었지만, 북한은 167위로 가장 권위주의 국가로 평가되었다.

북한은 자신들을 '조선인민공화국'이라 부르며 인민의 나라, 공화국이라 자랑한다. 그러나 북한은 김일성 세습왕조의 전제국가이다. 제정 러시아 시대의 차르보다 더 독재적인 김일성 집단이 모든 권력과 국가재산을 독점하고 백성을 노예처럼 혹사하는 비극의 땅이 되었다.

북한에 자유가 있다면, 그것은 오직 김일성의 자손들에게만 있다. 오늘도 북한 주민들은 자유가 있는 남한을 찾아 목숨을 걸고 탈출을 시도하고 있다. 이런 어마어마한 격차를 불러온 것은 삼팔선이다.

삼팔선은 북에 김일성의 공산 독재왕조를 탄생시켰다. 그러나 남한에는 민주주의와 자본주의를 근간으로 하는 자유 대한민국을 세웠다. 남한에는 혼란도 있었지만 모든 어려움을 극복하여 산업혁명, 민주혁명, 그리고 정보혁명을 이루어 쓰레기 더미 위에서 장미꽃을 피워냈다. 이러한 쾌거는 국민의 자유가 보장되는 민주주의 체제였기 때문에 가능하였다고 생각한다.

그러나 우리에게는 넘어야 할 산들이 많다. 대한민국을 둘러싼 국제정세는 냉혹하다. 언제 다시 삼팔선과 같은 재난이 밀려올지 모른다. 이런 국난에 대비하는 길은 무엇보다도 우리 자신의 힘을 길러 남이 우리를 얕잡아 볼 틈을 주지 않는 것이다. 우리가 강해야 도와주려는 국가도 생긴다.

우리나라는 미국이라는 동맹이 있어 많은 도움을 받아왔다. 그러나 미국이라고 언제나 무조건 우리를 도와주지 않는다. 우리나라가 자신들에게 쓸모 있는 나라일 때에만 도와준다.

대한제국이 망할 때, 도와주려는 나라가 없었다. 왜냐하면 도와줘 봐야 자기들에게 아무런 도움이 되지 않았기 때문이었다. '하늘도 스스로 돕는 자를 돕는다'고 하였다. 일본에 저항해 자결한 중국의 한 혁명사상가는 유서에서 이렇게 말했다.

"내가 강하고 잘났는데 누가 감히 나를 넘볼 것이며, 내가 약하고 못났는데 누가 덮치지 않겠는가."

오늘도 북한은 남침야욕을 버리지 않고 미사일을 쏘아대고 있다.

워싱턴 D.C에 세워진 한국전 참전용사 기념비에는 이런 문구가 새겨져 있다.

"자유는 거저 주어지는 것이 아니다. Freedom is not free"